2021 年广东省高职教育教学改革研究与实践项目"基于产业学院建设背景下高职院校人才培养质量保证体系的研究与实践"（项目编号：GDJG2021302）

2019 年度广东省普通高校特色创新类项目"基于校企合作共同体的高职院校人才培养质量保证体系的研究与实践"（项目编号：2019GWTSCX083）

广州市教育科学规划课题"高职院校现代产业学院人才培养质量保证体系研究"（课题编号：202214410）

广州市教育教学改革项目"校企深度融合的三二分段中高职衔接人才培养机制探索与实践"（项目编号：2019JG247）

产教融合下的教学质量管理

曾兰燕 著

暨南大学出版社
JINAN UNIVERSITY PRESS

中国·广州

图书在版编目（CIP）数据

产教融合下的教学质量管理/曾兰燕著. —广州：暨南大学出版社，2023.10
ISBN 978 - 7 - 5668 - 3786 - 8

Ⅰ.①产…　Ⅱ.①曾…　Ⅲ.①高等职业教育—产学合作—教学质量—质量管理—研究—中国　Ⅳ.①G718.5

中国国家版本馆 CIP 数据核字（2023）第 191924 号

产教融合下的教学质量管理
CHANJIAO RONGHE XIA DE JIAOXUE ZHILIANG GUANLI
著　者：曾兰燕

出 版 人：阳　翼
策　　划：黄圣英
责任编辑：蔡复萌　雷晓琪
责任校对：林　琼
责任印制：周一丹　郑玉婷

出版发行：暨南大学出版社（511443）
电　　话：总编室（8620）37332601
　　　　　营销部（8620）37332680　37332681　37332682　37332683
传　　真：（8620）37332660（办公室）　37332684（营销部）
网　　址：http：//www.jnupress.com
排　　版：广州尚文数码科技有限公司
印　　刷：广州市友盛彩印有限公司
开　　本：787mm×1092mm　1/16
印　　张：14.5
字　　数：270 千
版　　次：2023 年 10 月第 1 版
印　　次：2023 年 10 月第 1 次
定　　价：69.80 元

序　言

　　党的十九大、二十大以来，习近平总书记就职业教育作了一系列重要讲话。职业教育肩负着培养适应社会经济发展需要的高素质技术技能人才历史重任，前途广阔、大有可为。国家相继出台了《职业教育法》《国家职业教育改革实施方案》《关于深化产教融合的若干意见》《职业学校校企合作促进办法》《关于推进1+X证书制度试点工作的指导意见》《深化新时代职业教育"双师型"教师队伍建设改革实施方案》《职业教育提质培优行动计划(2020—2023年)》《关于推动现代职业教育高质量发展的意见》《关于深化现代职业教育体系建设改革的意见》等文件法规，从顶层设计、产教融合、教师队伍、教育评价等方面对高职教育提出一系列新改革、新目标、新要求。

　　我国新经济、新技术、新业态层出不穷，已进入了以"智造业强国、制造业兴国"为特征的新的发展阶段，在人工智能、互联网新技术等公共技术背景下，进一步完善教学质量管理，深化产教融合、校企合作，必将成为全面提升职业教育人才培养质量的重要途径。本书从教学质量管理中产教融合不充分、教学质量管理不完善等问题出发，从产教融合下教学质量管理内涵、教学督导发展、教学督导建设、教学质量管理策略、教学质量评价体系构建等方面，阐述了产教融合下教学质量管理具体的实施路径与策略，同时以广州科技贸易职业学院大力开展产教融合、实施现代产业学院改革为背景，总结了产教融合实施背景下高职教育开展产业学院、专业、课程、教师等多个层面的评价体系构建经验。

　　本书既立足本土，又放眼世界，从概念到实践，从现状到策略，均作了较为深入具体的分析和论述，有助于提升高职院校教学质量管理水平，提高教育教学质量，提升学生社会竞争力，为服务区域经济发展，实现"教育强国、科教兴国"提供重要支撑，为新时期产教融合下的高职院校教学质量管理提供理论依托和实践方法借鉴，促进职业教育高质量发展。

在撰写过程中，本书借鉴了国内一些专家学者的研究成果与实践经验，同时得到了众多前辈的悉心指导，在此表示衷心的感谢。受作者水平、精力所限，疏漏之处在所难免，恳请专家学者、广大教师和读者批评指正。

著　者

2023 年 7 月 29 日

目　录

CONTENTS

第一章

综　述

人们的思维可分为"what/why/how"三个层次。"what"是指做什么;"why"是指为什么要去做;"how"是指怎么做,即做事的方法。对于某项工作而言,有没有认识到"what/why/how"(是什么、为什么、怎么做),直接关系着这项工作的目标是否正确,动力是否充足,做事的方法是否有效和高效。

在教学质量管理的"what/why/how"三个层次的问题中,其实大家最关心的是"how",都认为"是什么"和"为什么"的问题可以先放一放,先做了再说,但这会令人走进误区,有可能会出现因为不了解"是什么"和"为什么",而不能从现实出发设计做事的方法,导致无法达成目标效果,从而流于形式,难以形成高质量和具有自身特色的教学质量管理。

教学质量管理要立足于问题导向和成果导向,先搞清楚教学质量管理到底是什么,为什么要做,要解决什么问题,达到什么目的,获得什么效果这几个核心问题。至于how,是手段和方法,而手段和方法是为目的、目标和对象服务的。当然,教学质量管理"是什么""为什么""怎么做"是一个系统工程,一点点摸索也确实需要很长时间。我们将从教学质量管理的内涵、特点等方面入手,交流产教融合中教学质量管理工作者最关心、最困惑的问题,唤起教师们开展教学质量管理的热情与信心,逐步探索产教融合下的教学质量管理的本质、路径、策略、方法,厘清思路,积极实践。

第一节 什么是教学质量管理

一、质量管理的内涵

当代社会重在管理,管理是实现组织目标中不可缺少的关键要素。什么是管理?用罗宾斯的话说,是一个在人们的共同努力下高效、有效地做好工作的过程。质量管理是一种系统性的方法,通过规划、控制和改进过程,确保产品或服务达到预期的质量标准。

日本是第一个将全面质量管理与企业管理联系起来的国家。日本著名质量管理专家石川馨教授在他的《质量管理导论》中提出:"全面质量管理是管理方面的思想革命,是一种新的管理理念。"20世纪80年代,随着全面质量管理的发展,世界标准化组织(ISO)发布了第一个国际质量管理标准ISO 9000。

ISO 9000质量管理体系标准最先用于控制企业产品的质量,它是由国际标准化组织（ISO）质量管理和质量保证技术委员会制定的国际标准。这一标准后来转化运用到教育领域。ISO 9000 质量管理体系标准的实施是全过程管理、全面实施、全员参与的过程。实践证明，建立和运行教育质量管理体系是高职院校加强教育教学质量监督，实现科学规范管理，全面提高人才培养质量的有效和重要途径。①

朱岚博士认为，为了确保质量，人们需要从建立组织的"愿景"和政策目标开始，通过管理过程实现向质量目标的转化，管理过程是确保产生预期结果的一系列活动。质量管理可以分为相辅相成、紧密相连的三个阶段，即质量计划、质量控制和质量改进。

质量计划确定质量管理的目标以及实现这些目标的方式，这是质量管理的前提和基础。质量控制的目的是确保组织的活动可以按计划进行，并且可以顺利实现质量目标。质量改进意味着质量标准的提高，标志着质量活动以螺旋上升的方式在不断提高。

质量管理就是对确定和达到质量要求所必需的职能和活动的管理，它包括质量政策的制定、质量目标的确定和企业内部或外部有关质量保证和质量监控的组织和措施等内容。是指单位员工和相关部门充分合作，运用现代科学和管理技术，结合专业技术、经营管理、数理统计和思想教育，控制影响产品质量和工程质量全过程的各因素，使用经济手段生产和向用户提供令人满意的产品的一系列管理活动。

二、教学质量管理的内涵

质量管理是一种综合管理，它与企业的各项工作有着直接的关系，渗透在各项工作的全过程，需要企业全体人员的参与，组织和控制企业各方面的工作。质量管理具有四个特点：一是管理目标的全面性，质量管理不仅要确保产品质量，还要确保生产产品的工作质量，并且要及时交货、服务周到，使用户满意；二是管理范围的全面性，质量管理是对整个过程中的质量进行管理，要求对形成产品质量的所有过程（设计试制过程、制造过程、辅助生产过程、使用过程）都进行管理，以全面提升产品质量；三是参加管理人员的全面性，参加质量管理的人

---

① 卢畅. 全面质量管理"软""硬"要素与企业绩效的关系研究［D］. 西安：西安科技大学，2012. 王堃. 质量管理、质量管理体系的定义和内涵［J］. 中国质量认证杂志，2006（7）：41-42.

员包括企业各业务部门、各环节的全体职工；四是质量管理方法的全面性，在进行质量分析和质量控制时，以统计质量控制方法为基础，以数据为科学依据，全面、综合地运用各种质量管理方法，将组织管理、专业技术和数理统计结合在一起，确保它们在质量管理中充分发挥作用。

ISO 9000 标准是质量管理和质量保证的标准，它是由国际标准化组织建立的质量保证技术委员会（TC176）制定的。将 ISO 9000 标准引申到教育教学领域的质量管理上，在改进和完善学校教育教学质量管理方面效果显著，被学校用来提高自身教育教学质量管理水平。一般而言，学校教学质量管理建设包括以下几个方面：

1．标准化的教学质量体系

学校教学质量管理主要采用 ISO 9001（质量保证标准）和 ISO 9004（质量管理标准）两种标准。

2．明确的教学质量方针和目标

质量方针主要包括两个方面：质量宗旨和质量方向。质量目标包括对质量和质量管理的态度，对家长、学生和社会的质量承诺以及实现质量承诺和目标的主要措施和方法；质量指导包括质量目标以及为达到质量目标和提高质量而应该遵循的原则和方法。

3．完善的教学质量管理体系文件

依据 ISO 9000 标准，学校教学质量管理体系文件包括程序文件、质量手册、教学文件和质量记录等。

三、高职院校教学质量管理

《教育大辞典》中指出："教育质量是对教育水平高低和效果优劣的评价。""影响教育质量的主要因素是教育体系、教学计划、教学内容、教学方法、教学组织形式和合理的教学过程；教师的素质，学生的基础以及教师和学生积极参与活动的程度最终反映在培训对象的质量上。"[1] 这种解释仅仅是对教育现象及其影响因素的简单描述和列举，不能揭示教育质量的实质和内涵。实际上，高等职业教育的质量包括很多方面，如人才培养的质量、科学研究的质量和社会服务的质量等。只有通过人才培养、科学研究和社会服务这三大职能，才能实现高职院校提供的产品和服务。其中，高等职业教育质量的核心是人才培养的质量，而衡

---

① 刘显蓉. 提高高等职业教育质量重在创新 [J]. 教育与职业，2004（30）：39 – 40.

量指标是科学研究的质量，它们共同决定了学校社会服务的质量。即学校通过提供人才、科研成果和社会服务来满足社会、学生和家长的需求。因此，高等职业教育质量的扩展必须包括人才培养质量、科学研究质量和社会服务质量。

高等职业教育质量是通过培养具有一定专业特色的高级技术技能人才，满足社会、家长和高等职业教育本身对高等职业教育的需求。是否满足经济、社会和家长对高等职业教育的需求，主要体现在高等职业教育的社会服务质量上，具体体现在多样性、适应性和发展性上。高职院校的质量管理是高职院校在教师、学生和职工共同参与的基础上，以质量为中心，使师生满意，并使学校和社会全体成员受益，将此作为目标并取得成功的一种管理方法。不同的高职院校具有不同的特点，应根据院校自身情况确定采用哪种途径。

高职院校质量管理，强调高职院校的活动必须以质量为中心，不能用其他管理职能代替，也不能任其独立发展；必须基于所有员工的参与，不仅各部门、各层级的人员积极参与，而且校级管理人员也要积极参与；强调让师生感到满意，尽可能地满足师生的需求，并使师生受益，获得良好的经济效益和社会效益；强调可持续发展，要有长远进取的质量目标，建立和不断完善质量体系，培养和不断更新质量文化，最终建立基于自身素质和能力的管理体系。

四、高职院校教学质量管理特点

（一）全面动员，全员参与

高职院校要实施教学质量管理，首先要组织全体教职工加强学习，统一认识，使每个人明白什么是质量管理并明确开展工作的方式方法。质量管理实质是强调以"顾客满意、持续改进"为核心的管理理念，这一理念只有融入高职院校全体教职工的日常工作中，质量管理才能取得显著成效。高职院校的管理者、教师和学生是高职院校的主体，是高职院校质量文化的主要实践者。只有高职院校的全体成员认识到把教育质量作为追求的目标，才能自觉地为提高教学质量而努力。

明确使命，全员参与。高职院校教学质量管理是系统工程，其基本要求是全体教职工参与所有要素、所有过程的管理。为了确保工作的持续性和成效，需要对工作和任务进行系统分解，确保分解工作的系统性、完整性和科学性。全员参与是质量管理有效运行的基础，也是质量管理良好运行的客观要求。充分发挥全员的主动性和积极性，全面发展和提高全员素质，既是有效管理的基本前提，又是有效管理的目标，只有充分发挥每个人的能力，实现创新和持续改进，高职院校全面质量管理才能获得最大的效益。

（二）制订质量管理方案

教学质量管理是以提高工作质量为目标的理论和实践。高职院校在实施全面质量管理之前，要进行深入研究，并系统规划、协调各要素，制订全面的质量管理计划，系统按照计划运行和实施。在制订教学质量管理计划时，要注意制订的质量标准要契合国家及所在地要求，具有标准性；制订的质量规范要符合发展规律，具有科学性；制订的管理方案要符合实际情况，具有可操作性。

1. 高标准

质量管理的关键要素之一是标准化，即各单位、各部门、各岗位的工作任务、工作内容、工作规范和考核均要有相应的标准。制订标准是一项重要的基础工程，所制订的标准须符合高职院校的实际情况，明确而具体。在企业，标准化是单个作业任务的工作流程和质量检验标准。因此，高职院校应在认真学习 ISO 9000 体系标准的基础上，对各个岗位工作任务进行分析，结合自身实际，制订相关标准，实现标准化。在制订标准的过程中，应认真调查研究，详细了解教师、学生、职工对实施全面质量管理的意见和建议，并将其作为制订质量标准的主要依据。制订标准时，可赴质量管理效果显著的其他院校调研和学习经验，再发挥全体员工的积极性，共同制订部门的工作标准；工作标准制订完成后，可在全体师生和职工范围内征求意见，并根据反馈意见对工作标准进行修订后实施；制订的标准要体现全员性、标准性、科学性，要求全体职工根据自己的工作内容，借鉴其他院校的先进经验，制订自己的工作任务标准，这是一个所有教职工共同学习和进步的过程。教职工只有充分了解自己的工作任务和工作标准，才能更可靠、更有效地履行职责。

2. 规范性

高职院校在建立教学质量管理体系和开展质量保证活动时，既要遵循国家法律法规，又要体现教学质量管理活动的本质特征，建立合理的规章制度并严格依规章制度实施依法管理，避免人的主观随意性，使教学质量管理更加规范、科学、有序。高职院校教学质量管理工作应通过系统规划，制订质量方针，明确目标，有计划、有步骤地实施。为有效控制高职院校教育质量的各种因素、过程和环节，提高管理质量，要确保高职院校教学质量管理工作的各个步骤、环节实施程序的科学性，操作行为规范性。

3. 可操作性

高职院校要制订教学质量管理计划，必须全面开展岗位职责和任务的分析、总结和细化，并以岗位职责的核心部分作为评价指标。在制订质量管理计划，特别是制定评价体系的过程中，对能用数量确定质量标准的，提出量化要求；对不能用数量确定质量等级的，提出质量要求；在此基础上，制订科学合理的定量和定性相结合的检测标准，提高评价方案的可操作性、易评价性和公正性。总的来说，高职院校教学质量管理方案既要适应高等职业教育发展的客观要求，同时，为了方便实施和检测，应尽量选取简单易行的指标。

（三）实践性强

高职院校的课程设置和教学内容都注重实践性，因此高职院校的质量管理也需要体现出实践性，主要体现在实验室管理、实习实训管理、实践教学管理、项目化教学管理、课程管理等。实验（训）室管理是质量管理的重要内容，需要建立实验室安全管理制度，制订实验室使用指南，加强实验室设备维护和管理，确保实验室安全和设备运行良好。实习实训是高职教育的重要组成部分，也是学生实践教学的重要环节，需要制订实习实训管理制度，明确实习实训的目标、内容和标准，对学生进行实习实训的评价和反馈，确保实习实训的实效性。实践教学是以实践为主导的教学模式，质量管理需要对实践教学过程进行评价和改进，需要制订实践教学过程评价指标，对实践教学过程中的教学效果、学生表现等进行评价，反馈结果给教师和学生，以便改进实践教学。高职院校的教学形式以项目化为主，质量管理需要以项目为单位进行管理，制订项目化教学管理制度，明确项目的目标、内容和标准，对项目教学过程进行评价和改进，确保项目化教学的实效性。高职院校的课程要紧密结合实际需求，质量管理需要定期开展课程调查和研究，汇总反馈意见和需求，对课程进行及时调整和改进，以确保课程的实效性和实用性。

（四）契合社会需求

高职院校的教学目标是培养技术应用型人才，因此需要与社会需求紧密结合。质量管理需要考虑社会需求对学生技能和能力的要求，制订教学计划，以确保学生的培养目标与社会需求相一致。课程设置需要紧密结合社会需求，根据行业发展趋势和需求，设置符合市场需求的专业课程和实践课程，以提高毕业生的就业竞争力。实践教学需要紧密结合社会需求，鼓励学生参与社会实践，开展社会实践项目，通过实践锤炼学生实际操作能力、实际解决问题的能力和团队协作能力。注重毕业生就业指导，通过开展职业规划和职业技能培训，提高毕业生的就业竞争力，帮助毕业生顺利就业。紧密结合社会需求，聘请具有丰富实践经验和行业背景的教师，开展师资培训和学术交流活动，提升教师的教学质量和教学水平。紧密结合社会需求，注重从用人单位和毕业生的角度对教学质量进行评价，了解用人单位对毕业生的需求和评价，从而对教学质量进行调整和改进，满足社会需求。

（五）体现产教融合

高职院校的质量管理需要体现产教融合，即将产业和教育紧密结合，提高教育教学的实效性，推动教育和产业的良性互动。课程设置需要紧密结合行业需求，将行业知识和技能纳入教学内容，加强学生的实践能力和应用能力。同时，还应开设行业研究、市场调研等课程，将教育教学与行业需求相结合。实践教学需要紧密结合产业需求，与企业合作开展，为学生提供实践机会和实践平台，让学生在实践中得到锻炼和提高，同时也让学生更好地融入产业。师资队伍建设需要紧密结合产业需求，引进具有产业背景和经验的教师，让教师更好地了解行业需求和动态，掌握最新的技术和知识，为学生提供更加实用的教育教学。创新创业教育需要紧密结合产业需求，开设创新创业课程，鼓励学生创新创业，实现产业转化，同时也为产业提供更多的创新动力。就业指导需要紧密结合产业需求，为学生提供更好的就业指导和推荐，为企业提供更好的人才招聘和培养服务，让教育教学和产业需求更加紧密地结合。

（六）运行质量管理体系

建立质量管理体系，要从以下几方面努力：一是质量信息管理。质量信息是根据数据和事实构建的，在质量体系运行中，必须收集、处理、存储和反馈准确可靠的质量信息。对质量管理实施过程进行动态控制，使各类质量活动和教育质量得到控制。只有实施了文件化质量体系和信息网络跟踪的高职院校，才能真正建立起自身的教育质量管理体系。二是做好组织协调。良好的组织协调工作是质量体系有效运行的保证。根据质量手册和质量计划，组织开展各项质量活动，协调各部门各主体达成共识，协商解决质量体系中的漏洞，不断改进，还要建立健全质量管理内外部的全面质量责任制，明确职责分工，并采取相应的程序和制度以保持各单位可以密切联系，确保信息畅通。

质量管理体系的运行是在教育质量总体目标的指导下，按照已建立的教育质量管理体系的结构和要素进行质量管理的过程，是实施质量体系文件以实现质量目标的过程。高职院校实施质量管理要求质量目标管理与质量过程管理相结合，注重过程控制，质量计划和质量过程管理是直接影响结果的重要因素，只有有效且有益的措施才能产生高质量的结果。

五、高职院校教学质量管理的作用

（一）有利于提高教学管理水平

教学质量管理工作的实施对促进高职院校的改革与发展，提高教学质量和办学水平起着重要作用。从制订和调整人才培养方案及课程标准到具体组织教学，从开发教育资源、推进教学建设到教学质量监督和学生学籍管理，从加强师资、充分发挥教师的作用到提供良好的教学环境、维持正常的教学秩序等，都说明教育管理是一项十分复杂的工作。随着高职教育的发展和教育改革的不断深化，高职院校目前的任务是积极研究开发教育管理的新内容、新方法，使教育管理工作的水平得到有效提高。

当前，随着我国高职院校在办学规模方面的巨大发展，影响高职教育健康发展的深层次矛盾也逐渐浮出水面，尤其是教学质量问题变得更为突出，受到了社会的广泛关注。教学质量不仅是高职教育管理的一个重要课题，更是现阶段我国高职教育大发展中必须重视的一个时代命题。为了满足我国人才培养工作和各项事业发展的需要，保证高职教育的健康、持续发展，必须加强高职院校教育教学质量监控，有效提高人才培养质量。这既是我国高职教育发展环境及发展的需要，也是时代赋予我国社会经济发展的重要使命。因此，高职院校必须不断加强教育教学质量管理，建立健全教育教学质量监控机制，具体措施包括：建立与实施质量体系，推动现代质量管理，加强过程的监控，整合资源，成立质量保障机构，完善教育教学质量监控机制。密切关注源头，提高教师教学监控能力，加强对教学实施过程质量控制。

（二）有助于提高高职教育质量

改革开放以来，我国高等职业教育事业取得了历史性的突破。但是，我们也要看到，随着我国高等职业教育规模的扩大，生源数量与教育质量的矛盾也日益突出，质量问题已成为高等职业教育理论和实践研究的热点问题。高职院校扩招后，招生规模的快速增长导致学生享受的平均教育资源急剧下降。高职院校传统管理模式已逐渐成为学校自身发展的障碍。高职院校培养的人才逐渐偏离经济社会发展的需要，学生综合素质明显下降；高职院校整体办学水平不高，暴露出一系列问题,如质量保证体系不完善、管理理念落后、管理水平不高、部分教师对整体教育目标和办学宗旨缺乏全面认识等。地方高职院校作为我国高等职业教育的重要组成部分,应服务于区域经济社会发展的需要,引导学生就业,努力培养"知、能、质"协调发展、具有创新精神和实践能力的技术技能型人才,为区域经济社会发展服务。提高人才培养质量是发展地方高等职业教育的根本任务。为解决高等职业教育人才素质等问题,引进和推广国外先进的质量管理模式已迫在眉睫。

推行质量管理的基础是提升学校的教育质量,因而研究提升教育质量的办法,对实现高职院校人才管理具有十分重大的意义。总体来说,深化质量管理教学改革在高职院校的教育教学工作上取得了成果。这些方法和措施对于高职院校人才培养有着重要的意义。

(三)"教育强国、科教兴国"重要支撑

基于我国当前的发展战略和高等职业教育的发展,高职院校迫切需要实施全面质量管理模式。党的二十大报告明确提出"教育、科技、人才是全面建设社会主义现代化国家的基础性、战略性的支撑,科技是第一生产力,人才是第一资源,创新是第一动力。教育是国之大计、党之大计,要坚持教育优先发展,建设教育强国,坚持为党育人,为国育才,全面提高人才自主培养质量"。

我国"科教兴国"和"人才强国"战略的实施,要求高等职业教育必须提供强有力的人才和智力支持。没有发达的教育,就没有高素质的科技人才。只有全面提高我国高等职业教育的质量,全面提高高职院校科研水平,进一步优化高等职业教育专业结构,才能提高我国高等职业教育的质量。提高高等职业教育质量,必须依靠高职院校实施质量管理来实现。因此,高职院校实施质量管理是建设高等职业教育强国、增强我国国际竞争力的重要支撑。

(四)高职学生社会竞争力的保障

质量是企业的生命线,也是高等职业教育的生命线,这是社会各界对高职院校的最基本要求。高职院校面临的就业压力和就业动力要求高职院校实施质量管理、提高学生社会竞争力。教学质量管理可以让毕业生具备更加全面的知识和技能,提高毕业生的竞争力,使他们更好地适应市场需求;可以让办学紧密结合产业发展需求和市场发展,培养符合市场要求的人才;可以不断推动学校教育教学改革和发展,提高学校的办学水平和知名度,促进学校的可持续发展。在高职院校顶层设计中依托全新的质量管理理念统筹兼顾管理模式,实现以学生为中心、

以质量为根本，确保质量不断提高，才能使学校、社会、学生最终受益。

第二节 德美英日教学质量管理状况

一、德国

（一）双元制教学质量管理

德国是一个原材料相对匮乏的工业化国家。在德国，无论从事什么工作，都必须要有相应的"资格"，而"资格"则来源于职业教育。德国人把职业教育视为"经济腾飞的源泉"和"经济发展的支柱"，双元制是德国职业教育的核心特征，"双元"指的是学校和企业，学校是德国职业教育的主体，企业是德国实施职业教育最重要的机构，包括双元制职业培训、学徒的职业培训、熟练工短期培训、各种职业继续教育和进修，以及大、中学生的实习等。

什么是双元制职业教育模式呢？在德国，要想接受职业培训教育，需要在两个不同的地方进行培训：一是职业学校，其作用就是给学生讲解专业相关知识；二是指校外企业培训，主要功能是开展有关职业技能的专业培训。而双元制则指学校与企业之间为了实现发展共赢而进行的合作。学校根据企业的需要帮助企业制订培养目标和计划，为学生提供公共课程，进行理论知识教育；企业需要在学生即将毕业的时候，提供专业设备给学生做实操训练，并提供专业教师对其进行技术指导和培训。双元制职业培训整个过程在工厂、公司和国家职业学校进行。这类培训以内部培训为基础，必须接受职业学校理论培训和进入企业开展实践活动。

（二）双元制教学质量管理的特点

1. 政府出资和企业的广泛参与相结合

"政府主导，企业深入参与"是德国职业教育的显著特色。2019年，全德国参与职业教育的培训企业占总数的19.6%。在双元制职业教育项目中，培训企业占主导地位，人才培养以满足企业用工需求为最终目的，该模式培养出的学生绝大部分留在原企业工作。2017年由巴登—符腾堡州双元制大学开展的一项关于企业为什么愿意参与双元制高等职业教育模式的调查表明，85.5%的企业认为该模式培养的学生毕业进入工作岗位时不会遭受"实践冲击"，86.2%的企业认为这类毕业生是"即用型专业人才"，69.2%的企业认为这类毕业生不需要入职培训。50年来，参与双元制职业教育的企业数量不断增加，从2004年到2019年，参与双元制职业教育的企业数量增长了281%。

2. 理论教育和生产实践紧密结合

在德国，没有受过职业教育的人是不可以进入职场的，这是社会的共识。德国的职业教育不仅要帮助年轻人走上职业道路，成功就业，更要帮助年轻人在经济社会中立足。因此，德国职业教育的课程具有典型的双元性，即理论教育与生产实践相结合。其课程分为理论课程和训练课程两部分，理论课程包括专业所需的所有理论——专业制图、专业计算等，其特点是知识面广、内容通俗易懂、综合性强；训练课程是双元制课程中非常重要的部分，其宗旨是在实践活动中培养和锻炼学生的专业技术能力，这个环节更注重直接的专业经验。学生可通过参加以职业活动为中心的研修，完成一系列的工作锻炼，以此获取职业技能，达到提高职业技能和职业能力的目标。

德国非常注重行动导向的核心能力培养。德国工作者在职业中都要有"关键能力"，即除专业知识以外的特定专业技能和能力，这种能力在人们将来的发展中起着重要的作用，即使职业发展或劳动组织发生改变，能力也依然有效，同时由于这种能力已成为人的基本素质，可以在环境中重新获得新的专业知识和技能。在德国双元制中，行动导向教学是培养核心能力的关键所在，它要求把掌握某一特定任务或培养一定的专业能力作为课程的目标，并针对这一目标实施相应的教学策略。引导教育和行动训练是教育的基本，行动训练是教学过程中的重要组成部分，要在培养学生思维能力的基础上，使学生具备独立思考和解决技术问题的能力。

3. 专业培训和严格考核相结合

德国的双元制在世界上享有很高的声誉，这主要是由于其高质量的培训，而这种高质量的培训是由客观、公正、规范的考试和评估体系来保证的。为了保证考试的客观性和不受培训机构影响的独立性，双元制职业教育考试通常在与培训没有直接关系的行业协会中进行。该行业协会设有指定考官和计分规则等。由于考试是由行业协会组织和实施的，因此有利于按照《职业培训条例》的要求进行，而不是根据哪个培训机构企业或职业学校教授的内容进行，可以更客观地评估职业教育的培训质量。双元制职业教育考试强调统一规范性，同一职业或不同职业的相同科目的考试同时举行，并按照统一标准评分。^① 在培训期间，行业协会组织期中考试和毕业考试。考试包括十多个小时的实践技能测试和六个小时的专业理论知识测试。只有通过测试，年轻人才有资格成为技术工人或技术人员。由于双元制职业教育考试的客观性和公正性，其结业证书不但能在德国得到认可，在欧洲共同体的某些国家也能得到认可。

4. 学校教师与企业师傅相结合

德国职业教育师资分两种：一种是在职业学校执教的教师，另一种是在企业进行专业训练的教师。要想在职业学校担任普通文化教师，首先需要完成大学的必修课，并通过首次全国考试获得毕业证书，之后还需要接受职业教育和培训，或者去公司接受专业实践培训。在此基础上，还需在有经验的教师指导下，上两年的职业培训班，再参加并通过第二次全国考试。职业理论课对教师学历要求更严，必须在综合性大学完成八个学期的学习，修完三门课程，毕业时通过国家考试拿到文凭，然后在公司工作三五年，再接受两年的教育和培训，最后通过第一次全国考试。要成为职业学校的实用型教师，必须具有三年以上的中等教育文凭、硕士学位或技术，而且接受培训前要有两年的实践经验和一年半的学校实践经验。从事企业研修的"师傅"为了取得资格证，必须接受行业技能相关正规教育，进而取得"师傅资格"，未取得资格则不能进行职业训练。

5. 普通教育和职业培训相结合

在德国双元制教育体系中，培训企业发挥主导作用，而职业学校只发挥合作和服务的作用。德国各种教育形式之间的转移也具有鲜明的特征，在接受完基础教育后，每个学生都可以由普通学校转入职业学校，接受过双元制职业培训的学生也可以在完成一定时期的文化课程之后进入大学。近年，不少获得大学入学资格的通识教育毕业生也从一开始就接受了双元制职业培训，希望在大学前学习一些专业知识，拥有一些实践经历。

二、美国

（一）美国的 CBE 教学质量管理

美国职业教育培养的是"宽专多能型"人才，这与其社会特征相吻合。其主要采用"CBE"培养模式，即"以能力为导向的教育（Competency Based

---

① 张高兴. "双元制"职业教育中间和结业考试的几点做法 ［J］. 中国轻工教育，2002（2）：42.

Education，CBE）"。① 具体来说，它是指以特定职业能力为基础，确定培养目标，规划教学内容、方法和过程并评价教育效果的一种教学思想和实践方式。"宽专多能型"人才职业教育培训现在已经在美国和加拿大等北美地区的职业教育中被广泛应用。

要想在美国接受职业教育，人们需要进入综合性高中和社区大学，社区大学在美国的职业教育体系中具有职业教育的主要特征。美国职业教育普遍，主要在学校或学院等公立高等职业学校进行。在美国，雇主所接受的职业教育水平一直很低。当然，这与职业流动性有关。CBE 模式即首先学校聘请一批具有行业代表性的专家组成专业委员会，根据岗位需要进行分工，确定专业所需技能，明确培养目标；其次学校组织有关教职人员根据教学规则对相同和相似的能力进行总结归纳，然后分成一个个的教学模块，并制定出相应的教学大纲；最后根据教学大纲进行教学。这种模式突破了以公共课程和基础课程为基础的传统教学模式，培养以岗位为中心的职业能力，保证了职业能力培养目标的实现。

（二）CBE 教学质量管理的特点

CBE 教学模式与传统学分制有所不同。在 CBE 模式下，教育机构侧重于评估学生在特定领域内的能力和技能，而不是仅仅关注学生是否达到了一定的学分或课程要求。美国的 CBE 模式具有以下特点：

第一，个性化学习。CBE 模式注重个性化学习，将课程内容分解成模块化课程结构。在适当的情况下，相关模块可以自由组合，学生可以根据自己的节奏和时间选择学习任务并完成，教育机构则根据学生的表现而非学分来评估学生的学业。

第二，以学习成果为导向。CBE 模式注重学习成果，即学生所取得的实际能力及其在实践中的表现，而非传统教育模式下的学分和课程。

第三，强化实践能力。CBE 模式以专业分析为基础，制定符合具体专业活动的要求，为教育目标服务；将理论教育与实践有机结合起来，培养学生的职业技能。注重实践能力，将实际应用与理论知识相结合，让学生通过实践活动来掌握所需的技能和知识。

第四，灵活的学习路径。CBE 模式注重学习的灵活性，学生可以根据自己的兴趣和能力选择学习路径和课程，自由度大。同时学生可以根据自己的水平选择

① 杜国海. 国外三种高职人才培养模式的比较［J］. 职业时空，2008（6）：107.

学习内容、学习方法和学习进度。

第五，多元评价机制。CBE 模式注重多元评价机制，教育机构可以根据学生表现进行多种评价，如考试、作业、实践、项目等，以全面评估学生的能力和知识水平，培养学生的创新思维和解决问题的能力，更好地适应当前社会的需求。

三、英国

（一）英国 BTEC 职业教育模式

BTEC（Business and Technology Education Council）是英国一项职业教育和培训计划，也是英国商业和技术教育委员会的缩写。BTEC 旨在为学生提供具有实践性和应用性的课程，以便他们能够更好地适应职场需求。与传统的文凭或证书不同，BTEC 侧重实践和应用技能的培养，学生可以在高中毕业后或职业技能提升时进行学习。BTEC 的课程内容丰富，覆盖了很多实用性非常强的职业技能，比如商业管理、旅游酒店管理、工程、ICT 等。BTEC 的课程设置灵活多样，学生可以根据实际需求和兴趣，自由选择不同的课程和学习路径。BTEC 的评估非常严格，通过实践、作业、考试等多种方式对学生掌握的技能和知识进行评估。BTEC 的课程内容和学习方式与职业需求紧密结合，在学习过程中，学生可以逐步掌握行业的核心技能和知识，更容易进入职场。

1955 年，英国的技术教育委员会（Technology Education Council，TEC）成立，开始组织技术培训课程，此后成为 BTEC 的前身。1984 年，BTEC 开始发行第一批文凭，旨在为英国劳动力提供实用性和应用性的职业教育课程。1996 年，BTEC 与其他五个教育和培训机构合并，成立了英国教育与培训理事会（Edexcel），BTEC 也成为 Edexcel 旗下的子公司。2005 年，Edexcel 推出了全新的 BTEC 职业教育课程，包括高级职业文凭、高级证书和中级证书等多种课程。2013 年，Edexcel 与另一家教育培训机构 Pearson 合并，BTEC 现在是 Pearson 旗下的品牌之一。目前，BTEC 课程已经拓展到全球范围，包括欧洲、亚洲、非洲等地，成为世界领先的职业教育和培训计划之一。总的来说，BTEC 的发展经历了从独立机构到合并机构的过程，旨在为英国和全球的劳动力提供实用性和应用性的职业教育课程。随着时间的推移，BTEC 不断创新，课程设置不断丰富和完善，成为全球越来越受欢迎的职业教育和培训计划之一。

（二）英国 BTEC 教学质量管理特点

1. 培养目标明确，通用能力突出

"通用能力"指的是任何人不论从事任何事都应掌握的一项技能，而不针对某项特定的职业，也就是说可以跨专业、灵活多变、能够促进人们终身学习和发展的技能。BTEC 明确要求培养学生七种通用能力：自我管理和自我发展能力、与人合作共事能力、交往和联系能力、安排任务和解决问题能力、数字运用能力、科技运用能力、设计和创新能力。BTEC 教育以培养学生通用能力为核心并渗透到所有的教学课程中，对学生进行有计划的培训，而不是设置独立的课程。着重以通用能力和专业能力为基础、培训目标和评估标准是 BTEC 课程的最大特点。

2. 教育理念现代化，以学生为中心

BTEC 建立了与传统教育不同的新的教育理念，BTEC 的核心理念是管理者和教师应以学生为中心。评估和发证主管在这种思想指导下设置课程并设计教学目标，而教师则需以此概念为基础从事教学工作。BTEC 认为，学生在学习的过程中扮演主体的角色，学生应该积极主动地学习，而学校应该在教学过程中以学生为中心，为学生服务，注重学生的个性发展，激发学生的发展潜能。在 BTEC 教学中，以学生为中心的思想不仅体现在教学大纲、教学方法和"任务法"考查评估中，还体现在完整的学习支持系统的建立上。

3. 教学方法多样化、创新性强

BTEC 课程教学重视使用以学生为中心的教学方法。例如，课堂讨论实习、社会调查、实地考察、课堂作业、角色扮演、演讲、口头报告、书面报告和自我评估、小组活动、数据收集等。BTEC 课程改变了以往传统的教学方法，突出了学生在学习过程中的主导地位。教学实践计划一般都是根据学生的学习方式而不是教师的教学方式制定的。BTEC 课程教学采用以学生为中心的"三个三分之一"形式，也就是三分之一课堂教学、三分之一调查数据并收集信息、三分之一社会实践。为了开阔学生的眼界和活动的空间，丰富学生实践经验和优化其学习效果，将课堂的理论教学与和课外实践教学结合起来。

4. 师资综合素质高，教学能力强

教师不再按照以往的"教授"模式进行教学，而开始在教学中扮演"导"的角色。BTEC 课程要求教师在教学当中充分发挥他们的管理、指导、服务和组织能力。因此，教师需要紧跟随社会需求的变化，积极在教学方面进行创新。例如，创新教材、创新教学过程、创新评估方式等。在英国教授 BTEC 课程的教师必须具有教学经验和实际工作经验。为了提高自身的素质，在 BTEC 授课的教师需要不断充实自己，持续提升自己的专业水平和教学水平。

5. 考核评估方法独特，以成果为导向

BTEC 评估是为了考查学生实际解决问题的能力，主要是通过了解学生完成课程作业的情况来全面评估学生在学习中取得的专业能力，并衡量其能力的发展水平。教学评估以此为基础，而不单以最后的考试为依据。一般情况下，BTEC 的评估形式都为普通任务，如案例研究、家庭作业、基于实际工作的项目等，这些任务在评估的过程中都发挥着一定的作用。

6. 教学质量监控体系完备，内外部结合

BTEC 教学课程要求学校建立内部与外部相结合的质量监控系统，以便对学校进行全方位的监控和管理。内部审核人员通常是学校的一线专业人员，他们的主要任务是监控和管理学校的内部质量，而外部审计师则由 Edexcel 任命。其中，BTEC 课程教学的内部审核系统非常严格，它会将目标和过程管理都反映出来，它的职责就是对教育行政和教学科研部门进行管理。一般情况下，学校、教师和学生都会定期受到 Edexcel 组织的专家的评估。如果有不完善的地方，专家会指出来并要求其改进，也会取消那些不符合标准的学校的办学资格。内部审核和外部审核的结合不仅使评估更为真实和可靠，还可以对教学质量进行严格的监督。

7. 课程标准统一，具有国际通用性

BTEC 课程的表示单位为单元。通常，每个专业都会分成几个不同的单元，然后这些单位再分为核心单元和选修单元，所有单元要求都比较统一，而且可以服务于不同专业的学生，学生可以根据自己的喜好选择合适的单元，进入 BTEC 学习没有年龄限制，而且学生无论是一口气完成还是间歇性完成证书指定的课程都是可以的。BTEC 学习时间一般为两年，通过考试后，学生可以获得英国 Edexcel 颁发的 HND 或 ND 文凭。

8. 注重市场需求分析，课程职业性显现

BTEC 课程的内容与专业需求之间存在着一定的关系。BTEC 课程的设置以市场的专业需求为依据；教学大纲以雇主协会制定的职业资格标准为基础；设计教学过程时要将预定单元的内容与实际结合起来；课程内容的组织要以专业活动为线索。厘清这些关系，可以使 BTEC 课程与相应行业的实际需求在最大限度上相符，培养的人才能满足企业的实际需求。

四、日本

日本的学术体制被称为"产—学—官"（产指企业，学指大学，官指政府及研究机构）。产学官合作是一种以企业、学术机构和政府为主体的三方合作模式，是日本经济发展的重要因素之一。日本产学官合作的历史非常悠久，从明治维新初期开始就出现了产学官合作的雏形，第二次世界大战后，日本的产学官合作经历一系列复杂发展阶段，20 世纪 60 年代，产学官合作的重要性越来越受到重视，然而到了 80 年代，日本产学官合作的重要性受到了广泛质疑，到 90 年代，产学官合作又开始得到认可。1981 年，日本产经联开始实施"下一代产业基础技术研究开发制度"，产学官合作开始出现，其中心内容保证了"产、学、官"各方面力量的相互合作，且充分发挥各自的优势。

（一）日本产学官合作的主要特点

第一，产学官合作紧密结合。日本的产学官合作模式强调企业、学术机构和政府之间的密切合作，构成了一种紧密有机的合作网络。企业提供经济支持和技术需求，学术机构提供基础研究和人才培养，政府则提供政策支持和资金扶持。第二，产学官合作注重实践性和应用性。企业与学术机构共同开展研究和开发，旨在将科学研究成果转化为实际产品和技术。第三，产学官合作成果丰硕。日本的产学官合作积累了丰富的成果，如高新技术、新产品、新工艺等，这些成果不仅推动了企业的发展，也为日本经济的整体发展做出了重要贡献。第四，产学官合作利于人才培养。日本的产学官合作模式为人才培养提供了重要的平台。学生可以通过参与企业和学术机构的合作项目，接触到实际的工作和研究环境，提高自己的实践能力和职业素养。总的来说，日本的产学官合作模式具有紧密结合、注重实践性、成果丰硕和利于人才培养等特点。这种合作模式已经成为日本经济发展的重要因素之一，也为其他国家的企业和学术机构提供了借鉴和参考。

（二）日本产学官合作模式及内容

1. 研究合作

研究合作的形式包括共同研究（公司和其他研究人员与大学教师共同主持的研究）、委托研究（公司等委托的研究）、捐赠研究（基于公司和个人等捐赠的研究活动）等。其中，共同研究和委托研究的比例大致相同。

2. 教育合作

教育合作的内容涵盖了公司实习、教学活动的联合开发和教师交流，其中公司实习是最重要的内容。

3. 社会服务合作

日本使用诸如 TLO（技术转换组织）之类的平台作为载体，从大学和研究机构中发现（进行）科学研究结果，在研究人员申请专利后引导其将实施权转让给企业，然后将部分转让费退还给高职院校和科研机构（发明人），以此促进高职院校科研成果的平稳转化。此外，根据日本大学管理委员会的兼职制度，教员可以开展技术咨询和其他咨询活动，有利于公司保护流动人才，同时高职院校可以投资公司以营利。

产学官合作模式极大地提高了日本工人的整体素质，不仅增强了他们的专业能力，还提高了在校学生适应社会需求的能力。同时，员工素质的提高和生产中科学技术的应用也促进了日本产品质量的提高。产学官模式和企业内部教育已将学校的研究成果与企业的生产需求很好地结合在一起，有效促进了日本产业结构的优化，并对日本经济的转型进行了指导。在这两种人才培养模式的影响下，日本经济的成功转型也促进了日本经济和教育水平的进一步提高。

第三节　德美英日教学质量管理的启示

一、德国双元制对我国的启示

德国的双元制职业教育模式针对性强，注重技术技能培养，调动企业办学的积极性，得到企业的广泛支持。在这一制度的保障下，企业不仅制订完整的培训计划，促进专业理论与专业实践的结合，加强技能培训，还为学校提供足够的培训资金和物质支持。双元制对德国学生人才培养起到了重要作用，培养出来的年轻人是既有理论知识，又有实际操作经验的职业人才。如今，我国对高级技术技能人才的需求更加细化，而德国的职业教育模式很好地解决了这个问题。比如，满足企业应用型人才培养目标需求——具备一定的职业技能和实践经验人才资格；以岗位需求为导向选择实践教学内容；注重实践应用，加强实践教学和实习教学。我国探索构建高等职业教育培养模式时，这些经验具有重要的参考价值和意义。

（一）改革教育方向，注重能力培养

双元制是德国职业教育模式的核心内容，它的教育体系的本质是以就业为导向，就业是这种教育模式的评估标准。德国的职业教育可以为学生提供更多的职业培训，帮助他们快速适应当前复杂多变的社会市场环境，增强竞争力，平稳就业。我国的职业教育在长期的发展中仍基于传统的绩效取向，学生很难将在学校

学到的知识与实际工作结合起来，毕业生与市场脱节，高素质人才短缺，无法满足岗位需要。因此，我国高职院校应变革以往以课堂为中心、以绩效为中心的教育模式，强化教育与就业之间的联系，着力培养学生的专业能力、解决问题的能力和学习能力，以帮助学生适应市场变化。特别在寒暑假和企业"用工荒"期间，学校要加强与企业的合作，鼓励学生赴企业一线进行实践，使学生可以从实践中更深入地了解专业知识，加深对本专业的了解，将理论知识与实践结合起来。学校和企业也可以订立合作协议，安排学生在企业实习，如果通过了相关评估，学生毕业后可以留在该公司工作。这样不仅解决了学生就业问题，还降低了企业的招聘和培训成本，达到双赢的效果。

（二）改革专业设置和课程体系

随着社会科学技术的发展进步，产业结构也发生了巨大变化，许多传统产业不断消失，而一些新兴产业出现在人们的视野中。因此，为了满足实际市场的需求，职业教育的专业设置和课程设置就要与之相适应。在德国，根据 AHK（德国工商联合会）职业技能资格培训中心的要求，职业学校需要随时调整课程，优先安排一部分专业课程。我国职业院校也要加强教育改革，适当调整专业设置和课程体系建设，制订可以满足企业需要的课程标准，同时科学研发培训课程和教材，培养符合实际岗位需求的高素质优秀人才。

德国政府非常重视职业设定的动态调整，会定期对职业教育进行职业分析，职业分析是指确认、定义、说明社会职业中所包含任务和工作项目的科学分析过程。因此，我国也应建立定期的职业分析和评价系统，开展调查分析，调整专业设置、改革课程体系、确定各种工作所需的知识和技能，为制订实用的专业教育计划提供依据。

（三）加强师资团队建设

除获得相应的学历和专业职称资格外，德国职业和技术专职教师还必须在一家校外企业中具有至少三年的工作经验。但是，中国的高等职业教育发展缓慢，优秀的教师不愿从事职业教育。近年来，一些学校大力引进高学历人才，但他们毕业后即当教师，缺乏社会工作经验；一些学校引进高层次人才当老师，但他们缺乏社交能力和专业经验。目前，中国还大力推进"双师型"教师队伍建设，"双师型"教师指的就是专业知识深厚、教学理论丰富和实践技能全方位发展的优秀人才。因此，高职院校不应该以"唯学历论"作为引进优秀教师人才的标准，而应多聘请实践经验丰富的一线企业技术人才，对学生进行培训指导。除此之外，企业还可以实施一些吸引人才的激励政策，如发放实践教学基金，或者把实践经验作为评价标准，帮助教师提升自我创新意识，完善自身素质。

（四）改变考试考核标准

考试评估不仅可以有效地对职业教育质量进行检验，还可以有效提高职业教育的质量。德国的双元制模式要求学校和公司共同参与课程管理和评估工作，而在此模式下，学生扮演的角色不仅是学生，还是公司的职员。在德国，毕业生除了参加学校的理论考试外，还必须得通过公司设置的实践技能考试。我国大多数职业院校对学生的评价仍主要采用试卷的形式，无法完全评估学生的能力。因此，我国的职业教育也应结合自身特点，在学生评价体系中增加对实践技能的评价考核，激励学生主动获取国家认可的职业技术资格证书，提高毕业生的能力与素质。

二、美国 CBE 模式对我国的启示

美国 CBE 模式的基本特征是突出学生自主能力和教学的灵活性，CBE 模式的实质是培养学生全面的专业能力。这是一个以工作能力培养为特征的教学系统，注重方法、过程和反馈。将学生的专业学习与实际工作结合起来是美国教学模式的主要特征，也是生产与教育相结合的重要方式。其方法是在完成某些专业学习即将毕业的时候，学生可以进入和自己所学专业相关的企业实习，实习工作时间占专业学习时间的一半。

学校为学生联系实习单位，学生进入实习单位工作以后，企业要给学生发放工资。对学校来说，学生在实习单位不但可以学到很多与自己专业相关但在学校学不到的东西，还可以积累经验，为后面真正进入社会工作奠定基础，同时，还可以获得报酬缴纳学费。对企业而言，不仅可以找到优秀的人才，还可以减少员工培训的费用。学生属于社会的年轻人才，创新思维发达，企业可以通过吸纳年轻人促进企业创新发展。

美国 CBE 人力资源开发模式确保了行业结构的一致性，促进了经济增长。目前，我国迫切的任务是要建设"制造强国"，调整产业结构。在技能型人才特别是高技能人才短缺的背景下，CBE 人才培养模式为我国技能型人才的培养提供了新的视角和诸多启示。

（一）产业需求为本

产业结构调整特征决定职业院校人才培养模式的选择。美国 CBE 模式的形成建立在产业结构调整上，其发展与产业结构调整的人才需求相融合，为产业结构升级改善培养适合的人才。CBE 培养模式必须与产业结构调整相适应，准确反映人才需求的变化趋势。由于不同国家的历史文化、经济政治条件不同，各自适宜的产业结构也会有所不同。因此，人才培养模块的选择也要因地制宜。

我国自改革开放以来，产业结构调整的趋势是第一产业在国民经济中的比例日益缩小，第二产业的比例基本持平，第三产业比例稳步增长。目前，我国仍处于工业化阶段，第二产业仍然占很大比例。因此，改革开放后，我国一直在不断学习和借鉴发达国家的先进培训模式。但是，当引进和运用这些先进经验时，我们要积极分析本国和本地区的发展特点，选择适合产业结构发展的人才培养模式。

（二）注重效率为主

CBE 模式是一种反映美国大型工业生产人才需求的培训模式。无论是在两次世界大战中士兵和技术人员的培训，还是在第二次世界大战后针对退伍军人的培训，无论是提高教师的能力，还是应用职业教育和培训，这种模式都可以满足相关培训需求。每个阶段对人才培训的要求都各不相同。第二次世界大战后，美国经历了通货膨胀的艰难时期，而遏制通货膨胀的最佳方法是使人们充分就业。正是在这个时候，CBE 模型再次发挥了无与伦比的作用，使大量复员士兵迅速获得顺利就业的能力。当前，我国产业结构升级和调整的步伐加快，对人才水平和数量提出了更高的要求。技术技能型人才，特别是高端技术技能型人才的供需缺口仍然很大。为了填补人才供需缺口，建立与产业结构调整相适应的人才结构，我们有必要为从业人员提供更高水平的培训。借鉴 CBE 培训模式以工作为中心的培训方法，在深入细致地分析工作的基础上，确定培训目标、教学内容、教学过程和考核方法，提高人才培训的效率，使受过培训的从业人员有能力胜任相关职位。

（三）注重本土化

美国 CBE 人才培训模式在其构建之初就带有强烈的行为主义色彩，也就是说，它认为能力是可观察、可分解和可测量的，并将能力细分为一系列特定且孤立的行为，以此分解和匹配工作任务。这种能力概念有其缺点，它忽略了从业者的心理特征和智力因素，只衡量任务相关从业者的琐碎技能，无法真正衡量从业者的整体和综合专业能力，忽视了职业道德。我国在培养技能型人才的过程中，除了要着重进行职业技能培训外，还必须提高人才的专业素养等软技能。此外，仅依靠非智力投入来换取生产效率的时代已经过去，发展集约型和环境友好型绿色经济已迫在眉睫。在绿色经济的背景下，除了具有生产和实践能力的技术技能人才，具有创新创业意识和环保意识的综合人才也是必需的，但这类人才的培养无法仅依靠 CBE 模式来完成。因此，在未来的人才培养中，如何在提高人才实践能力的同时，提高其创造力和综合素质是一个需要进一步探索的问题。

三、英国 BTEC 模式对我国的启示

英国的 BTEC 职业教育和培训计划针对实践性和应用性的需求，已经成为英国和国际上广受欢迎的职业教育和培训计划。对于我国来说，BTEC 模式可以提供以下启示：

（一）更加注重实践性和应用性

目前我国的职业教育和培训还存在过于重视基础理论知识和课本学习的现象，需要更加注重实践性和应用性的需求，适应职场和产业的实际发展。教育主管部门可以建立相应的激励机制，鼓励职业教育机构，特别是重点示范院校承担更多的教学科研责任，同时建立相关服务体系，为职业教育科研提供社会化、专业化服务。这些服务体系包括职业咨询与就业指导、招生与就业信息服务、课程开发、教材编写与出版、教师培训和设备供应等。具体服务有的是有偿的，有的是免费的，但整个服务体系应该是有益于社会的，而且一般是非营利的。教育部门应对研究、开发、推广和服务进行统筹规划和统一安排，使教育教学工作、教育管理工作和科研工作紧密结合。

（二）更加紧密结合产业需求

BTEC 的课程内容和学习方式与职业需求紧密结合，我国也需要将职业教育紧密结合产业需求，更好地满足企业和市场的实际需求。鼓励企业与高等学校共同组建产业学院，以培训企业所需的人才。在此过程中，企业与学校共同设置专业，制订课程大纲，共同培养学生。此外，教育部门还可以与一些中小企业合作，基于某种职业开办学校。根据 BTEC 项目大纲的要求，适当的高等职业教育应将实际培训小时数与理论教授小时数之比设为 1∶1，但是由于资金问题，当前大多职业学院无法提供足够和有效的培训。校企联合办学有利于培养和提高学生的实践能力，也有利于解决学生的收入和待遇问题。

（三）更加灵活多样化的学习方式

英国 BTEC 坚持"以学生为中心，以能力为基础"的教育理念，课程设置灵活多样，学生可以根据实际需求和兴趣，自由选择不同的课程和学习路径。我国应建立满足经济发展需要的知识、能力和素质三合一教学体系，设置、开发和生产管理体系水平相适应的动态课程，采用能够激励学生积极学习、有利于发挥学生主观能动性和持续学习意识的教学方法和评估方法，满足不同学生的个性化需求，以培养一线技术管理、服务人才，使他们能够胜任高新技术企业和其他企事业单位的工作。

（四）更加优化的教师资源

随着经济的发展和科学技术的进步，高等职业教育专业课程教师应为"双师型"教师，即教师必须同时具备理论教学和指导技术操作"双重能力"；具有教师品德与行业职业道德"双重素质"；既能面向学生处理师生关系，又能在面对商业社会和人际关系时与人合作，拥有非技术性"双重专业素质"。因此，教育部门有必要调整师资结构，从企业或机构聘请一些具有真正专业知识的高级工程师和技术人员作为技能培训教师，或者从具有实际工作经验的大学毕业生中选拔一批有进取心的人加入。在教师队伍建设方面，教育部门可以聘请知名的社会教育家、企业家、艺术家和高级技术人员参与领导决策或从事实习指导教学工作；选择学院的专业骨干教师担任学院合作企业经理、工程师；组织理论和实习指导员进行技术培训；发挥先进优势，在规模较大的综合性大学中设立职业教育体系，建立职业教育研究机构，为职业教育教学课程建设和师资管理干部培训建立双重基地。

（五）更加灵活机动的教学方式

在教材的选择上，要打破统一教材的传统观念，采用"活"的教材形式。随着高等职业教育的发展，统一的教科书逐渐难以适应模块化教学模式，高职院校应该要求教师汲取更多的新知识，通过校企合作共建"活页"式教材，确保教学内容跟上企业发展的步伐。制定类似于 BTEC 的课程提纲，同时在教学内容方面引入全面的知识体系，帮助学生全面地解决实际问题。

在教学方法上，采取以学生为中心的教学方法。教学目标和教学活动采取"以行为为导向"的风格，旨在培养学生胜任生产岗位的能力。教师需在整个教学过程中发挥引导和启发作用，极大地调动学生学习的积极性，挖掘学生的潜能，同时在促进学生综合素质培养方面发挥很好的作用。

打破单一测试的评估方法，采用一种基于"课堂"基本任务的评估方法，不再将考试作为评价学生的唯一标准。在完成课程作业的过程中，学生需要相互学习并将所学的知识消化应用到实际当中，以任务为基础，融入理论知识、专业能力素养和技能，帮助学生全面提升素质和水平。

四、日本产学官模式对我国的启示

日本的产学官模式是一种由企业、学术机构和政府组成的紧密合作网络，已经成为日本经济发展的重要因素之一。对我国而言，这种合作模式可以提供以下启示：

（一）促进产学研合作

日本的产学官模式就是推动产学研合作的重要手段，为企业、学术机构和政府之间建立了一个紧密的合作平台，促进产学研合作的深度和广度。企业可以借助学术机构的研究成果，加速产品和技术的开发和推广，学术机构也可以通过和企业合作，将研究成果转化为实际应用，推动科技创新和经济发展。我国应该加强企业、学术机构和政府之间的紧密合作，促进产学研合作的深度和广度。

（二）促进创新发展

日本的产学官模式注重实践性和应用性，着眼于将科学研究成果转化为实际产品和技术。通过产学研合作，企业可以获取最新的研究成果，推动自己的产品和技术不断更新和升级，同时学术机构也可以借助企业的实际需求，加速研究成果转化为实际应用，促进技术创新。这种模式有助于推动企业和学术机构的创新发展，并能够快速将创新成果转化为实际应用，我国可以充分借鉴这种合作模式，促进创新能力提升。

（三）提高人才培养质量

日本的产学官模式为人才培养提供了重要的平台。学生可以通过参与企业和学术机构的合作项目，接触到实际的工作和研究环境，提高自己的实践能力和职业素养。同时，企业和学术机构也可以通过合作项目，培养具有实践经验的高素质人才。我国也应该加强职业教育和实习实训，提高人才培养质量。

（四）加强政策支持

日本的产学官模式得到了政府的大力支持。政府为产学研合作提供必要的资金和制度保障，推进科技创新和经济发展。政策支持对于推动产学研合作非常重要，可以促进各方合作的积极性和成果的实现。我国政府应该加强政策支持，提供资金和制度保障，推进产学研合作，促进创新发展，为我国经济发展提供更好的保障。

（五）培养实践经验丰富的教师

日本的产学官模式要求从事产学研合作的人员具有丰富的实践经验。我国也应鼓励教师积极参与行业的合作和交流，了解最新的行业发展动态和需求，将这些信息纳入教学中，提高教学的实用性和针对性；及时关注学生的实际应用能力的培养，注重教学与实践相结合，提高学生的实际操作技能；引导学生参与产学研合作项目，强化教育与实践相结合的理念，提高学生的实践能力和职业素养；加强与企业和学术机构的合作，提高自己的实践经验和教学水平，积极参与产学研合作项目，增加自己的实践经验，提升教学质量。

第二章

产教融合下的教学督导发展

教学督导是教学质量管理的重要载体，教学督导译自英文"Supervision"，督导一词从字面意义来理解即包含"督"和"导"两层含义。"督"即监督、督查、督促，"导"即指导、引导、开导、启导，该词我们可以理解为权威人士或部门对其他人或部门的监督、督促、指导和启发，教学督导的目标在于育人为本、以德为先、促进学生的全面发展。

在产教融合的背景下，教学督导建设要更加注重实践性和应用性，确保教学质量和实际效果。要了解行业领域的需求和趋势，将这些信息纳入教学评价中，提高教学的实用性和针对性；鼓励教师积极参与产业界合作项目，加强与企业和学术机构的合作，提高教师的实践经验和教学水平；注重对教学实践的评价，评估教师在实践中的表现，如课程设计、教材运用、实践操作等；关注学生的职业发展和实际应用能力，确保学生具备实际应用能力和职业素养，确保教学质量和实际效果。

第一节　什么是教学督导

一、教学督导定义

教学督导源自教育督导，教育督导是根据本国的有关教育方针、政策、法规和制度，对教育行政部门和各级各类学校进行监督、检查、评估、指导、帮助，旨在加强国家对教育事业发展的全面管理，以保证教育方针和政策的贯彻执行，提高教育质量，促进教育事业的健康发展。在我国，不同的学者从不同的角度对教学督导作出了相应解释，学者邢红、王菊梅指出："教学督导是学校或教学主管部门委派专门人员对下属教学单位或教学个体的教学工作进行监督与指导的一种形式，它是教学管理的一种特殊手段。"[①] 单嵩麟、潘立本进一步指出："教学督导包含狭义和广义两个层面的含义。狭义的教学督导是指'督教'，就是对教师的教学进行监督和指导，重点是对教师的课堂教学进行督导，对教师的课堂教学质量、效果进行检查和评估；广义的教学督导包括督教、督学、督管。其中督教如前所述，督学是指对学生的学习活动过程进行多方面的督导，督管是指对教

---

① 邢红，王菊梅. 关于成人高等教育教学督导工作的几点认识 [J]. 教育导刊，2004 (10)：34.

学育人环境的管理进行督导，对教学管理进行检查、监督和评价。"[①]目前各高职院校的教学督导工作由学校内部自主确定，从机构设置、督导人员聘用到督导活动设计实施、督导信息反馈等机制，都是学校的内部决策，在保证高职院校自主性的前提下，科学界定教学督导，使其得以有效执行，是教育管理者的责任。

二、教学督导的本质及意义

为何会有教学督导？从管理学的角度出发，教学督导是建立在消极人性观基础之上的一种行为控制活动，具有学术权威性。管理学理论认为：人性存在消极因素，大多数人是懒惰的，他们尽可能地逃避工作；大多数人都没有什么雄心壮志，也不喜欢负什么责任，宁可让别人领导；大多数人的个人目标与组织目标是相互矛盾的，为了达到组织目标必须靠外力严加管制；大多数人都是缺乏理智的，不能克制自己，很容易受别人影响；大多数人为了满足基本的生理需要和安全需要，会选择那些能获得最大利益的事去做。教学督导活动实施的目的就是规避人性消极因素的影响，通过自身专业领域和教学经验的学术威望，对教学起到监督与指导的作用。

教学督导是教学质量管理系统的重要组成部分，20世纪90年代，我国各高职院校开始试行教学督导制，作为教学质量监控、保障体系的重要组成部分，在学校内教学督导具有极强的生命力。随着高职教育的蓬勃兴起和发展，教学督导机制也成为高职院校教学管理和教学质量监控、保障体系的一个重要组成部分，是培养优良教风、学风，形成校风的重要部分，对提高教育教学质量和教学管理水平均起到促进作用。

提高教学质量是高职院校永恒的主题。教学管理系统包括决策、执行、评价、监控、反馈等部分，缺一不可。但长期以来，高职院校教学管理多重决策和执行的职能，对评价、监控和反馈的职能关注不够，成为薄弱环节，从而影响了教学质量和管理水平的提高。特别是在产教融合下，高职院校正处于转型期间，产教融合进一步增强，加强对教学督导工作及教学质量管理的探索与研究，总结其经验，使感性认识上升到理性认识，总结教学督导经验，对发展督导机制、丰富教学督导理论和完善教学督导体系，都具有极为重要的意义。

---

① 单嵩麟，潘立本. 以人为本建立健全高职院校教学督导制度［J］. 职教论坛，2006（14）：22.

三、产教融合下教学督导的发展

2006 年，教育部出台《关于全面提高高等职业教育教学质量的若干意见》，强调"高等职业院校要强化质量意识，尤其要加强质量管理体系建设，重视过程监控，吸收用人单位参与教学质量评价，逐步完善以学校为核心、教育行政部门引导、社会参与的教学质量保障体系"。2021 年，中共中央办公厅、国务院办公厅印发《关于推动现代职业教育高质量发展的意见》，进一步指出要"完善质量保证体系。建立健全教师、课程、教材、教学、实习实训、信息化、安全等国家职业教育标准，鼓励地方结合实际出台更高要求的地方标准，支持行业组织、龙头企业参与制定标准。推进职业学校教学工作诊断与改进（以下简称'诊改'）制度建设。完善职业教育督导评估办法"。国家出台的各种政策文件从改革教育质量评价、人才评价制度和提高政府决策的科学性和管理的有效性的角度，诠释了高等职业教育教学质量监控的重要性，提出了对高等教育多元化评价的理念，也为教学督导的重新定位创造了政策性依据。党的二十大报告中明确我国已迈入中国特色社会主义新时代，经济由高速增长阶段转向高质量发展阶段，必须坚持质量第一、效益优先，作为主要服务于经济建设发展的我国高职院校正处于内涵建设的新阶段，提升办学质量，多出人才、出好人才是新时代对高职院校提出的新命题与新要求。高职院校教学督导是学校质量保障体系中的一部分，在教学与管理过程中扮演着重要的角色，为学校人才培养质量提升提供了积极有效的监督保障作用，促进信息收集、信息反馈、桥梁纽带、检查督促、指导和诊断评价，有利于教师教学质量的改进与提高，有利于树立良好的教风与学风，有利于加强监督和反馈功能。检验教师的教学能力，监督和管理教师的教学水平，激励先进，鞭挞落后，促进教师积极进取，不断提高教学水平；了解学生对教师的评价和学生的学习状态，反映学生心声，为学生创造良好的学习生活环境。教学督导发挥了老教授对中青年教师，尤其是青年教师的传帮带作用。

在产教融合的背景下，教学督导工作发生了变化，传统的教学督导主要关注授课质量、学科知识等方面，而产教融合下，教学督导的内容更加注重职业素养、实践能力、创新能力等方面，关注学生的职业发展和就业能力，鼓励师生积极参与产学合作项目，提高学生的实践能力和创新能力。传统的教学督导主要采用课堂观察、评估表等方式，而在产教融合下，教学督导的方式更加多样化，可通过参与产学合作项目、企业实习、学生毕业实践等多种方式，深入了解学生的实际学习情况，提供更加科学、有效的建议和指导。传统的教学督导主要关注教学质量和教师绩效，而在产教融合下，教学督导的目标更加注重学生的综合素质养成和职业发展，关注学生的职业水平和就业能力，为学生学习提供更加实用的建议和指导。在产教融合下，教学督导人员的角色也发生了变化，他们不仅仅是评估和指导教师，更是学校与企业社会合作的桥梁，协调各方资源，共同推动教育教学改革和创新。产教融合下的教学督导工作更加注重学生的职业发展和实践能力，采用更加多样化的督导方式和评估标准，督导人员的角色也要更加开放和协调，有助于提高教育教学质量和学生的综合素质，推动创新创业教育的深入发展。

第二节　德美英日督导发展状况

一、德国

1. 德国教育督导发展

德国教育督导的发展历史与德国教育发展的历史紧密结合。德国学校的起源可以追溯到中世纪的基督学校，直到 14 世纪，德国才出现非教会开办的市立学校，但教育权力仍掌握在教会手里。18 世纪末，德国开始教育国有化，国家大规模地制定法规，规定学校的监督权属于国家，不属于教会，建立了国家教育行政制度，学校事务由政府办理和监督。19 世纪，国家渐渐将教育行政从教会手中接管过来。

德国教育行政历史受各州文化自治权的影响，各州保留了管理学校的权力，各州教育事业（包括私立学校）处在本州的监督之下。因为德国的教育行政工作和教育督导工作由相同的机构来实施，所以联邦德国教育督导机构也分为三级：最高一级是州教育部，中间一级是区政府所属的教育厅，最低一级是县市教育局。州教育部负责监督和督导州内各级各类学校，既是职业教育督导工作的主管机构，也直接负责中等普通教育。

2. 德国教育督导的主要职能

督导人员的督导权限概括为三个方面：业务督导、工作督导、权利督导。业务督导（Business Coaching）主要针对教育机构的管理层和教育工作者，旨在帮助他们发现和解决教育机构内部的问题，提升管理和教育能力，促进组织的发展。工作督导（Supervision）是一种常规的督导方式，旨在帮助教育工作者反思和改进自己的工作方式，提升工作效率和质量。工作督导一般由专业督导员与教育工作者面对面进行，以协助他们更好地理解和应对教育工作中的问题和挑战。权利督导（Inspection）主要是由政府机构进行的督导，旨在监督和评估教育机构的工作质量和监管教育工作者的行为。权利督导通常以监测和评估的方式进行，督导员会对教育机构的教学质量、学生表现、管理水平等方面进行评估和监测。

3. 德国教育督导制度的特点

（1）教育督导体系完善。

德国的教育督导体系较为完善，教育督导和教育行政管理工作合二为一，有利于保证教育管理过程的完整性。决策与监督一体化，提高了管理效率，避免一些冲突和矛盾。督导人员也可获得较大的权力。德国的教育行政实行双重领导制，负责教育行政的领导也是负责教育督导工作的领导，这样有利于督学工作的顺利实施，避免了一些不必要的程序。教育督导工作分工具体，包括学校现场督导、学校评估、区域督导和国家级督导等多个层级。督导人员经过专门的培训和考核，具备专业的督导能力和知识。

（2）注重内外结合的评估。

到学校进行实地评估的评估小组人员既有专业的督导人员，也有行业代表、家长代表等，这样的人员组合更能保证评估结果的准确性。对学校的评估包括内部评估、外部评估。内部评估由学校对自身情况进行调查，对学生考试成绩进行分析研究，听取家长意见，改善学校工作。外部评估由州教育评估机构组织实施，关注学校的办学思想、办学行为、整个面貌和教师队伍。外部评估的主要方法有问卷法、访谈法和观察法等。

（3）注重全方位评价。

督导评估是全方位的，可通过参加学校专业会议、教师集会，发表个人意见，参加市里有关学校的规划、资金、教师、学生、教学、课程等工作的研讨，同时还要和其他机构如教师进修学院、教育规划研究所等密切合作。督导人员除对学校进行督导外，还要对一些教育领域内的问题进行深入的理论研究，以提高本身的业务水平。与警察局、教会、企业、大学、法院、教师培训机构等部门合作，协商解决有关交通安全教育、宗教教育、学生企业实习、青少年犯罪、实习教师的考核等问题，撰写督导报告。此外，督导人员还要经常参加学校的工作会议和学校联合体（几所同类型学校组成）的会议。

（4）注重督导的权威性。

德国督导人员的选拔采用的是招聘的方式，经考核后，由区教育行政机关向州教育部提出候选人名单，最后由州教育部或市教育局任命。督导人员的学历要求至少大学以上；资历要求为具有多年的执教经验，通常担任过校长、副校长或新教师培训人员等职；能力要求为具备担任教育督导人员的知识水平、品德和组织能力；一般对年龄没有明确规定，确保督导专业性与权威性。

（5）注重质量和效果。

德国的教育督导注重教学质量和效果的提高，评估教师的教学水平和教育成果。督导人员会根据评估结果，提出具体的指导和建议，帮助学校和教师改进教学质量和效果，注重学生的综合素质发展，鼓励学校和教师关注学生的全面发展。督导人员会关注学生的综合素质评价和教育成果，通过多种方式促进学生的全面发展。

二、美国

1. 美国教育督导发展

美国从建国到现在只有短短两百多年历史，但其教育已经走在世界的前列，作为教育发展的重要保障，美国教育督导制度功不可没。美国教育督导与公共教育的发展紧密相联。十九世纪二三十年代，"公立学校运动"蓬勃兴起，从新英格兰地区的初等教育开始，逐渐拓展到南方各州。在此期间，学校数量大幅增加，各州和学区逐步配备了负责不同教育阶段、不同教育类别的专业督导人员，既对学校的一般事物进行督导，又重点检查教师的工作，对教师的课堂教学进行评价、指导。19世纪50年代，一些大城市的"学校委员会"开始聘用专职人员来帮助视察学校，即"代理巡访员"（Acting Visitor）。后来"代理巡访员"升格为"学校督导长"（Superintendent of School），其工作是视察学校，一般到学校听课、检查学生作业与教师教学成果等。后来随着学校督导长事务繁多，将精力用于处理行政事务，教学监管则下放到学校。1856年美国通过法案，规定校长履行督导的职责，校长随时检查和指导教师的教学。工作包括日常听课、巡视、与教师交谈、检查教学进度、系统研究教育问题，组织教师讨论教材教法，给教师上示范课等。在校长的监管下，教学质量得到了大幅提高。校长督导方式对公立学校的发展起到了重要的推进作用。20世纪20年代，各州、市均成立了教学督导处，配备了学科督导。从专业角度看，学科督导是真正的专业教学督导。学科督导的主要工作包括：到各校听课、视察教学；通过组织示范教学、召开教师会议等手段来培训教师；选择和准备教具；协助督导长聘任教师；开展教学研究，出版教学刊物。学科督导深入教学一线，指导教师的专业发展，其督导的专业性得到了公认。

美国的督导制度主要分为学校内部督导和学校外部督导。学校内部督导一般由校内的行政管理人员、校长、教务主任等人员担任。他们通过访问教室、观察课堂、检查学生作业等方式，评估教师的教学质量。此外，学校内部督导还负责评估学校整体的运作情况，包括课程设置、学校管理、学生管理等方面。学校外部督导由政府机构或私人机构负责，主要针对学校的整体运作情况进行评估。学校外部督导会包括美国教育部门、私人非营利组织、学术评估组织等对学校内部督导的评估结果进行审核和验收。

2. 美国教育督导的特点

（1）督导制度完善。

美国的教育督导制度相对完善，由政府机构、学校内部和私人机构共同负责。政府机构主要负责制定督导规范和标准，学校内部督导主要针对教师和学生进行评估，私人机构则提供独立的督导服务。美国的教育督导机构与管理机构合二为一，主要有联邦、州、学区三级，联邦政府一级设置了教育部，主要起到激励与协作的功能，体现在设立教育项目、调配经费拨款、统计全国的教育督导情况、为各州提供咨询和指导等。州、学区两级教育管理部门既是教育行政部门，又是督导部门。学区一般设有主任督导或督导长，专注于课堂和教学这一微观领域，给学校提供最新的信息咨询服务，帮助教师开发新材料，鼓励教学研究，帮助教师解决课程和教学方面的问题。20世纪80年代，美国兴起校本管理运动，越来越多的学校教育教学事务由教师与学校管理层一起参与学校管理，大大激发了学校办学的自主性及教职员工的积极性。

（2）重视教学辅导。

强调教学督导是教育组织系统中与教学行政管理、学生的学习、教师的教学并列的一个非常重要的子系统，教育督导一直在变革中成长，教育督导目的由控制转变为改进教学，它的任务是通过影响教师的教学行为来实现提高学生学习能力的目的，折射着从刚性控制到人性关怀的转变。美国的教育督导更准确的叫法应为教学辅导，督导人员没有行政权力，重视专业性，重视教育指导中辅导人员与被辅导人员的合作关系，重视教育教学的微观领域，更具有实用性。督导采用多种方式进行评估，包括课堂观察、学生问卷、家长反馈、学生表现等，评估学校和教师的教学质量和学生的学习成果。

（3）注重服务教师。

美国教育督导在各州的督导内容有所不同，但教学督导是主旋律。教学督导包括课堂教学督导和对教师的督导。课堂教学督导强调教学督导和教师之间在教学行为的分析及改进教学活动方面产生面对面的互动，针对教师个体的教学活动展开。这种督导形式可以切实帮助教师解决教学上的困难，改进教学技巧，提高教师的教学水平。对教师的督导包括教师资格鉴定、教师评价和教师在职培训。教师资格鉴定由各个州负责出台鉴定标准并由各个州教育督导负责组织，工作程序分别为提交申请资料、进行评估鉴定、参加资格考试、颁发证书。教师评价着眼于教师的发展和学生的成长，目的是改进教学。教师评价由学区督导和学校督导负责。督导人员通常采用教师观察工具来做书面评价记录，工具包括标准化量表、格式化量表和拓展性量表。如果教师在接受指导后的评价中不能达到要求，将被评为边缘教师的等级，不能参与正常教学，需要接受学习与培训，期限内评价合格后方可重新回到教学岗位。最后是在职培训。一般来讲，在培训之前，教育督导会通过前期督导结论、调查或教师交流制订培训计划，将培训的内容与意义通过日常督导得到教师的理解并使教师内化于心，提高教师改进教学的积极性。

（4）注重督导的资历。

美国的教育督导人员分为两类：一类是教育行政人员兼任教育督导人员；另一类是专职督导人员。兼任的督导人员包括学监、副学监和校长。在州一级，教育厅长是总督导，同时设置若干专职督导推进工作。这些督导人员都是课程和教学领域的专家，分别研究初等、中等和高等教育。在学校层面，校长、主管教学工作的副校长、专业带头人、教学名师、教研室主任、专业发展顾问都是兼职督导，有的学校还聘任校内外专业或行业专家加入教学督导的队伍，这些专业或行业专家就是专职督导。美国教育行政部门对教育督导人员的任职资格要求很高，各个州都建立了教育督导人员资格证书制度。专职督导人员的任职资格一般包括学历学位、经验、专业、年龄等条件。美国的一项抽样调查显示，美国督导平均教龄为 7.4 年，平均年龄为 38 岁，获博士学位者占 15.4%，获硕士学位者占 65.7%。

（5）注重学生综合素质发展。

美国的教育督导评价中注重学生的综合素质发展，引导学校和教师关注学生的全面发展，关注学生的综合素质养成和教育成果，采用多种方式进行评估，包括课堂观察、学生问卷、家长反馈、学生表现等多种方式。通过多样化的评估方式，可以全面评估学校和教师的教学质量和学生的学习成果，促进学生的全面发展。

三、英国

英国是最早建立当代教育督导制度的西方国家。英国职业教育教学质量督导分为外部督导和内部督导。所谓外部督导是指英国政府设立专门机构、组织专门人员对各学校教学质量进行监督、检查和评估，以促进学校教育教学质量的提高，同时将评估结果作为拨款和社会宣传的依据。内部督导是指学校内部设有专门机构，组织人员对本校教学情况进行监督、检查和评估，以利于改进教学方法，提高教学质量，同时评估结果作为外部教学质量督导的佐证材料。

1. 外部教学质量督导工作情况

英国职业教育外部教学质量督导工作主要由"资格及考试规定办公室"（FA）和"教育标准办公室"（QAA）组织督导小组完成，督导小组一般由女王督学 2~3 人（其中 1 人为组长，负责小组成员的具体分工和督导工作的组织实施）和兼职督导人员 7~8 人（一般为学校、企业、社区的退休人员）组成，督导小组成员在督导前一般都要经过督导培训，事先掌握督导的内容、程序和督导方法。

督导小组依据《继续教育与技能通用督导框架》（2012 年版）对学校教育教学质量进行督导，督导的主要内容为学生学习成果、领导与管理能力、教学与学习评估等。

学生学习成果观测点：所有学生是否实现学习目标；不同学生群体之间的成绩差距是否缩小（指不同民族、不同性别、不同家庭背景的学生群体之间学习成绩的差距）；学生个人能力、合作能力和就业技能是否提高；课程是否使学生获得更高级的职业资格，并找到能满足个人发展目标以及当地和国家需求的工作。

领导与管理能力观测点：学院领导是否具备谋略；对学生取得的成就是否寄予厚望；对工作质量和绩效要求是否高标准；是否具有严格的绩效管理和恰当的职业发展以改善教学；是否具有完善的自我评估标准来评价教学质量；是否考虑教师和学生意见来改善和提高可持续发展能力；是否成功建立和管理课程以及学习项目，以满足学生、职工、国家和社区的学习需求；是否积极推广平等和多样化；是否消除暴力和歧视；是否缩小成绩差距；是否确保所有学生安全等。

教学与学习评估观测点：学生是否从教师的期望、约见、关怀、支持和激励中获益；教师是否利用其专业技能按照教学计划开展教学，满足每位学生之所需；教师是否先评估学生的起点并督导其进展情况，再制定挑战性任务，并以此为基础给学生授课；在对学生的学习情况做出评估后，教师是否定期提供详细而准确的反馈，让学生明白该如何改进；教学能否提高学生的英语、数学和技能，并有助于学生实现学习和事业目标；教师能否及时提供合适的信息、建议和引导，为学生学习提供有效支持；通过教学，是否促进了平等和多样化。

2. 内部教学督导工作情况

内部督导是指学校内部设有专门机构，内部教学督导的依据是《继续教育与技能培训评价手册》。督导内容包括学习、教学、课程与专业、资助、领导力效果等五个方面，通过数据收集与分析、自我评估报告的撰写、等级评定、信息反馈、改进方案制订和改进工作督导等，最后给出结论，形成《自我评估报告》和《质量改进计划》两个报告。

（1）自我评估报告。

学校每年对每位教师（或其他职工）须进行一次绩效考核。考核指标有成功率、出勤率及其他附加值。同时，学院每年对每位教师进行一次教学情况（含课程教学和其他学习活动）视察和评分，其结果作为教师绩效考核依据之一。

成功率：学生保有率（完成学业的学生人数占入学人数的比例）×通过率（通过职业资格考核的学生人数占入学人数的比例）＝成功率，成功率按课程（专业）计算，与国家平均水平对比，即得出任课教师的评估结果。

出勤率：上课（或参加其他学习活动）的学生人数占总人数的比例即为出勤率。

附加值：考核每位学生与起点相比的进展情况，汇总学院所有学生的进展情况。学生和雇主的反馈信息也作为绩效考核的重要依据之一。

搜集整理学生书面作业、实习作品等绩效考核所需信息，从学习、教学、领导力效果三方面进行自我评估，形成自我评估报告。自我评估报告要求可测可评，短小精悍。

（2）质量改进计划。

根据自我评估报告中指出的问题，拟订提高绩效所采取的行动方案，即为质量改进计划。质量改进计划应包括明确的行动和时间表。

（3）评估结果应用。

对督导评估较差的教师，由学院指定专门人员指导帮助其改进，工资不予晋级；若教师评估结果一直较差，则可通过劳动仲裁予以开除；督导评估较好的教师将获得工资晋级；督导评估非常好的教师将作为学院中坚力量培养。

四、日本

日本的教育督导制度随着日本近代教育的发展而不断变革。经过传统与现代的冲突，外来文化与固有文化的融合，逐步形成了既反映现代教育行政管理的普遍规律，又具有浓厚的日本特色的教育督导制度。

1. 日本教育督导概况

日本的教育督导是政府行政管理体系中的一个组成部分，在完成督导任务的过程中要遵循国家的法律，以达到国家对教育效果的期待为目标的一种综合评价和指导活动。《教育哲学：关键概念》中将"督导"定义为：督导是由处于一定权力地位的人员依据一定的标准对一所学校或一项教育活动的价值做出判断，督导是问责的一种重要手段和工具。在日本，中央教育行政机关除少数时间段外，均设有视学官的职位，同时设视学委员，地方教育行政机关设郡视学、地方视学、指导主事等职位，虽然职位的职责会随着教育改革的洪流而变，但终究改变不了教育督导是政府行政管理中一个参与角色这样的事实。

日本战前的教育督导人员——视学官等主要是以"钦差"的身份出现，他们主要追求的是督导的权威性，以国家本位的思想对教育的实施进行监控，而督导的重点也多集中于对教职员的人事管理。战后的教育督导人员——视学官、指导主事等摒弃了高高在上的观念，追求教育实施过程中的效率，督导的方法也多为指导、帮助、建言等方式，意在使学校的教育质量得到提高。

教育督导人员在对学校等教育现场进行督导的过程中，显然不会依据自身的主观判断来确定学校的发展是否得当，而是依据国家的法律、教育的政策与目标、上级政府的要求等来评判。这也表现出了督导制度的客观性和对政府的依赖。此外，督导产生的初衷是国家需要对教育的执行情况进行监督，有了督导制度的存在，国家可以加强对教育执行情况的了解，更可以获取更多的实际操作经验，为后续教育改革提供动力。

总体来说，在日本多年发展的过程中，教育督导地位并没有降低，对督导人员的素质和能力的要求也在不断提高。教育督导作为教育行政管理的一个手段，为督导人员能够审视教育现场提供了可能，同时，督导人员有义务运用指导、建言等手段为提升学校的教育水平做出自己的贡献。

2. 日本教育督导的特点

（1）教育督导组织体系的系统性。

日本第二次世界大战后建立了系统的教育督导组织体系，之后不断加以完善，目前已经形成从中央到地方的"两类""三级"教育督导体制。"两类"指的是文部省的视学官和地方教委指导主事。在督导层次上分为文部省、都道府县、市町村三级督导体系。文部省与科学技术厅合并为文部科学省，下设六个局，分别设置视学官，主要负责协调中小学教育和大学教育事务。在视学官中，设有主任视学官，负责联络协调各个视学官的工作。在都道府县这一级，主要对都道府县的中小学进行督导。在市町村这一级，主要负责该地区的教育督导工作。三级教育督导机构的定位是互为合作与指导的关系，而非上下级的行政隶属关系，日本教育督导机构的设计是由目前教育督导的非行政性决定的。

（2）教育督导人员的专业性。

日本文部科学省和各级教育委员会都十分重视督导的专业化建设，要求视学官必须为学科专业的专家。视学官多是从大学、短期大学和高等专科学校的校长和教授中选拔出来的，这些校长和教授具有深厚的专业功底，大多为专业领域的"风向标"式人物，同时他们具有丰富的教育教学经验，使教育督导工作更加贴近教育实际。日本对教育督导没有明确的学历要求，但实际上从事教育督导工作的各类人员必须持有教师资格证书。日本要求大学毕业后才能参加教师资格鉴定考试，考试合格后取得教师资格证书，因而实际上日本的教育督导人员应具有大学学历并且应有丰富的教学经验，平均执教年限在5年以上。

（3）督导原则的民主性、科学性。

日本在教育管理模式上采用中央集权与地方分权相结合的方式，这一管理方式同样适用于督导制度，中央的科学调控与地方的民主参与正是日本教育督导制度能够不断完善的动力之源。民主与科学的关系可以被套用在评价与教育督导的关系中，以科学的态度对教育参与要素进行评估，并辅之以民主化的督导方式帮助改进，这样的方式可以最大化地提高督导的效力。虽然日本教育督导的执行人员隶属于各级教育部门，但是，其工作的实质与其他工作人员有着巨大的不同。对于专业的督导人员来讲，他们承担着教育现场工作的评价与指导工作，因此对于教育、教学相关的事项就要有一定的了解，并且具备处理各种应急问题的能力。在文部科学省和地方教委对于视学官及指导主事的任用标准中就可以看到，实际的教学经历和管理能力被视为督导专业人员的基础要素。

（4）督导工作的指导性。

日本的教育督导制度强调"指导性"，因而教育督导的工作内容涉及学校教育的方方面面。中央视学官的工作内容包括对学校教育机构设置的指导、学校管理和编制设置的指导、课程设计的指导、课程方法改进的指导、教科书编排等方面的指导和帮助。地方教育督导则倾向于对学校进行具体的指导和帮助。

日本的教育督导制度组织完备、法制健全、重"导"轻"督"、专业性强，已经成为发展教育事业、提高教育质量的重要措施。日本教育督导的法制化体系完善，从《文部省设置法实施细则》《教育公务员特例法》到《关于地方教育行政的组织及经营管理的法律》等法律法规，明确规定教育督导的性质与定位、教育督导机构的设置以及教育督导的选任、工作职责、工作方式等，为督导活动提供了规范的环境和法制保障；日本教育督导范围限于教学以及与教学活动有关的所有具体事项，体现专业性和权威性。另外，日本教育督导范围涉及初级教育、中级教育、职业教育、高等教育等，将全国各级各类学校几乎全部纳入教育督导活动范围，有利于文部科学省对全国的教育状况有一个整体把握和认识，促进各级各类教育之间的协调发展。

（5）督导教育改革的导向性。

日本自明治维新以来，共有三次重大的教育改革，在这三次改革中，教育督导都发挥了重要的作用。在第一次教育改革中，教育督导的目标主要集中在为日本社会的近代化和工业化服务。第二次教育改革中，教育督导的目标为建立民主体制，弥补战争给教育带来的损害。第三次的教育改革是克服学历主义的不良倾向，教育督导的重心也集中于此。不同的时代有不同的改革，相同的是教育督导在其中的作用，教育督导不仅可以将社会问题在教育上的影响反映出来，同时还可以尝试发现解决危机的方法。可以说，教育督导是教育改革过程中不可或缺的一部分。

第三节　德美英日督导发展的启示

德美英日等国的督导建设特点鲜明，如德国的督导体系确立政府与学校主体责任、确定督导主体与督导对象平等合作的教育督导观，帮助教师提高教学质量和专业水平；美国注重教育督导的指导功能，平衡"督学"与"督政"，强调多元化评价和激励机制，鼓励教师提高教学质量和创新能力；英国的督导工作注重多元评价，评价以学生为中心，注重教师个性化支持，帮助教师不断提高教学能力和专业水平；日本的督导工作坚持民主与科学的督导原则，注重实践性和应用性，通过对企业和产业界合作的课程的督导，提高学生的实际应用能力和职业素养，等等。这些对我国的督导工作提出了许多有益的启示，我国的督导工作可以借鉴这些经验，不断完善和提高督导工作的质量和效果，同时针对中国教育领域的特点，制定符合国情的督导政策和实践方案。

一、德国督导制度的启示

作为一个以地方分权制为基本管理体制的国家，德国的教育督导制度在其教育行政管理体制中呈现出颇具特色的一面。中德两国虽然国情不同、制度不同、体制不同，但德国在教育督导制度建设中的基本做法及成功经验为改进我国的教育督导工作提供了有益的启示。

（一）合理设置教育督导机构，确立政府与学校主体责任

德国采取的教育督导和教育行政管理工作合二为一的机构设置形式和工作方式，适应了德国地方分权型教育行政管理体制的需要，有效保证了行政指挥、督导、检查的相互衔接和高度统一，工作效率比较高。我国要从国情出发，建立与教育行政机关平行的教育督导机构，使其既受同级人民政府的行政领导又受上级教育督导机构的业务指导。这种机构设置形式和工作方式不仅有利于发挥督导的职能，避免督导部门同教育行政部门在工作上发生交错、重复的现象，也可以对下级教育行政部门和学校的工作进行监督、检查、评估和指导，还可以对下级政府的教育工作进行监督、检查、评估和指导。

政府与学校的主体责任。教育督导机构应督促政府规范其在发展教育事业方面的行为，使政府部门能真正站在当今世界教育和人才竞争的战略高度，对教育的改革和发展全面负责。学校是办学的主体，拥有学校规划、教学指挥、质量控制、人事聘任、财务管理等办学自主权，须依法规范自己的办学行为，形成自我约束、自我管理、自我发展的良好机制，全面贯彻党的教育方针实施以德育为核心、以培养学生的创新精神和实践能力为重点的素质教育，为民族和国家的未来培养人才。

政府在管理教育、学校在办学过程中的主体责任。政府与学校应根据社会、经济的发展和人的发展需要，主动进行教育改革的探索与实践，努力实现教育发展目标。政府部门要全面深化体制、机制、投资三位一体的教育改革，进一步变革那些不适应教育发展乃至阻碍教育发展的观念、制度和现状，以形成与社会主义市场经济相适应、符合教育发展规律的新体制、新机制、新投资体系。学校要根据自身的办学条件和水平确定实施素质教育的目标和要求，要在办学规划设计、组织结构变革、师资队伍建设、教育教学改革、现代教育技术开发运用、校

园文化建设、学校特色创建等方面制定正确的策略和行动方案并采取有效的措施予以实施。

（二）更新教育督导思想，确立督导主体与督导对象平等合作的教育督导观

德国在明确规定教育督导人员对教师的工作具有权威性的指导权力的同时，为了防止教育督导人员滥用权力，保证教师的教育和教学自由，各州教育法一般都对教育督导人员的职权范围作了明确规定，教师如不同意教育督导人员的评价，允许其向有关教育当局申诉，由教育当局进行裁决。

长期以来，我国的教育督导形成了居高临下的行政视察，行为目的在于检查和考核学校和教师工作的优劣，容易造成教育督导人员与学校教师的矛盾与冲突。借鉴德国教育督导的有益经验，我们要更新教育督导观念，确立督导主体与督导对象平等合作的教育督导观。改革以单纯的检查监督或以奖惩为手段的旧观念，用热情的关怀和激励进行指导或辅导，真心实意地与被督导者共同研究探索并鼓励其自我改进、自我生长的创新精神。发动督导对象积极参与，鼓励他们提出自己的意见和建议，最大限度地避免教育督导主观随意性的影响。广泛听取督导对象的意见，与他们坦率真诚地交换意见，允许不同观点的争鸣，允许不同意见的争论，使督导主体与督导对象目标一致，情感相通，增强督导对象的认同感，激发其自觉参与的心理，使整个督导过程成为共同探讨教育思想、教育方针、培养目标、教学方法的过程。

（三）确立"督政"与"督学"兼顾的教育督导观

自从教育督导制度建立以来，在教育督导的实践中始终存在着如何处理"督政"与"督学"的相互关系问题。德国的教育法制建设相对完善，政府在教育发展中的责任与义务都有明确的法律规定，因此教育督导的任务主要是对学校工作的督导，即以"督学"为主。我国在教育法制建设方面存在较大差别。我国的教育督导工作的侧重点就包括"督政"和"督学"两大方面。所谓"督政"，即监督下级人民政府及其有关职能部门履行教育工作职责依法行政。所谓"督学"，即对所属学校的教育、教学、管理工作进行监督，推动学校全面贯彻教育方针。从提出"督政"的时候起，"督政"就一直是教育督导工作的首要任务，无论是历次专项督导检查还是"两基"评估验收都是主要围绕"督政"进行的。当然一个政府是否有效地发展了教育，还要具体考察学校教育是否真正得到了发展，教育条件是否得到了改善，教师队伍和管理队伍是否得到了很好的建设，教育法规是否得到了贯彻落实等。因此"督政"与"督学"不能相互代替，应把二者结合起来，只有这样才能达到教育督导的真正目的。

（四）加强教育督导队伍建设，确立教育督导专业化

教育督导人员是教育督导机构中具有督导职位和督导专业知识与技能，代表国家教育督导部门行使教育督导职权的行政人员。教育督导队伍建设状况直接关系到教育督导的成败，加强教育督导队伍建设，实现教育督导专业化势在必行。为此，可建立教育督导资格证书制度。教育督导资格证书制度的建立是教育督导队伍专业化的必备条件，对教育督导人员的任职条件、获得资格的程序、在何种情况下取消其资格以及资格获得者的权利和义务等要做出明确具体的规定。在此基础上，建立教育督导的职务系列。教育督导专业职务系列的设立是一项政策性很强的工作，应在充分征求劳动、人事、编制等部门意见的前提下，在不违背政策与职业分工原则的基础上设立。在设立教育督导专业职务系列时，应充分考虑教育督导人员兼有行政与专业的性质，适当兼顾两者的特点先行试点，待取得经验后再行推广。其次要唤醒教育督导人员的专业意识，加强教育督导人员的自身建设。教育督导专业化是教育督导人员个体专业社会化的连续过程，教育督导人员的信念、情感、态度和价值观念是专业化的内在动因。教育督导人员应对自身从事的督导工作有准确的认识，形成专业意识和敬业精神，以主人翁的态度提高自身专业素质，进而促进教育督导队伍的整体建设。重视教育督导人员的培训，建立有效的培训机制。在培训方式、方面应以有利于工作、有利于教育督导人员的专业发展为着眼点，既可以与高等学校合作培训，也可以在就近的培训机构培训，还可以实行"当地为主"的培训方式。在培训内容方面，应区分不同从业人员，需要提供相应的教育基本理论、教育督导理论、教育管理理论、教育政策与法规、教育督导技术与方法等方面的帮助，在培训时间的安排方面，应结合工作实践，开展广泛的短期培训和研修班，并为教育督导人员提供适宜的学习条件，创设学习氛围，鼓励教育督导人员形成边工作边学习、积极自学的习惯，使"工作—学习—研修"一体化，形成良好的学习机制。

二、美国督导制度的启示

（一）注重教育督导的指导功能

美国教育督导的最大特色是州、学区教育督导机构的服务性和指导性。在我国，教育督导的工作重点放在"督"上，其次才是"导"，教育督导者多以专家自居，以监督、检查的态度开展工作。这样的工作方式使得教育督导者不仅不能深

入了解教师教学中的问题，还影响了督导和被督导者之间的关系，使得督导在开展工作时无法得到被督导者的协助和合作，有时督导工作还会妨碍正常的教学工作。

督导就是对教育法规的执行情况进行监督和调控，它具有反馈、促进、鉴定、导向、完善和沟通的功能。所以，从性质讲，教育督导是一种行政监督，目的在"导"。教育督导人员应该通过督导，使教师感到督导人员对他们的工作很有帮助，而不是代表官方对他们进行监督。教育督导和被督导者之间应该建立和谐、平等、合作的关系，做到"寓导于督，导督结合，以导促督，以导为主"，这样才能有效发挥教育督导应有的作用。

（二）平衡"督学"与"督政"

目前美国的教育督导工作已成为帮助教师改进教学与课程设计的过程。1991年原国家教委颁布的《教育督导暂行规定》（以下简称《规定》）指出："教育督导的任务是：对下级人民政府的教育工作、下级教育行政部门和学校的工作进行监督、检查、评估、指导，保证国家有关教育的方针、政策、法规的贯彻执行和教育目标的实现。"从《规定》中可以看出，我国教育督导有两个职责，一是"督政"，二是"督学"。但《规定》同时也体现了"督政"是我国教育督导工作的主要职责。教育督导的"督政"功能是从我国具体国情出发提出来的，从我国教育发展形势来看，"督政"在普及九年义务教育、保障教育公平等方面发挥了重要的作用。党的十九大报告和二十大报告中均指出，我国教育已进入高质量发展阶段，教育事业的最终目标是培养人才，在这种背景下，我国必须加强"督学"的力度，不断平衡"督学"和"督政"的关系。

（三）提高教育督导人员的素质

美国各州依据其各自的情况，对专职督导人员的学历、专业、年龄和经验等方面都提出了具体的要求。目前，我国教育督导队伍的整体素质水平不高，大多数督导员没有接受过专业、系统的督导训练。教育督导者担负着督导职权，担任着实施督导工作这一重要的任务，其素质的高低关系着督导工作的成败。我们国家可以借鉴美国教育督导人员的选拔要求，完善教育督导人员的选拔、任用制度，建立结构合理的督导队伍，通过培训、学习以及考核，不断提高教育督导人员的素质，并采取相应的措施保证督导队伍的稳定性。

（四）推进教育督导形式灵活多样

地方分权的管理体制促成了美国教育督导制度的多样化，各州依据自己的情况，采取不同的教育督导制度。从事督导工作的各个机构和不同人员督导的内容可能相异，但督导的目的是相同的。我国的教育督导工作是"按照国家目标评价模式展开的，以国家意志为向导，以全国统一的标准进行评价"。独立和自主是教育的重要品质。《纲要》中指出要"落实和扩大学校的自主办学权"。我国地域辽阔，教育发展不均衡，若用一个全国统一的标准来进行教育督导工作，对一些地方的教育发展不仅不能起到促进作用，反而会阻碍其教育的发展。教育评估是教育督导的重要内容，各地可结合自身的实际情况，围绕国家统一的教育督导目的，编制督导评估方案。国家也可以根据各地教育发展的不同情况，参考各地的督导评估方案，采取不同的督导形式。美国的教育督导制度强有力地推动了美国教育的发展，我国可参考美国的教育督导制度，并结合我国的实际情况，不断改进和完善我国的教育督导制度，以促进我国教育事业的发展。

三、英国督导制度的启示

教育教学督导是根据本国的有关教育方针、政策、法规和制度对教育行政部门和各级各类学校进行监督、检查、评估、指导和帮助，旨在加强国家对教育事业发展的全面管理，以保障教育方针和政策的贯彻执行，提高教育质量，促进教育事业的健康发展。借鉴发达国家的先进经验，可以有效促进我国高等职业教育快速、健康发展。

（一）加强督导法制建设

与英国相比，我国教育督导制度的立法工作相对滞后，自 1986 年国家教委恢复和建立督导制度以来，颁布《教育督导暂行规定》已有三十余年，虽然在很多文件中提到加强质量建设，但系统法规文件仍未出现。有些地方机构形同虚设，一系列具体的教育督导问题不能解决。借鉴英国经验，我国应尽快推进督导法规的出台，以使教育督导工作做到有章可循，依法督导。

（二）设立专门的督导机构

英国由地方视导处督导本辖区学校教育，国家教育标准局再予以全面视导。中央和地方督导机构在分工上都有其明确的职责。我国督导工作中存在着职责不清的情况。因此，理顺体制，赋予督导机构督政权，明确政府责任，确保督导制度的基本内容是当前我国督导工作需解决的关键工作。我国的督导机构也可以借鉴英国督导机构，成为直属政府领导的独立性职能部门，独立于教育行政之外，这样可以更好地发挥其监督、评估、指导的作用。

（三）加强督导队伍建设

英国高度重视督导人员素质，英国的皇家督学、注册督学、督学都是经过严格选拔聘任和录用的，我国督导人员的选拔不够严格，结构也不够合理，使得督导队伍素质不高。因此，我们应吸收和借鉴英国教育督导队伍建设的经验，通过选拔等形式将专业扎实、经验丰富、原则性强、独当一面的人员纳入督导队伍。同时，可采取专职与兼职、固定与临时相结合的办法组建督导队伍，择优录用。同时建立督导培训制度，组织督导不断提高自身的理论、政策和业务水平，规范督学行为，对督导在政治、业务、工作作风等规定具体要求，建立一支数量充足、质量过硬的督导队伍。

（四）加强督导评估研究

我国高等职业教育教学质量督导评估应在评估理论、评估体系、评估方法和手段等方面借鉴发达国家经验，加强应用研究。特别是评估指标体系应科学合理，督导评估人员组成应科学合理，督导评估的方法应科学合理，评估结果的使用应科学合理。抓好高等职业教育教学督导评估工作，就必须研究制定科学、适用的评估方法，设计合理、简便的评估指标，以便于实际应用。如将学生学习成果纳入评估指标体系，督导评估人员由学校、企业、社会各方代表参与组成，评估结果在英国作为政府拨款的依据等，均可借鉴。

（五）重视多元评价

我国教育长期以来形成了一种封闭、半封闭的管理模式，忽视和缺乏与学生家长及社会各界主动广泛的沟通和联络，教育督导的信息来源也仅限于教育系统内部，势必造成教育督导偏重纵向比较，缺失横向评价的问题。建立健全多元评价制度，对于完善学校民主管理，保证教育督导信息的科学性和有效性，无疑具有重要意义。

（六）突出以学生为中心

我国督导的重点多集中于课堂教学水平、课程标准、教师、校舍和教学设备等方面。尽管对学生学习质量也极为重视，但也仅局限于对学生成绩的比较与评价。督导过程中，尽管也能通过听课来观察课堂教学活动的情况，但缺少与学生的直接"对话"，缺少对学生功课的抽查。这样就不能直接从教学的"产品"学生那里取得关于学习程度、学习态度、个性特征、实际应用知识的能力以及对教师教学建议等资料。英国将学生在精神、道德、文化方面的发展和个性发展列为教育督导的重点，以学生为中心，这一举措对促进学生综合素质的提高无疑起着重要的导向作用。我国教育督导必须转变以往那种只重学习成绩，忽视学生综合素质的评价方式，建立起适应素质教育需要的督导机制，促使学生全面发展。

（七）加强学校内部督导评估，促进内涵发展

我国高职院校很多，政府做一轮评估周期非常长，完全依赖国家组织的评估无法实现评估的目的，因此，应加强学校内部督导评估，建立学校内部督导评估机制，充分调动学校广大师生的积极性，使内部督导评估工作常态化。校长和教职员工随时可以用《评估指标体系》这面镜子检查学校存在的问题，扬长补短，促进学校的发展。

我国高等职业教育虽然建立了一批国家示范院校和骨干院校，但各学校所依赖的行业不一样、各专业人才培养模式存在较大差异，需要有一批专业示范点，因此，应加强专业评估，引入专业竞争机制，引导各学校专业内涵发展，形成专业特色。

四、日本督导制度的启示

纵观日本教育督导制度，不难发现，其经历了长时期的历史积淀和实践检验，目前已经形成了一套较为完整且有效的督导体制。发掘日本教育督导制度中的精髓和优势，必然会有"他山之石"的功用。

（一）加强地方督导队伍建设

加强督导队伍建设，提升督导人员专业多样性，保障"督学"职能的有效实施。目前，我国地方教育督导办多附属于地方人民政府，行政意味太浓，对学校教学的重视程度不够。在东京，指导部是教育局下设的独立机构，职能范围非常广泛，针对不同学段和不同教育内容设有专门科室，负责相应的督导工作。正因为有如此健全的职能机构，指导部才能够有条不紊地完成整个东京的教育教学指导工作。在我国，由于缺编严重，督导部门人员配备不足，难以覆盖学校教育的全部内容，更难言"以督促学"。不仅如此，我国督导人员的专业背景比较单一，缺乏教育心理、教育测量、教育评价等交叉学科的专门人才。因此，通过扩充人员编制的方式加强地方督导队伍建设是当务之急。

（二）提高督导人员水平

实际上，督导人员的专业要求是很高的，他们不仅需要掌握学校课程和教学教法，还需要对教育测量与评价的相关理论与实际操作有较好的理解与掌握。比

如现在日本，增值评价的理念非常盛行，对于学校的考察不再是静态的，而是看其动态发展，因此，地方督导一般也具有相应的知识基础，否则根本无法操作。但是，就我国地方督导办目前的情况来看，根本无法满足这些要求。我们建议，在编制有限的情况下，地方督导办可以与地方或者部属师范大学合作，通过在职培训的方式对现有督导人员进行业务培训，以培养既懂得地方实情，又有一定教育测量学基础的督导新人。

（三）完善督导制度

日本的督导制度较为完整，已经形成了如《地方教育行政组织经营法》这样的法律，具体规定管理的制度及相关问题，可以说，整个体系严密且有法律支撑。这一点可以从督导体系、方法、人员职能等方面进行考察。日本的教育督导工作存在于教育执行过程中的每个级别，从国家教育行政机构到都道府县再到市町村都设有相应的教督导岗位，实施专业的督导与评价工作；督导人员在进行督导的过程中，并不是仅仅针对教育过程中的某些问题进行工作，而是深入教育过程中的每个参与要素，上到国家教育改革、学校的经营状况，下到学生的精神面貌、教师的专业发展等都是督导工作的重要组成部分。从日本的督导方法来看，无论是中央的视学官还是地方的指导主事，自身的职责和任务都是法律所规定下来的；从督导方法来看，日本采用的是中央与地方紧密配合，宏观督导与微观督导相结合的方法，这样做既有利于学校工作的开展，又可以在一定程度上防止教育的不均衡发展。

（四）坚持民主与科学的督导原则

民主与科学的思想从20世纪初就在世界上弥散，仍然适用于当今世界的发展。第一，日本在教育管理模式上采用中央集权与地方分权相结合的方式，这一管理方式同样适用于督导制度，中央的科学调控与地方的民主参与正是日本教育督导制度能够不断完善的动力之源。第二，民主与科学的关系可以被套用在评价与教育督导的关系中，以科学的态度对教育参与要素进行评估，并辅之以民主化的督导方式帮助改进，这样的方式可以最大化地提高督导的效力。由此可见，坚持民主与科学的原则，就是在坚持自身的教育管理模式，同时也是在坚持以评价为主的教育督导方式。

第三章

产教融合下的教学督导建设

第一节 新时期的教学督导状况

一、背景

当今世界正经历百年未有之大变局。我国与发达国家的关系从互补为主转变为互补、合作、互利共赢与竞争博弈并存。面对这种错综复杂的局面和巨大的国内治理压力，中共中央提出了构建以国内循环为主体、促进国内国际双循环的新发展思路。这意味着新发展阶段的一切工作都要围绕高质量发展要求来设计和运行，唯有如此才能提高国家治理水平和核心竞争力。提高全要素生产率是高质量发展的核心途径，提高人民福祉是高质量发展的核心目的。随着产业升级和经济结构调整的不断加快，对高素质技术技能人才需求与日俱增，高职教育逐渐被党和国家摆在教育改革创新和经济社会发展中更加显要的位置。进入"十四五"时期的中国，需要解决的问题越来越多且愈发复杂，国内发展不平衡、不充分问题依然突出，这就要求包括高等教育在内的所有工作都必须紧密围绕新发展阶段的新问题展开。作为主要服务于经济建设发展的高职院校正处于内涵建设的新阶段，为了迎合这一变化，大幅提升高职教育的现代化水平，坚持质量第一、效益优先、提升质量，多出人才、出好人才是新时代对高职院校提出的新命题与新要求。党的二十大报告、《国家职业教育改革实施方案》、《职业教育提质培优行动计划》、《深化新时代教育评价改革总体方案》等文件指出，现阶段我国已迈入中国特色社会主义新时代，我国经济已由高速增长阶段转向高质量发展阶段，这是一个数字技术更加广泛深入应用，科技分量和作用不断增大的跨越式智能化大发展阶段。教学督导是学校质量保障体系中的一部分，在教学与管理过程中扮演着重要的角色，必须要同步、更新和优化，肩负起新的使命担当，为学校人才培养质量提升提供积极有效的监督保障作用。

我国高等教育进入大众化教育阶段后，提高教学质量的压力日趋增大，规模不断扩大，平均生源质量下降，教师在教学上投入的精力不足，特别是一些高学历的年轻教师，没有经过助教阶段的培养，缺乏教学经验，难以保证教学效果和质量，信息时代对人才的要求多样化，经济转型发展对人才要求的高素质化，多样化社会发展对人才要求的复杂化，对教育的需求也不尽相同等诸多问题显现，高等职业教育培养的人才，既要综合素质高，也要技术技能水平高、创新创业能力高，这是社会发展对高等职业教育提出的新要求。

针对高等职业教育的新形势新问题，国家陆续出台了相关政策规定，高等职业院校从规模扩大的外延式发展向提高质量的内涵式发展转变，要不断提高教学质量，提高教学质量监控体系、教学督导工作的实效。中共中央办公厅、国务院办公厅印发《关于推动现代职业教育高质量发展的意见》指出："完善质量保证体系。建立健全教师、课程、教材、教学、实习实训、信息化、安全等国家职业教育标准，鼓励地方结合实际出台更高要求的地方标准，支持行业组织、龙头企业参与制定标准。推进职业学校教学工作诊断与改进制度建设。完善职业教育督导评估办法，加强对地方政府履行职业教育职责督导。"教学督导工作将在高等教育教学质量保障体系中扮演越来越重要的角色，随着形势发展，教学督导工作的转变也势在必行。

二、传统的教学督导工作存在的问题

（一）教学督导工作制度不完善

2021 年，国务院出台了《教学督导条例》，主要适用范围为基础教育领域、职业教育领域和中等职业教育领域。虽然高职院校制定了相关教学督导的制度，也设置了相应的机构，但大部分也是为了迎接上级评估或检查而设计的，执行效果有待提高。另外，各高职院校教学督导的政策差异较大，在职能的设计上，大多为督教，很少涉及督学与督管。机构设计也较多，有些由校长直接领导，有些挂靠在教务处，有些作为一个部门独立出来等，部分院校对教学督导研究不深入，督导定位模糊、职权不清，未能建立起完善的相关制度，在教学督导工作具体实施过程中缺少相应的规定和依据，督导人员自身管理与评价制度缺失，没有相关培训制度提高督导的专业化水平，对督导人员的聘用和业绩评价也不完善等。督导工作过程中，对"督"予以极高的重视度，但在一定程度上忽视"导"的作用，使得教学督导工作流于形式化，难以通过教学督导为教师教学工作提出针对性建议，甚至过度干预课堂教学，致使教学质量不断下滑，广大教师对教学督导工作认可度较低。另外，缺少教学督导工作保障制度，教学督导组织隶属于教学管理部门，缺乏充足的管理权限，且激励机制、奖惩机制不完善，导致教学督导工作者工作态度消极、工作热情普遍偏低，影响教学督导工作有效开展，同时，教学督导的检查、评价、指导、调研以及咨询参谋等的有效开展缺乏制度保障。

（二）教学督导队伍不完善

由于部分高职院校教学督导工作起步较晚，教学督导队伍建设尚未完善。第一，教学督导的面较窄，高职院校虽以校企合作产教融合为核心，但绝大多数的督导主要由学校的退休老教师来承担，来自行业企业人员担任督导的情况非常少。督导们大多通过听课、评课形式开展教学督导工作，尽管他们职称比较高，有较丰富的经验，但是由于年纪偏大，时间和精力有限，教育理念跟不上时代发展，专业化程度不高，对现代化教学方式了解不足，对产教融合课程建设认识不够深入，督导工作方式十分单一，难以对课堂教学情况作出客观、准确的评价。第二，督导队伍人员能力结构不合理，缺少学术造诣较高、产教融合熟悉、教学与管理经验丰富的督导员，部分知识和阅历不够丰富的督导工作者，开展教学督导工作中无法针对现状提出问题，整个队伍专业化水平有待提高。第三，目前督导成员没有经过专业培训直接上岗，凭借自身的教学经验和教育理念开展工作，在具体工作实施中缺乏规范化，使教学督导的专业化水平难以提升。

（三）重"督"轻"导"

目前各高职院校教学督导工作的开展，主要局限于高职院校课堂教学的督导，对课堂教学规范督导、实践教学督导、学风建设督导、教学管理督导、毕业设计督导、人才培养目标与方案督导重视度较低，课堂教学督导多采取随堂听课、教学日常督查和巡视走访三种方式，以教师教学过程的监督检查与个别指导为主，显示出督导工作仍然比较单一，在"导"的方面相对不足。特别是在优秀教学经验推广、青年教师指导、学生发展的有效指导以及开展教学改革与研究等方面的督导较少，这也是高职院校教学督导工作中比较薄弱的地方，阻碍了高职院校教学督导功能与作用的有效发挥，也得不到教师认可，从而影响督导效果。在教学督导工作中，督导人员与教师之间交流比较少，一般听课后进行简单的交谈便结束了督导工作。由于缺乏深入的沟通，教师不能及时收到督导人员对自己教学评价的结果，相关教学改进意见也不能及时获取。督导信息反馈的滞后，影响了教学工作的高效开展，阻碍了教学工作的改进和完善，影响了督导工作的实际效果。

（四）督导工作信息化程度较低

跟随教育信息化建设步伐，按照高职院校的教学需求，运用高新技术与互联网技术来创新教育督导模式，建立教学督导信息化是当前数字化、智能化教育的趋势与要求，但目前不少高职院校教学督导工作仍比较传统，多采用听课本

（表）或检查（汇总）表等方式开展督导工作，尚未以互联网作为手段和工具构建起基于互联网的教学质量监控与督导信息平台，从而不能有效实现数据信息的即时传递、分析处理、信息反馈与交流等。督导与教师或学生之间的反馈交流不及时、不充分，指导也不能到位。

（五）"督学"与"督管"相对不足

高职院校教学督导工作要求落实于全程，实现教学督导功能的全面发挥，在此过程中，只有采取灵活、多样化的督导工作方式方法，才能提高教学督导工作效率和质量。在教学督导开展"督教、督学、督管"工作中，多数高职院校督导的精力投入主要在"督教"上，而"督学"与"督管"相对不足，尤其是对学生的班风、学风、学习状况、考风建设和全面发展以及学校的办学目标、管理制度、育人环境、建设水平与办学质量等方面的关注不足，督导不力。

（六）政策层面的支持与指导不够

目前，高职院校教学督导仅是学校内部质量保障体系的一个自治部分，国家或地方教育行政部门以及学校本身尚未对教学督导给予明确的定性要求和相关制度层面的规定，这导致教学督导工作存在一定的主观性和随意性，无法形成科学的评估和指导体系；政府的支持措施不够完善，缺乏有效的激励机制和奖励制度，导致很多教学督导人员缺乏积极性和动力，无法发挥应有的作用；对教学督导的投入相对较少，导致教学督导人员缺乏系统培训和提升机制，专业水平无法得到有效提升，"督"与"导"的作用无法得到充分发挥，影响了教学督导的质量和效果；同时，在高职院校开展教学督导工作的过程中，由于缺少完善的督导制度，许多高职院校直接照搬本科高校的督导方式，高职院校的适应性较差。

三、产教融合下教学督导的任务

产教融合的背景下，教学督导的任务有评估教学质量、推动教学改革、促进产教融合、支持学生职业发展等。教学督导需要对学校和教师的教学质量进行评估，包括教师的授课质量、学生的学习情况、教育教学设施等方面。评估结果可以为学校和教师提供改进教学质量的指导意见。关注教学改革的进程，积极参与课程设计、教学方法创新等方面，并提供相关的指导和建议，推动教学改革的深入发展。关注产业的需求，积极推动产学合作、产教融合，协调企业和学校的资源，搭建合作平台，提升学生的实践能力和创新能力，促进教育教学与产业发展的深度融合。需要关注学生的职业发展，为学生提供职业规划和就业指导，深入了解产业发展趋势和需求，提供更加实用的职业建议和指导，帮助他们顺利进入职场，为学校和社会培养高素质技术技能人才。督导的任务主要有以下环节：

（一）监督与检查

常态化、持续性监督与检查是教学督导的主要职能。监督与检查功能是指经过学校管理层授权，在教学督导过程中，代表学校对教学过程、教学质量、学生的学习状况以及教学单位的管理服务情况进行经常性的监督、检查，其目的是使基层教学单位、一线教师、教学管理单位能积极主动、正确、有效地贯彻执行学校的教学目标，高质量完成教学、教学管理等方面的工作任务。教学督导的监督与检查功能来自学校章程或管理层的授权，应在职权范围内完成工作任务。

产教融合的背景下，教学质量监督与检查主要包括：第一，考察教学目标的实现情况。教学目标是教学活动的核心，可以通过课程设计、教学方法等方面的优化，监测学生在实际学习中是否达到了预期的教学目标。第二，检查课程设置的质量，在产教融合下，课程设置需要更加贴近产业需求，关注学生的实际需求和职业发展。学校可以通过学生和企业的反馈、教师的评估等方式，监督检查课程设置的质量，优化课程设置，提高学生的职业素养和实践能力。第三，监督检查教师教学质量。教师是教学的重要组成部分，可以通过定期考核、教学观摩、评估等方式，监测教师的教学质量，提供必要的培训和指导，提高教师的教学水平。第四，监督检查教学资源的情况。教学资源是教学质量的重要保障，学校需要监督检查教学资源的利用情况，包括教学设施、教学设备、实验室等，及时发现存在的问题，提高教学资源的利用效率。产教融合下教学质量监督与检查更加注重学生的实际需求和职业发展，关注教师的教学质量和教学资源的利用情况，通过科学的监控手段，提高教育教学质量，为学生的职业发展提供有力支持。

（二）评价

评价是对事物的价值给予判断，是精确的价值判断。教学督导的评价是一种系统地寻找、搜集资料，对评价对象进行精确的评判，以便协助教育管理者做出决策的过程。评价的基础是广泛的调查与资料搜集。课堂教学评价是教学督导的重要工作之一。听课为教学督导提供与一线教师直接接触的机会。教学督导通过对教师课堂教学过程的仔细观察，掌握翔实的教学一手资料，通过了解一线教师的课堂教学内容、教师教态、教学方式方法、教学组织、课堂管理能力等方面的真实信息，做出客观、科学、公正的评价。教学督导科学的评价是学校提高教育教学质量的重要保证。科学评价不是简单的对错、优劣判断，它是明确学校教育教学目标、实行正确导向的基本措施；是加强科学管理，充分调动广大教职员工积极性，优化教育教学的重要环节。

产教融合下，教学督导评价更关注教育教学质量，评价学校和教师的教学水平、课程设置、学生学习效果、教育教学设施等，提出指导意见和建议，促进教育教学质量的不断提高。更关注产教融合，督导通过评价学校与企业合作的情况，包括企业需求与学校课程设置的匹配情况、学生的实践能力等方面，提供合作优化的建议和指导，促进双方合作的深入发展。更关注学生职业发展，通过了解学生的职业规划、就业情况、职业发展能力等方面，给出职业建议和指导，促进学生的职业发展。更关注教师的职业发展及"双师"素质，为教师提供更加科学的职业规划和发展指导，促进教师的职业发展。

（三）协调

教学活动是一个具有社会制约性的复杂系统。凡是涉及和影响教学活动的机构或人员都与教学督导的协调功能有关。教学督导不是教育决策与管理者，他们介于教育决策与管理者、基层教学单位、一线教师、学生之间，是这几者之间的纽带。教学督导在工作中需要进行多方面的协调，尤其是当基层教学单位、一线教师的教学活动与学校设置的教育教学目标不一致时，教学督导人员应与基层教学单位、一线教师进行沟通、协商，使其与学校达成共识，消除影响学校教学目标的因素。

首先，教学督导是教师与学生的有效联系人，能够客观地向双方传递信息，采取有效教学督导制度的学校往往重视学生对课堂教学效果的体验，他们可以采用集中会议讨论或座谈会征求意见的方式了解学生的学习效果、学习状态与困惑，分析并抽离出与教学相关的问题与一线教师沟通，这样的沟通更为直接、更为有效，改进教学质量的效果优于学生诉求于教学管理部门以致教师被动接受"行政命令"的改革。其次，教学督导是学校决策层、教学管理层与基层教学单位、一线教师之间的桥梁，一线教师对日常教学活动与教学改进中的可行性有最深切的体会，他们的想法、经验，他们遇到的阻力以及苦衷，需要沟通与交流的中介。教学督导能够做到下情上达，使学校决策层、教学管理层和基层教学单位、一线教师之间能够相互有更深刻的认识和理解，通过教学督导的协调，基层教学单位、一线教师能够正确理解学校的办学理念与目标，并在教学过程中加以贯彻，同时学校决策层能够对教师的工作状况及遇到的问题有进一步的了解，及时纠偏。教学督导是以尊重和理解为前提开展"对话"的，教学督导与教学督导对象共同商讨、交换意见，就某项具体教学设计或活动达成一致，或通过协调争取教学督导对象的理解与支持，教学督导运用人际关系技巧或主动，或应教学督导对象的要求来协调矛盾多方的关系，使各方增进了解，消除误解，达成共识。

（四）指导

教学督导最主要的功能除了"督"，更重要的是"导"。"督"给人以威慑、不得不做的感觉，而"导"才是教学督导的目的与归宿。教学督导的指导功能是指教学督导以监督、检查和评价的结论为抓手，帮助督导对象在教学目标、工作内容与程序以及工作方式方法等方面分析问题出现的原因以及应对的方法。我国目前的教学督导人员一般为退休的老教授，他们在各自的专业领域都有颇深的造诣，在教学领域也德高望重。因此，他们对一线教师的悉心指导容易被接受、被采纳，他们的建议与意见使其心悦诚服。这是由老教授们的社会地位决定的，但需要强调一点，教学督导的聘任往往出自学校内部，他们可能是专业带头人，也可能是系主任或主管教学的副主任，他们对基层教学单位的指导具有"传承优良传统"的优势，但也往往带有"指点江山"的意味，使得新任基层教学单位的负责人的工作受制于传统领域而难以创新与开拓。因此，教学督导的指导功能应建立在彼此信任与尊重的基础上，不以"钦差大臣"自居，不好为人师，不乱加指点，而是以共同切磋的姿态，相互探讨，循循善诱，发挥被督导对象的积极性、主动性，当和谐的氛围建立起来时，接下来的指导也就达到了效果。

教学督导的指导功能对"督教"的课堂教学最为重要，尤其是对刚刚入职的青年教师而言，急需老教授的传帮带。我国高职院校中的青年教师入职时学历较高，但高职教育理念欠缺，实践能力薄弱，青年教师是教学一线的中坚力量，直接影响教学质量。随堂听课能使教学督导了解青年教师的教态、教学内容、教学方式方法、教学组织、课堂管理能力等，能够直接发现青年教师在教学设计与课堂管理中存在的问题，通过及时交流，指出问题并帮助其分析问题，能够帮助青年教师尽快纠正错误和完善教学内容，促进青年教师增加专业知识、增进专业能力，教学督导的责任心与敬业精神也能对青年教师起到示范效应。

（五）反馈

教学督导相对独立于教学管理机构，他们一般都是具备丰富教学经验和威望的学者，不担任行政职务，所以师生往往愿意与其分享信息。教学督导掌握教学一线信息的途径较多，他们通过随堂听课、参与日常教学检查、召开座谈会等方式掌握大量一线教学的相关信息，具有可靠、及时、涉及面广的特征。教学督导相对于学校决策层和教学管理层而言，与师生的接触更为频繁，更充分了解学生的"学情"和教师的师德状况、敬业精神、态度。一方面，教学督导把学校决策层及教学管理层的教育教学理念及相关政策传达给基层教学单位和一线教师，使基层教学单位和一线教师准确理解学校的教育教学目标及相关政策；另一方面，教学督导把基层教学单位和一线教师的建议、意见和教学决策执行不当或不可行等问题及时传递给学校决策层和教学管理层。通过教学督导的信息传递及反馈机制，学校决策层和教学管理层与一线教学工作者能及时沟通信息，避免误解，提高管理效能。

（六）咨询参谋

咨询与参谋的功能建立在检查、监督、评价的基础上，当学校决策层和教学管理层对学校的办学理念与目标存在分歧或疑问，对如何提高教学质量需要进行可行性分析时，当基层教学单位对如何提升学校教学管理水平需要提供帮助与指导时，当一线教师在教学过程中遇到难题时，教学督导作为"权威"与"资深"的代表，加之信息渠道的畅通，由其充当参谋者的角色再合适不过。在高职院校发展的过程中，办学定位、办学模式、示范院校建设以及课程开发与整合等都需要教学管理者深入思考。提问者可以将问题以项目方式交给教学督导，教学督导利用掌握的大量一线信息，有针对性地进行调查和深入分析，提出具体的研究报告供学校决策层与教学管理层参考。一线教师的困惑包括科研与教学的矛盾、课程设计中的难题、教学方法的变革、教学进程的优化、学生课堂参与度的提升等，教学督导往往可以给予直接的帮助。如果学校提供这样一个平台，相信一线教师更愿意去主动解决问题，也能增强一线教师对教学事业的责任心与归属感。

第二节　产教融合下的督导队伍建设

产教融合下的教学督导队伍一般由校行企三方组成，分为校内专职督导、行业企业督导和校内二级督导。根据分工，三者的职责、工作要求与工作内容也不尽相同。

一、产教融合下的教学督导概况

校内专职督导：原则上担任教学督导的人员具有高级职称，从事高职院校教育工作至少五年以上，具有丰富的教学管理工作经历，或为行业知名高级技术人员，有一定的教育工作经历；责任心强，有奉献精神，热心教学督导工作，身体健康，退休人员年龄一般不超过 65 岁；在工作中有较高的威信，为人正派，能客观、公正地进行评价，忠诚于人民的教育事业，有较高的政策理论水平和较强的业务水平。

行业企业督导：为人正派，公正廉洁，具有较强的事业心和责任心，工作认真负责，愿意为学校教育发展服务；具备相应的专业知识及技能，熟悉行业、专业、岗位标准，担任行业企业部门主管以上职务，或具有高级职称（高级技师），或技术技能有专长，为企业能工巧匠；身体健康，有精力和时间承担相关工作。

校内二级督导：由校内各教学部门资质好、威信高的教师和教学管理人员担任。他们应具有丰富教学或教学管理经验，治学严谨、作风正派、认真负责、正直无私，公正客观，原则上一般具有高级职称（或在省级教师教学能力比赛中获奖）。

二、产教融合下的教学督导工作要求

校内专职督导：坚持以督教为主，督学、督管并举，对教学工作进行"督查、指导、评价"。深入教学第一线，充分掌握第一手材料，综合分析，合理评价。对教学评价实事求是，不夸大，不缩小，不掩饰，不虚美，维护督导工作的严肃性。督导组听课一般不事先通知，以期了解教学过程的实际状态，对授课教师的评价务求客观、公正、合理。贯彻党和国家的教育方针、政策和学院的有关规章制度，对学校教育理念、培养原则、育人机制、环境导向等实施状况等进行调查研究，对学院教学工作全过程进行监督、指导和诊改，并结合学院的中心任务，在职能部门的协助下参加教学督导工作，参与学院阶段性教学检查工作。

行业企业督导：按上级教育质量管理有关政策和规定，指导、检查、督促各有关单位教育质量管理工作落实情况；督导学校校企合作建设专业、课程、师资队伍及基地的情况；督导教风、学风建设；评价教师教学能力、实践教学能力、社会服务能力等；评价实践教学质量。参与学校教学建设，为学校综合管理、专业建设、课程建设、人才培养方案制订等建言献策；定期或不定期参加学校组织的建设评估、专业评估、课程评估，为学校加强教学质量管理提供政策咨询和支持。行业企业督导按照专业群方式组建，接受学校教学督导室的工作指导和检查。行业企业督导由各教学单位从合作企业中进行选拔推荐。

校内二级督导：检查指导教师的教学过程。认真督查教师教学质量，检查教师课程的教学标准（大纲）、教材及教学参考书的选用，了解教学进度表的执行情况，抽查教师的授课教案，了解授课状况。及时指导教师（特别是青年教师）教学工作。及时反馈教学工作目标、标准与现状的差距或存在的问题。评价教学管理及条件情况。对院系两级教学管理部门的教学工作进行监督，参与教学工作各环节的检查，并做出客观的评价，针对教学管理中存在的问题提出合理化意见和建议。对学校和各教学单位的教学基本设施、教学条件进行检查，并提出建设性意见和建议。督查教风学风考风建设情况。检查教风学风考风建设，及时进行评价与信息反馈，适时提出合理化建议和整改意见。推广先进的教学经验和方法。对本部门和教师在教学改革、专业建设和教学管理、教书育人等方面的先进经验予以介绍和推荐，组织开展多种形式的公开示范课活动，必要时进行专题调研。

三、产教融合下的教学督导工作内容

校内专职督导：以听课为主要形式，经常深入教学第一线了解备课、上课、实践（验）等教学环节的实施情况，进行评价性听课，对任课教师教学态度、教学内容、教学方法、教学效果进行全面检查和指导。对考试进行巡视、检查，对试卷和考试结果进行分析评估。参加全院性教学质量诊改、教学检查、评教活动。指导中青年教师和新上岗教师改进教学方法，使之早日掌握教学技能和教学规律，提高教学质量。开展学院实习、实践（验）教学的督导与评价工作。对实践（验）教学、实习环节、课程设计、毕业设计（论文）等教学环节进行质量监控和指导，对相关文档资料进行抽查。督导学生学习过程，对学习状态、效果进行考查与分析，协同有关部门促进学风建设，提高学习成效。对督导工作中发现的问题进行深入调查研究，并及时向学院领导、质量监控办公室及有关部门提出改进意见。发现教学改革的典型，总结教育教学成果，及时宣传推广先进的教学经验。努力学习现代职业教学理论和方法及诊改体系，进一步提高督导工作水平。

行业企业督导：认真学习党和国家的教育方针政策、上级文件、学校企业工作规章制度及兄弟院校的先进经验，积极参加学校组织的教学工作会议。按照学院安排，检查产业学院及企业课程、实训课、见习实习、顶岗实习等，收集企业实习实训相关信息，对相关课程予以评价，指导和帮助在产业学院或企业授课的教师提高教学质量。按照学院安排，参与学校的相关教育教学评估及检查，指导各二级学院开展课程建设、专业建设、实训基地建设、教改项目建设等，促进专业与产业紧密对接。在督导过程中发现教学的先进典型，总结、推广先进的教学工作经验，为教师教育教学评奖评优提供参考。根据学校要求，积极参加各二级学院或校级的教学工作会议、督导会议，讨论教学过程中发现的问题，发现突出问题应及时向学校质量监控办公室提出。

校内二级督导：①会议制度。每学期初、期末召开工作会议，制订工作计划和总结，召开学习及研究会议，学习有关教学及督导管理制度文件，开展培训会议，提高督导队伍的素质和能力，开展学生代表座谈会，听取意见反馈。②听课制度。制订听课计划，保证每学年每位教师至少被听课一次，重点安排听取上学期教学质量分数较低、学生意见较多的教师或有争议教师的听课活动，了解实情，探讨改进途径。开展本部门教师听课评教和公开示范等活动。③巡视制度，通过日常上课巡视，及时检查教师调、停课制度执行情况，课堂考勤情况等，共同确保稳定、良好的教学秩序。通过期中检查、期末考试巡视督查，检查教风学风、考风考纪情况，对教学和考试管理做出客观评价。④教研制度。对教学中存在的重要共性问题，开展调查研究，不断发现本部门在教学方法、方式和教学手段等方面的创新做法，通过网络、院报，以及报告会、座谈会、示范教学等进行推广介绍。⑤反馈制度。及时向上级主管部门反馈情况、意见和建议，根据反馈的信息，各职能部门和相关教学督导组共同进行调查研究，协调解决。

四、产教融合下的教学督导管理

校内专职督导：由学校聘任，按督导工作计划安排对全院各专业任课教师进行听课。对实践（验）教学、实习进行检查、指导，并填写随堂评估表。检查任课教师的教案、课程标准及教学进度表等教学文件，并进行评定。检查任课教师课程资源，并进行评定。抽查任课教师批阅试卷情况，并进行评定。对教师讲课或实践实习中存在的问题进行指导，帮助其提高。参与教研活动、师生座谈会，及时、准确记录有关工作信息。深入学生顶岗实习企业及工厂进行调研，开展教学质量管理的检查工作，找到目前存在的问题，提出合理化建议和意见。每学年对督导进行考核，评选出督导工作先进集体和先进个人并进行表彰通报，定期编制发布《督导简报》，加强教学督导工作信息交流、反馈，有效指导教学工作。

行业企业督导：学校设立专项经费，保证行业企业督导正常开展各项活动，并根据实际完成工作量，按照职称（职务）情况给予相应的劳务报酬。聘请企业"能工巧匠"和技术人员为教学督导的，高级工可参照初级职称的标准，技师参照中级职称标准，高级技师参考副高级职称标准。行业企业教学督导在履行其职责过程中，要求职能部门要做好支持、配合，对督导提出的意见和建议要认真听取，及时整改。加强校、院、行业企业教学督导的信息沟通，实现督导之间的互动。督导人员加强学习，积极开展技术研发、技能提升，学校督导室加强对行业企业督导的管理，定期做好行业企业督导听课、评估的统计，做好教学督导总结与推广工作。

校内二级督导：学校督导室对校内二级督导工作行使业务指导、咨询、协调和检查等职能，并以学期为单位建档保存各教学部门督导工作的过程材料，存档材料主要包括二级督导学期工作计划和总结、《督导员听课评议表》、汇总表、指导总结、先进集体和先进个人推荐表、相关图片等。各教学部门对校内二级教学督导工作的开展应提供必要的支持和配合。每年由学院质量管理部门组织开展教学督导先进集体和先进个人评选及奖励工作，达到鼓励先进的作用，推进学院不断加强教学质量管理，全面提高人才培养质量。

第三节　产教融合下的督导工作改革

产教融合是指高职院校与企业、行业、社会等各方面在人才培养、科学研究、社会服务等方面进行深度合作，实现资源共享、优势互补、协同创新。产教融合是高等职业教育质量提升的内在要求，也是适应国家战略需求和社会发展需求的必然选择。

一、产教融合下教学督导工作意义

（一）保障教学质量

教学督导是保障教学质量、提高教学水平的重要手段，通过对教学过程的监控、评估、指导和改进，可以及时发现教学中存在的问题和不足，为教师提供相应的指导和支持，提高教师的教学能力和水平，提升学生的综合素质和就业竞争力，确保教学质量的稳步提升。

（二）促进校企合作

通过教学督导工作，可以促进高职院校与企业等各方建立新型合作机制，实现人才培养模式的创新；可以推动高职院校与企业等各方加强沟通协调，明确人才培养目标和标准，形成共识和契约；可以促进高职院校与企业等各方共建课程体系、实训基地、师资队伍等，实现资源整合和优化配置；可以激发高职院校与企业等各方共同开展科研项目、技术转移、成果转化等，实现知识创新和价值创造；可以加强高职院校与企业之间的联系和合作，了解企业的需求和期望，调整教学内容和方式，开设符合产业需求的课程，提高学生的实践能力和就业竞争力。

（三）提升教师能力

通过教学督导工作，可以加强教师与企业的联系和交流，提高教师的产业背景和实践经验，提升教师的实践能力与经验，使其更好地适应产教融合的教学环境和需求；帮助高职院校教师了解企业等各方对人才的需求和期待，调整和完善自己的教学内容和方法；促进高职院校教师参与企业等各方的实践活动，增强自己的专业知识和技能；激励高职院校教师不断更新自己的理论观点和思维方式，提升自己的创新精神和能力；提高教师的专业素养和职业能力，实现教学质量的持续提升。

（四）推动产学研一体化

通过教学督导，可以推动产学研一体化，通过与企业合作，建立校企联合实验室、教学厅等实践场所，加强与企业的合作，推进科研成果与教学的紧密结合，提高学生的实践能力和专业能力，培养具有实战能力和创新能力的高素质人才。

（五）促进教学改革

通过教学督导，可以建立完善的评估和评价体系，包括课程评估、教学评价、学生评价、教师评价、就业评价等多个方面，促进教学改革，推动教学方法和手段的更新和改进，提出教学改进建议，推动教学改革的深化和创新。

（六）推动产教融合

通过教学督导工作，可以让高职院校学生更加清楚自己所学专业领域内外部环境变化及其对自身发展所提出的挑战，并制订相应规划；可以让高职院校学生更加积极地利用产教融合平台开展多元化实践活动，并从中获取知识技能及经验积累；可以让高职院校学生更加主动地探索产教融合，引导高职院校学生主动参与产教融合活动，实现就业创业能力的有效提升。

（七）保证教学公正性

教学督导可以保证教学公正性，提供公正、客观、科学的教学评价，制订教学督导标准和流程，加强教学监督和管理，确保教学活动的规范实施。

二、产教融合下的教学督导工作转变

产教融合下，因为出现教育理念、教学模式、评价标准、教学资源、教学管理等不同的因素，教学督导工作面临着一定的变化。教育理念不同：企业更加注重学生的职业技能和实践操作能力，而学校则更注重学生的综合素质和理论知识，这就要求教学督导必须具备对这些教育理念的了解和理解，以便更好地协调产教融合中的教学工作。教学模式不同：产教融合下的教学更加注重实践操作和团队合作，这就要求教学督导必须具备对这些教学模式的认识和理解，以便更好地指导教师开展教学工作。评价标准不同：企业评价更加关注学生的职业能力和实践能力，而学校则更注重学生的学术能力和综合素质，这就要求教学督导必须具备对这些评价标准的认识和理解，以便更好地协调产教融合中的评价工作。教学资源不足：由于企业和学校的资源和条件不同，教学资源可能会出现不足的情况，这就要求教学督导必须具备创新意识和解决问题的能力，以便更好地应对产教融合中的教学资源问题。教学管理不同：产教融合中由于企业和学校的管理方式不同，教学管理可能会出现不完善的情况，这就要求教学督导必须具备管理能力和协调能力，以便更好地协调产教融合中的教学管理工作。产教融合下的教学督导工作发生了较大的变化，主要体现在以下几个方面：

（一）教学督导的角色发生了转变

在传统的教育体系中，教学督导主要是对教师的督促和检查，而在产教融合中，教学督导需要扮演更多的角色，如协调产教合作、引导教学改革、推动教育创新等。

（二）教学督导工作重心发生了转移

在产教融合中，教学督导需要更多地关注学生的实践能力和职业能力，而不只是教师的教学能力和学术能力。教学督导将投入更多时间和精力帮助教师提升学生实践操作能力和职业技能上，以适应产业发展的需要。

（三）教学督导工作内容得到扩展

在传统的教育体系中，教学督导工作主要是对教师教学行为的检查和指导，而在产教融合中，教学督导关注更多的工作内容，如协调校企合作、推动教学改革、开展实践工作等；同时从传统的专业知识和教学方法检查，转向更注重考查学生的实践能力、创新能力和产业适应能力等方面的培养。

（四）教学督导工作方式发生了改变

在产教融合中，教学督导将更注重课堂内外的师生互动、学生和企业的联系等方面的评价，采用如课堂观摩、实践考察、文献研究、问卷调查等多种方式进行教学督导；同时，教学督导为了更好地了解企业需求，还会通过参加企业项目、组织学生参与实践活动、定期召开校企会议等方式，以便更好地推动产教合作。

（五）教学督导工作要求有进一步提高

在传统的教育体系中，教学督导主要是对教师教学水平的检查和评估，而在产教融合中，教学督导需要具备更多的能力和素质，如了解产业发展趋势、掌握先进教育理念和技术、具备协调沟通能力等。在教学督导工作中将更加注重产业需求和市场需求的评价，采用行业标准和市场需求作为评价标准，以确保教学质量符合产业和市场的要求。

（六）教学督导师资队伍发生变化

在产教融合下，教学督导师资队伍不仅要具备丰富的教学经验，还要具备丰富的产业经验，能够为教师和学生提供实践经验和建议，促进产教融合的深入发展。教学督导的目的是推进产教融合，促进学生与企业的联系，培养符合产业需求的人才，而不仅仅是为了评价教师的教学水平。

总之，产教融合下的教学督导工作发生了较大的变化，主要包括内容、方式、标准、目的和师资等方面，这些变化有助于提高教学质量，促进产教融合的深入发展，培养符合产业需求的高素质技术技能人才。

三、产教融合下教学督导工作面临的问题

当然，产教融合下高职院校教学督导工作仍面临包括产教融合协同育人机制不完善、教师素质和教学能力不足、校企合作及产学研一体化难度大、学生素质参差不齐、教学评价科学性和公正性不足、教学督导制度和流程不够完善等问题，具体如下：

（一）产教融合协同育人机制不完善

产教融合协同育人机制不完善，高职院校与企业等各方的合作意愿、水平和

效果不尽如人意，在产教融合活动中缺乏有效的沟通协调，不能形成共识和契约，导致人才培养目标和标准不统一、不明确；一些高职院校与企业等各方在产教融合活动中缺乏有效的资源整合和优化配置，不能充分发挥各自优势，导致课程体系、实训基地、师资队伍等建设不到位、不规范；一些高职院校与企业等各方在产教融合活动中缺乏有效的知识创新和价值创造，不能形成良性循环，导致科研项目、技术转移、成果转化等效果不显著、不持续。

（二）教学质量改进有待加强

高职院校教师专业素养和职业能力提升还不够，高职院校教学质量改进还有待加强。一些高职院校教师对企业等各方对人才的需求和期待认识不足，不能及时调整和完善自己的教学内容和方法，导致教学内容过时、陈旧，教学方法单一、传统；一些学校教师参与企业等各方的实践活动机会少，不能有效增强自己的专业知识和技能，导致专业知识理论化、书本化，专业技能欠缺、落后；一些学校教师更新自己的理论观点和思维方式缓慢，不能有效提升自己的创新精神和能力，导致理论观点僵化、保守，跟不上社会的发展。

（三）校企合作及产学研一体化难度大

校企合作和产学研一体化需要高职院校与企业密切合作和深入交流，但由于双方经验、理念、文化以及利益等方面的差异，可能会出现合作困难的情况。如企业和学校的组织文化、工作方式和目标等有很大的差异，这会给校企合作和产学研一体化带来许多挑战。校企合作和产学研一体化涉及利益分配的问题，如知识产权、资金投入等，这需要双方在合作初期就达成共识；企业需要招聘合适的人才，而高职院校需要培养符合企业需求的人才。同时，大学教师和研究人员也需要有一定的企业实践经验，才能更好地为企业服务。企业和高职院校都有一定的资金和资源限制，这会影响校企合作和产学研一体化的实施。如何在资源有限的情况下实现合作共赢，是需要解决的问题之一。

（四）学生素质不同，评价标准不一致

高职院校的学生来自不同地区、不同家庭和背景，学习能力、兴趣和知识水平差异较大，学生素质差异不可避免，教学难度较大，不同的高职院校也有不同的教育理念和教学目标，因此评价标准也可能存在差异，教学督导面临着评价标准和难度不一致的挑战。

（五）教学评价具有一定局限性

教学评价需要基于一定的标准和指标，但由于制订标准和确定指标的过程中

可能会存在一定的主观性和局限性，导致教学评价的科学性和公正性受到影响。

（六）教学督导制度和流程不够完善

高职院校的教学督导制度和流程尚未完备，缺少有效的管理和监督机制，导致教学督导工作难以保证有效性和实效性。

四、产教融合下教学督导工作的策略

产教融合是高等教育现代化的重要方向和途径，也是高职院校教学督导工作面临的新机遇和新挑战。在此背景下，高职院校教学督导工作应该积极适应时代发展要求，不断创新思路和方法，提升质量和水平，为构建产教融合高质量人才培养体系做出贡献。具体而言，有以下几点策略建议：

一是加强理论研究和实践探索，形成适应产教融合特点和规律的教学督导理念、模式、方法。高职院校教学督导部门应该加强对产教融合下人才培养目标、标准、模式、路径等方面的深入研究，明确自身定位和职能，构建与之相适应的教学督导理念、模式、方法；加强对国内外先进经验和成功案例的借鉴和参考，开展多样化、多层次、多领域的实践探索，形成具有自身特色和优势的教学督导实践。

二是加强交流合作和资源共享，打造产教融合协同育人平台。教学督导部门应该加强与企业等各方在人才培养方面的沟通协调，建立稳定持久的交流合作机制，通过调研、访谈等方式，深入了解企业的需求和对学生的期望，以便更好地指导教师开展教学工作。

三是强化对教师队伍的培训指导，提高教学质量水平。针对产教融合的特点，加强对教师的培训和指导，帮助教师更好地融入产业，构建与企业合作的教学模式。通过举办教师培训班、开展教学研讨活动等方式，对教师进行培训，提高他们的教学能力和实践操作能力，通过定期召开会议、建立沟通渠道等方式，促进校企各方面的密切合作和沟通，以适应产教融合的教学模式。

四是建立科学的评价体系，促进教育评价的公平合理。在产教融合中，教学督导需要根据产业和市场需求建立科学完善的教学评价标准、评价指标体系，对专业、课程、教师、学生等进行全面评估，以便更好地指导专业建设、课程建设、教师教学；产教融合中更强调对学生的实践能力、创新能力和产业适应能力等的评价，促进学生与产业的联系和交流，提高职业综合素质和就业竞争力；产教融合中采用更加符合产业和市场需求的评价方法，如社会实践、实践项目、产业项目、创新实践活动等，以达到更加全面和准确的评价效果。

五是建立经验丰富的督导师资队伍，注重反馈机制。高职院校要建立一支具有丰富产业经验和教学经验的督导师资队伍，督导要积极掌握最新的行业信息和教育技术，为产教融合提供专业的支持。建立与产业合作的反馈机制，及时了解教育培训的需求和市场反馈，加强与企业的沟通交流，反馈教学质量和改进建议，以便推进产教融合的深入发展，为培养符合产业需求的高素质人才提供更好的支持。

五、产教融合下教学督导工作改革措施

（一）加强产教融合协同育人机制建设

加强产教融合协同育人机制建设，推动高职院校与企业等各方形成有效的合作伙伴关系。积极参与产教融合活动的规划、组织、实施和评估，促进高职院校与企业等各方在人才培养目标、标准、模式、路径等方面达成共识，签订协议，明确责任和权利。积极推动产教融合活动的资源整合和优化配置，促进高职院校与企业等各方在课程体系、实训基地、师资队伍等方面互补、互助、互惠，提升资源利用效率和效益。积极促进产教融合活动的知识创新和价值创造，促进高职院校与企业等各方在科研项目、技术转移、成果转化等方面进行协同创新，形成良性循环。

（二）加强高职院校教学质量改进

完善教师培训体系。通过开展教师培训、交流和实践活动，提高教师的实践经验、教育理念和教学能力，增强高职院校教师的专业素养和竞争力。加强对高职院校教师的培训和指导，增强他们对企业等各方对人才需求和期待的认识，引导他们不断提升专业素养和职业能力，及时调整和完善自己的教学内容和方法，使之符合社会发展需要，推动高职院校教学质量改进。

（三）制定科学的教学评价标准

根据产业发展和人才需求，组成多元融合的教学质量评价队伍，围绕产业发展，制定相应的教学评价标准和指标，借鉴企业的实践经验和市场需求，结合自身条件和发展规划，制定符合行业标准的教学评价标准，强调实践能力培养，因此在教学评价中应注重学生的实践能力、创新能力和实践能力的培养情况，重视实践类课程的实践环节。加强对学生产业适应能力的评价，突出综合能力评价，注重学生的综合素质和创新能力，充分考虑学生对课堂内容的反馈和评价，重点

关注师生互动情况，确保教学评价的科学性和公正性。

（四）推动教学改革和创新

通过产教融合，不断探索教学改革和创新，加强学校与企业教学资源共享，合作开发课程、实验室和实践基地，提高学生的实践能力和就业竞争力；根据产业发展和市场需求，推出适应行业需求的课程，培养适应产业发展的复合型人才，提高人才培养质量和效率；借鉴产业先进技术和管理经验，推广现代化的教学方法和手段，提升教学效果和学生满意度；强调在实践中探索和创新，培养实践能力、综合素质和创新能力，提高学生社会竞争力。

（五）建立完善的教学督导制度和流程

建立健全的教学督导制度和流程，明确督导目标和内容，加强教学督导的管理和监督，增强和提高教学督导的效果和质量。重视教学督导工作，加强对教学督导的宣传和推广，强化其在教学改进和质量提升中的作用和地位。

（六）加强个性化评价

不同专业的学生学习重点和发展方向不同，因此评价标准也应该因专业而异。高职院校可以制定不同专业的评价标准，并对评价标准进行动态调整。高职院校可以采用多种评价方法，如考试、实验、实践、课程设计等，充分考虑学生的个性和特长，从而更好地评价学生的综合素质和能力。

综上所述，针对产教融合下高职院校教学督导工作面临的挑战，可以采取完善教师培训体系、加强校企合作和产学研一体化、制定科学的教学评价标准和指标、建立完善的教学督导制度和流程、推动教学改革和创新、强化教学督导的作用和地位、加强个性化评价等改革措施，提高教学质量和效果，推动高职院校产教融合的深入发展。

六、产教融合下教学质量评价保障机制建设

为了提高高职院校教学督导工作的效果和水平，需要建立科学合理、规范有效的评价和保障机制，以确保教学督导工作的质量和效果，具体如下：

（一）建立多元化教学督导评价体系

建立多元化、开放式、动态化的教学督导评价体系，充分反映教学督导工作的质量和效益。高职院校教学督导部门应该制定明确、具体、可操作的教学督导评价指标和标准，涵盖教学督导工作的目标、内容、过程、结果等各个方面。采

用多种方式和方法进行教学督导评价，如自我评价、互相评价、专家评审、问卷调查、数据分析等，充分听取各方面意见和建议。定期进行教学督导评价，并及时反馈评价结果，对优秀的教学督导给予表彰和奖励，对存在问题的教学督导给予指正和改进。

（二）建立健全教学督导保障机制

建立健全完善、有力有效的教学督导保障机制，加强对教学督导工作的重视和支持，在组织领导上给予充分授权，在人员配备上给予合理安排，在经费投入上给予充足保障，在政策制度上给予明确规范，为教学督导工作提供坚实支撑。

（三）制定科学规范的评价标准

教学督导的评价标准应与产业发展和市场需求相适应，同时兼顾学生的综合素质和实践能力等方面的要求，借鉴企业的实践经验和市场需求，结合自身条件和发展规划，制定符合行业标准的教学评价标准，强调实践能力培养，确保评价标准科学、合理、公正。

（四）建立完善的督导制度

建立完善的督导机制，注重在课前、课中、课后全过程监督，建立完善的督导制度，确保督导全面、细致、深入。注重师生互动情况的评价，建立师生互动的督导机制，促进师生互动关系的良好发展。借鉴先进的评价经验和方法，例如360度评价和互评等方法，提高评价的科学性和公正性，促进师生之间的互动和合作。

（五）加强督导队伍建设

教学督导应具备丰富的产业实践经验和教学经验，同时还应具备较强的沟通、组织和管理能力，以提高教学督导的质量和效果。加强评价结果的反馈和应用，及时将结果反馈给教师和学生，以便及时纠正问题和改进教学方法，同时通过对评价结果的分析和总结，为提高教学质量提供科学依据。

第四节 产教融合下的教学督导工作实践

广州科技贸易职业学院近年来积极推进质量保障体系建设与督导工作，通过制度创新、构建体系、加强队伍建设、持续促进、建设平台、突出特色、监督管理等，建立和完善了"六位一体"教学质量监控保障体系（如图 3 - 1 所示）。

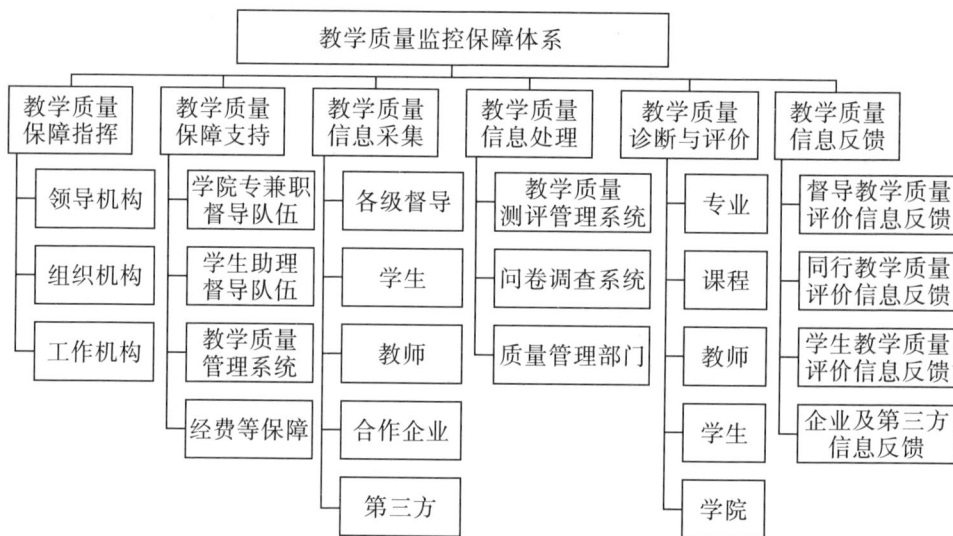

图 3 - 1 广州科技贸易职业学院"六位一体"教学质量监控保障体系

一、转变观念，推进制度创新

坚持"质量为先、服务导向、多元参与、督导并重、持续改进"的方针，把立德树人、服务一线、促进发展、提高质量作为学校教学督导的根本宗旨。同时，健全完善教学督导内部管理制度，如《教学督导管理办法》《二级教学督导工作管理办法》《行业企业督导管理办法》《高职专业学院教学督导工作条例》《教学督导先进评选表彰实施办法》等，从而使教学督导任务明确、职责落实、有章可循、有规可依，实施规范督导、科学督导，最大限度发挥教学督导效能。

二、构建体系，加强队伍建设

经过改革与调整，学院已建立起由专职督导、兼职督导和助理督导（各班级学生信息员、监控员）组成的三级督导队伍，构成了一个实时性、立体化的督导网络体系。目前学校专、兼职督导共有83人，其中校级专家型专职督导有23名（校级督导6人，行业企业督导17人），各二级学院兼职督导60人，各年级、各专业班级有合计近220名学生信息员、监控员组成的助理督导队伍。一方面，学院组织各级督导开展培训工作，参与校内外的专题讲座、交流和培训等活动，全面提高督导专业水平；另一方面，各级督导围绕教风、学风建设和教学质量的稳步提升，提高教学管理水平，积极开展"全覆盖"听课，落实巡查、调研、指导、专项督导等工作，每天、每周不断地实时反馈教学、管理、服务等多方面信息。所有信息都汇总到质量管理部门，在进行分类处理后，通过学院的OA系统、督导工作系统及时反馈到相关部门或者教师，对教学质量的保障与改善起着重要的推进作用。从系统工程的角度来看，学校校级与二级学院教学督导工作形成的多回路反馈闭环系统如图3-2所示。

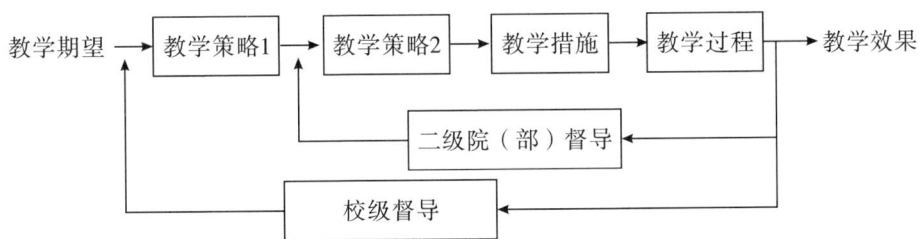

图3-2　校级与二级学院督导开展工作的多回路反馈闭环系统

可以看出，学校校级督导与二级学院督导在督教、督学与督管中，针对听课、检查、巡视过程中发现的问题，将提出相应的解决意见和建议，并及时反馈至相关的教学、行政部门，以及教师和学生，以求持续有效地改进人才培养工作，推进教学改革，加强教学管理，完善保障措施，改善育人环境等，共同努力使教学效果与教学期望趋于一致。

三、持续促进，"督"与"导"并重

督导的主要任务就是促进教学工作持续改进，教学质量不断提升。学校教学督导在具体工作中贯彻突出质量中心，"督"与"导"并重，重视"导"的作用，在"督教、督学、督管"的过程中，更好地发挥服务师生与咨询职能，提高咨询的专业性、权威性，改变以往以检查评价为主的督导方式。在日常教学督导过程中，注重尊重教师，保持教师教学热情，既要发现问题，又要找出解决问题的方法，给一线教师改善教学活动提供有针对性的指导，使教师从被动督导转为积极参与，不断提高教学水平。

四、建设平台，加强沟通反馈

学院引进搭建了教学质量综合测评与诊断分析平台，初步形成了网络化、全覆盖、具有较强预警功能和激励作用的学院内部质量保证系统，各级督导（包括学生助理督导）开展了"全覆盖"课堂教学，包括高职扩招后的校外专业学院等，依托平台开展教师教学质量测评与分析，全方位、多角度、多渠道收集教学信息，分类统计，结合麦可思第三方评价提出的有关问题，全面分析影响教师教学能力与水平提升的要素，并通过平台分析教师的教学情况，教学督导注意及时反馈并与二级学院及教师沟通，促进持续改进，实现"教师成长、学生受益"的目标。

五、突出特色，实施专项督导

高职院校的办学特色是德技双修、产教融合、校企合作、工学结合。随着学院在广州科学城产业园建设产业学院以及在扩招中与中职学校共同建设专业学院、疫情防控期间利用新媒体开展线上教学等挑战的出现，如何保证教学质量已成为社会、企业和学院高度关注的问题。为此，按照学院统一部署，学校教学督导分别采取专项督导方式予以推进和保障，确保"督教""督学"与"督管"得以加强。

在产业学院建设中，校企合作、协同育人、共育人才的状况是重要的质量观测点。学校教学督导实施延伸管理，专门安排专职督导常驻产业学院开展专项督导，并在产业学院中聘请行业企业督导开展工作。一是深入产业学院各班级实训场所检查教学，与任课教师交流，尤其是企业教师如何把握教学环节，做到因材施教，提高教学水平和质量；二是深入实践场所观察学生实践环节，与带班师傅及指导教师共同关注学生做中学、学中做以及职业能力、职业素养的培养情况，与师生探讨培养的方式方法，促进学生成长成才。

高职扩招后，针对学院与对接中职学校共同开办的高职专业学院，学校教学督导深入各专业学院中开展督导与指导工作，与中职学校的教学管理及督导人员共同研究如何做好质量保障与评价工作，指导中职学校建立督导制度，开展专项培训，认真把握好高职人才培养的特点、关键要素和具体实施途径等。

疫情期间，学校的教学督导积极投身网络教学的线上督导，围绕教师教学态度、网络言行、教学内容、教学方法与手段、教学效果开展网上听课评教等工作，积极参与学院管理制度建设。针对线上教学工作的需要，制定的《在线课程教学质量监控管理的办法》成为线上教学质量评价的相关制度，有效规范了教师网络教学，加强教学资源建设与共享，促使教师有效运用新媒体手段加强师生、生生之间良性互动，提高线上教学质量，为学院信息化教学建设发展做出积极贡献。

此外，每年学校校级教学督导、行业企业督导都安排时间深入合作企业，专项督导检查学生顶岗实习的情况，参与教师技能竞赛的专项辅导、各教学部门示范课、公开课的讲评指导，以及教研室专题工作会议等。以上这些专项工作的开展，进一步发挥了教学督导的指导、咨询和促进作用，得到各教学部门与师生的认可。聚焦质量、推动持续改进与发展，始终是学校教学督导坚持不懈的努力方向。

六、积极支持，加强监督管理

为了更好地发挥教学督导服务教学、指导教学、持续改进教学的作用，不断提升督导专业水平，学院应高度重视并支持督导工作。一是积极引进和培养教学督导，制定优秀督导集体与个人的评选办法，有效激发教学督导的积极性、主动性、创造性。二是在政策、资金、资源等方面为教学督导提供支持，营造良好的教学质量保证监控管理的氛围。三是全面实施督导工作绩效管理，落实管理责任，改进管理方式，提高管理成效，并将教学督导纳入年度考核奖励之中，组织开展满意度问卷调查，接受广大师生的监督，有效提高督导工作水平。

提高教学质量是高职院校教育教学工作的永恒主题。高职院校在新时代发展进程中，不断完善教学质量保证体系建设，有效发挥教学督导的作用将是一项长期而艰巨的任务。教学督导始终聚焦教育教学质量，不仅能够完善高职院校内部质量的保障体系，而且也符合新时代高职院校内涵建设发展的客观要求。学校将紧紧围绕立德树人根本任务，把优化管理体制、完善运行机制、加强队伍建设、强化结果运用作为突破口，不断加强教学督导的监督指导与咨询参谋的职能，全面提高教学督导的指导质量和专业水平，真正建设起一支"讲政治、敢担当、懂教学、有作为"的教学督导队伍。

第四章

产教融合下的教学质量管理策略

产教融合是指高职院校与企业、行业、社会等各方面在人才培养、科学研究、社会服务等方面进行深度合作，实现资源共享、优势互补、协同创新。产教融合是高等职业教育改革和发展的重要方向，也是提高人才培养质量和适应社会需求的有效途径。教学质量管理作为高职院校教学质量保障和提升的重要环节，对于推动产教融合、协同育人、促进学生就业创业具有重要意义。在产教融合下，如何加强和改进高职院校的教学质量管理工作，以促进高等职业教育质量提升和人才培养模式创新，是我们永久的话题。

第一节 产教融合下的教学质量管理的变化

产教融合是指产业界和教育界之间的合作模式，旨在为学生提供更好的职业技能培训和更多的实践机会。20 世纪 80 年代，中国开始推行职业教育改革，大力培养技术工人和技术管理人才。此时，产教融合主要通过学校与企业之间的实习和招聘联系实现。21 世纪初，中国的产教融合进入新阶段，政府开始提出相关政策，鼓励企业参与职业教育，支持学校与企业合作开展实践教学。此时，产教融合的形式开始多样化，包括校企合作、技能大赛、职业教育基地等。近年来，中国的产教融合发展进入了一个新的阶段。政府出台一系列政策和措施，支持产业界和教育界的深度融合，产教融合的形式更加多样化和灵活，学校和企业之间的合作更加紧密，包括共建实训基地、联合培养学生、开展技术研究等。

产教融合是我国职业教育改革和高职教育发展的重要举措，可以有效提高学生的实践能力和就业竞争力，促进产业发展和经济增长，同时也可以促进产学研合作，提高中国的科技创新能力。现在产教融合已成为教育发展的重要方向之一，企业和学校之间的合作越来越密切。各级政府加大对产教融合的支持力度，鼓励企业和学校深入合作，积极推进职业教育的发展。

一、产教融合下的教学质量管理机遇与挑战

产教融合下的教学质量管理是指将学校与企业的资源紧密结合，将实践与理论相结合，以提高学生实践能力和职业素养为目标的教学质量管理。产教融合为教学质量管理带来了以下机遇：

第一，教育资源共享和整合。产教融合下，学校和企业之间的合作促进了教育资源的共享和整合，使得教学质量管理的资源更加丰富、多样化，为教学质量

的提升提供了更好的条件。

第二，丰富的实践机会。产教融合下，学校和企业之间的合作为学生提供了更多的实践机会，使得学生在实践中不断提升职业素养和实践能力，这也为教学质量管理提供了更多的机会和手段。

第三，教学改革的推进。产教融合下，教学质量管理的目标更加明确，教学内容和方法也随之发生改变，这为教学改革提供了更好的机遇。教学质量管理可以促进教学改革，也可以得到教学改革的支持和保障。

第四，教师培训和评价机制的完善。产教融合下，教学质量管理需要教师具备实践经验和职业能力，这也促进了教师培训和评价机制的完善。教师可以通过参与实践项目和职业培训不断提升教学水平和实践能力，同时也得到更科学、更公正的评价。

第五，学生就业前景的提高。产教融合下，学校和企业合作的实践项目为学生提供了更多的职业技能培训和实践机会，增加了学生的就业竞争力，在就业前景和职业发展方面具有更大的机遇。

同时，产教融合下的教学质量管理也面临以下挑战：

第一，教学质量管理的重心转移。传统的教学质量管理主要着眼于教师的教学行为，而在产教融合中，教学质量管理的重心更多地关注学生的实践能力和职业素养，管理目标更加明确。

第二，评价体系的创新。产教融合下的教学质量管理需要建立更加科学完善的评价体系，从职业能力、实践能力、社会责任等多个角度对学生进行全面的评估。同时，评价体系的创新也促进了教学改革和创新。

第三，校企合作机会的增加。产教融合下，学校和企业之间的合作更加密切，教学质量管理可以通过校企合作，为学生提供更多的实践机会和丰富的职业培训，促进学生职业能力的提升。

第四，教师培训的提高。产教融合下，教学质量管理需要教师具备实践经验和职业能力，教师培训的机会也得到了增加，教师的教学水平、实践能力和职业素养得到了提高。

第五，教育资源的整合。产教融合下，教育资源得到了更好的整合和利用，学校和企业可以共享教育资源，增加教育的可持续性，提高教育的效益和质量。

二、产教融合下的教学质量管理的变化

产教融合对高职院校教学质量管理提出了新要求，教学质量管理也产生了以

下变化：

（1）教学目标明确。产教融合下的教学质量管理需要明确教学目标，以学生的职业素养和实践能力为重点，将理论知识与实践相结合，培养学生的职业技能和实践能力。

（2）课程设计改进。产教融合下的教学质量管理需要根据实际需求，改进课程设计，将实践教学作为教学的重要内容，进一步加强实践环节，提高学生的职业素养和实践能力。

（3）教学资源整合。产教融合下的教学质量管理需要将学校和企业的教学资源整合，建立校企合作的机制，共建实训基地、共同开展实践项目和职业培训，提高学生的职业竞争力。

（4）教学模式多元化。产教融合下的教学质量管理需要采用多元化的教学模式，包括实践教学、案例教学、在线课程、企业实战等，提高教学效果和学生的参与度。

（5）教师培训及支持。产教融合下的教学质量管理需要教师具备实践经验和职业能力，需要企业提供相关的培训和实践支持，以适应产教融合下的教学需求。

（6）教育信息化技术的应用。产教融合下的教学质量管理需要采用教育信息化技术，包括虚拟仿真技术、在线课程、校企资源共享、就业机会共享等，提供更便捷和高效的教学服务和支持，同时产教融合需要教学内容和方法与产业需求相适应，强化实践教学，注重学生的实际应用能力和解决实际问题的能力。

（7）教学质量评估。产教融合下的教学质量管理需要校企合作建立科学、完善的教学质量评估机制，对教学过程和学生学习情况进行评估和监督，及时发现问题并加以改进。传统的教学质量评价指标难以适应产业需求，产教融合下的教学质量管理需要根据产业需求进行调整，评价指标要围绕产业需求展开，注重学生的实践能力和职业素养。

（8）教师和教学督导。教师和教学督导的角色发生变化，教师需要具备产业背景和经验，能够为学生提供产业实践机会并指导实践，教学督导需要加强对产业需求的了解，及时发现教学问题并给予针对性的改进建议。

（9）校企合作方面。学校与企业合作发生变化，学校需要加强与企业之间的合作关系，为学生提供更多的实习和实践机会，强化与产业对接，促进产教融合。

（10）教学质量管理机制方面。学校需要建立科学的教学质量管理机制，包括专业建设、课程建设、教学团队建设、教学质量评价体系等，强化教学质量管理和保障。

总之，产教融合对高职院校教学质量管理提出了新的要求和变化，需要加强与产业的对接和合作，注重学生的实践能力和职业素养，更好地促进学生职业能力的提升，为学生的职业发展提供更好的保障和支持，强化教学质量管理和保障，以适应产业发展的需要，培养适应产业需求的高素质人才。

三、产教融合下的教学质量管理方式

产教融合下的教学质量管理需要结合产业需求和教学实践，从建立产教融合的教学质量管理团队、强化产教的对接与合作、加强教学实践、开展教学质量评价、建立教学质量管理制度等多方面展开，具体来说有以下五个方面：

第一，优化产教融合的教学质量管理团队。建立由教师、产业专家和教学督导组成的教学质量管理团队，共同制定教学目标和评价指标，优化教学内容和方法，及时发现问题并给予改进建议。

第二，强化与产业、企业的对接和合作。校企合作是教学质量管理的重要方法之一，加强与产业、企业之间的合作关系，通过产教融合，开展培训支持、参与实践项目、职业培训等，优化教师队伍，使教师具备更强的实践经验和职业能力。通过产业专家讲座、企业实习等形式，引导学生了解产业发展趋势和需求，提高学生的实践能力、职业素质和社会竞争力。

第三，加强教学实践。实践教学是产教融合下的教学质量管理的重要手段，通过实践项目、企业实习等方式，提高学生职业素养和实践能力。建立校企共建实践教学基地，提供产业实践机会；通过开展实践项目等方式，着重培养学生的职业素养和实践能力，引导学生针对真实的产业案例解决问题，提高学生的实践能力和创新能力。

第四，开展教学质量评价。建立科学的教学质量评价体系，从教学目标、教师教学能力、学生学习成果等多个方面评价教学质量，及时发现问题并改进，特别是建立多元化的评价体系，从职业能力、实践能力、社会责任等多个角度对学生进行综合性评价，提高评价的科学性和公正性。

第五，建立教学质量管理制度。建立科学的教学质量管理制度，包括课程建设、教学团队建设、教学质量评价体系等方面，建立科学、完善的教学质量评估体系，对教学过程和学生学习情况进行评估和监督，及时发现问题并加以改进。建立教学质量管理体系，加强教学质量管理和保障。加强对教学过程的监督和指导，通过教学督导和指导，发现和解决教学过程中存在的问题，及时调整和完善教学质量管理措施。

产教融合下的教学质量管理需要结合产业需求和教学实践，建立产教融合的教学质量管理团队，加强产业对接和合作，强化教学实践，建立科学的教学质量评价体系和管理制度，加强教学督导和指导，以提高学生的实践能力和职业素质，培养适应产业需求的高素质人才。

第二节　产教融合下的教学质量管理的意义

产教融合是高等职业教育质量提升的内在要求，也是适应国家战略需求和社会发展需求的必然选择。产教融合一方面促进高职院校与企业等各方建立新型合作机制，实现人才培养模式的创新，促进高职院校与企业等各方共建课程体系、实训基地、师资队伍等，实现资源整合和优化配置，激发高职院校与企业等各方共同开展科研项目、技术转移、成果转化等，实现知识创新和价值创造，适应产业发展需求；另一方面帮助高职院校教师了解企业等各方对人才的需求和期待，调整和完善自己的教学内容和方法，促进高职院校教师参与企业等各方的实践活动，增强自己的专业知识和技能，激励高职院校教师不断更新自己的理论观点和思维方式，提升自己的创新精神和能力，实现教学质量的持续提升。此外，通过产教融合，可以让高职院校学生更加清楚自己所学专业领域内外部环境变化及其对自身发展所提出的挑战，更加积极地利用产教融合平台开展多元化实践活动，并从中获取知识技能及经验积累，主动参与产教融合活动，提升就业创业能力，实现高质量就业。

一、产教融合下的教学质量管理目的

产教融合下的教学质量管理目的是更好地适应和服务于产业发展，提高教育教学质量和实效性，实现校企合作共赢的目标。具体来说有以下五个方面：

（1）贴近产业需求。产业发展需要更高水平的人才，高职院校应该贴近产业需求，根据产业发展的趋势和需求调整教学内容和教学方式，优化课程设置，提高学生的实践能力和适应性，使学生更好地适应产业发展的需要。

（2）提升教学质量。教学质量管理是为了确保教学过程规范、科学、有效，提高教学质量和学生学习效果。在产教融合模式下，教学质量管理需要更加注重实践环节，注重实践与理论相结合，注重培养学生解决实际问题的能力，使学生能够更好地适应产业发展的需要。

（3）搭建校企合作平台。教学质量管理需要搭建校企合作平台，加强与产业的对接和合作，建立教育教学与产业需求的桥梁，使学生能够更好地了解产业需求，为产业发展提供人才支撑。

（4）推动教学改革。教学质量管理是促进教学改革的重要手段，通过教学质量管理，可以推动课程建设、教学方法和方式的创新，引导教师加强教学能力和教学素质的培养，提高教学效果和学生学习质量。

（5）推进人才培养模式创新。在产教融合模式下，需要推进人才培养模式创新，引导学生积极参与校企合作项目，提高学生的实践能力和工作经验，培养具有创新能力和实践能力的人才。

二、高职院校教学质量管理的意义

高职院校教学质量管理目的在于提升教学质量和促进学生全面发展，产教融合下的教学质量管理的意义是多方面的，具体有以下几方面：

（一）提升专业适应产业发展需求的能力

产教融合下的教学质量管理目的是更好地适应产业发展需求，加强与企业的合作与交流，重点培养适应产业发展需要的高素质人才，提高教育教学的实效性，结合企业需求，调整教学内容和教学方式，优化课程设置，提高学生的实践能力和就业竞争力，培养符合产业发展需要的高素质技术技能人才。

（二）提高校企合作共建命运共同体的能力

产教融合下的教学质量管理需要加强校企合作，加强与产业的对接和合作，打造校企合作命运共同体，建立长期稳定的合作关系，搭建学生实践和就业平台，为学生提供更多的实习和就业机会，推动高职院校毕业生就业和产业发展，形成人才培养的生态环境，在校企合作平台上，教师和学生能够与企业进行深度交流，了解企业的需求和发展趋势，为人才培养提供更多的机会和资源，推进产业发展和人才培养。

（三）提高教师教学质量和学生学习效果

教学质量管理的首要目的是保障教学质量，确保教学过程的科学、规范和有效，提高师生的教学质量和学习效果。这是高职院校教学质量管理的重要任务。在产教融合模式下，教学质量管理需要更加注重实践环节，注重实践与理论相结合，注重实际问题解决能力的培养，使学生能够更好地适应产业发展的需要。

（四）创新教学方法推进教育教学改革

产教融合下的教学质量管理需要推进教学改革，引导教师加强教育教学理念的转变，注重发展学生的综合素质和实践能力，探索新的教育教学模式，创新课程开发、教材开发和教学方法，引导教师加强教学能力和教学素质的培养，提高教学效果和学生学习质量，培养具有创新能力和实践能力的人才。

（五）提高学生职业素养和就业竞争力

产教融合下，教学质量管理需要更加注重学生就业竞争力的提高，引导学生积极参与校企合作项目，提高学生的知识水平、实践能力、工作经验，锻炼学生团队合作和沟通能力，提高学生的综合素质；培养学生的实践能力和职业素养，使学生具备更多的技能和能力，适应企业的招聘需求，提高学生就业竞争力，实现学生的就业目标。

综上所述，产教融合下的教学质量管理的意义在于更好地适应产业发展，加强校企合作，提高教学质量和实效性，推进教学改革，提高学生就业竞争力，为高质量发展和人才培养做出贡献。

第三节　产教融合下的教学质量管理策略

产教融合下的教学质量管理将教育和产业有机融合，通过与企业和产业实践紧密结合，对教学过程和结果进行全面监控、评估和改进，以提高教学质量和实效性，培养符合产业需求的高素质人才。在实际操作中，产教融合下的教学质量管理仍存在以下问题：

一、产教融合下的教学质量管理存在的问题

（一）产教融合协同育人机制有待完善

产教融合协同育人机制还不完善，高职院校与企业等各方的合作意愿、合作水平和合作效果不尽如人意。一些高职院校与企业等各方在产教融合活动中缺乏有效的沟通协调，不能形成共识和契约，导致人才培养目标不明确和标准不统一；一些高职院校与企业等各方在产教融合活动中缺乏有效的资源整合和优化配置，不能充分发挥各自优势，导致课程体系、实训基地、师资队伍等建设不到

位、不规范；一些高职院校与企业等各方在产教融合活动中缺乏有效的知识创新和价值创造，不能形成良性循环，导致科研项目、技术转移、成果转化等效果不显著、不持续。

（二）教师专业素养和职业能力提升还不够

产教融合下的教师队伍需要具备一定的产业背景、企业实践经验和教学经验，但目前许多高职院校的教师队伍存在实践经验缺乏、教学经验不足、专业素养和职业能力提升还不够，教学质量改进还有待加强等问题。一些高职院校教师对企业等各方对人才的需求和期待认识不足，不能及时调整和完善自己的教学内容和方法，导致教学内容过时、陈旧，教学方法单一、传统；一些教师参与企业等各方的实践活动机会少，专业知识和技能不能与时俱进，导致专业知识理论化、书本化；一些高职院校教师更新自己的理论观点和思维方式缓慢，不能有效提升自己的创新精神和能力，导致理论观点僵化、保守，跟不上社会的发展。

（三）学生就业竞争力有待进一步增强

产教融合下的学生需要具有更高的实践能力、更多的工作经验、更好的团队合作能力和沟通能力，但是由于产业的快速发展，学校与企业、产业的合作育人的程度不一，学生就业压力变得越来越大，一些学生就业困难。

（四）教学质量监控机制不完善

虽然高职院校已建立了教学质量监控评估和评价体系，但仍然存在一些问题，如评估指标不够科学合理、评估结果不够客观、评估方式不够多样化，传统的教学质量评价标准难以适应产教融合的要求，评价指标与产业发展需求不相适应等。同时，教学督导队伍对产业发展背景经验了解不足，不能深入了解产业需求，对教学质量进行准确的评价和指导。

（五）学生培养目标不够明确

由于不同学科、不同行业的发展需求和特点不同，教学质量管理的目标也应该因行业而异。然而，目前大多数高职院校针对学生培养目标的规划还不够明确与具体。

产教融合下的教学质量管理存在的问题，需要高职院校、企业、政府等各方共同努力，加强校企合作机制的建设，完善教学质量监控机制，加强师资队伍建设，明确学生培养目标等，提高教学质量和实效性，为高质量发展和人才培养做出贡献。

二、产教融合下的教学质量管理优化策略

在产教融合的背景下，教学质量管理策略需要根据产业需求进行调整和优化，以下是针对产教融合的教学质量管理优化策略：

（一）建立完善的质量管理与保障机制

高职院校需要建立完善的质量管理与保障机制，完善质量评估和评价体系，包括专业评估、课程评估、教学评价、学生评价、教师评价、就业评价等多个方面。评价指标应该与产业需求相匹配，以培养适应产业发展需要的人才，同时评价指标也应该围绕产业需求展开。评估和评价应该具有科学性、全面性和实用性，及时发现问题并进行改进。

（二）加强师资队伍建设

高职院校需要加强师资队伍建设，提高教师的实践能力和教学经验，加强教师与企业的联系和交流，提高教师的产业背景和实践经验，增强教师的专业知识和技能，提升创新精神和能力，更好地适应产教融合的教学环境和需求，及时调整和完善教学内容和方法，有效提高教学质量。

（三）按照产业发展需求明确培养目标

高职院校要按照产业发展需求和特点，明确学生培养目标，根据不同学科、不同行业的特点，制定符合实际的人才培养目标和计划，为学生提供更加全面的教育和培训。帮助学生更好地适应就业市场的需求和变化，提高学生的就业竞争力，为社会培养具有实践经验和专业能力的高素质人才。

（四）根据产业发展优化课程体系

高职院校需要根据产业发展开设课程，提高课程质量和实效性，强化课程与实践的结合，加强学生的实践能力和就业竞争力。加强产学研一体化课程建设，通过与企业合作、开展科研合作、建立实验室等方式，提高学生的实践能力和专业能力，使其更好地适应产业发展的需求。课程教学内容和方法需要与产业需求相适应，提高学生的实践能力和技术水平，培养适应产业发展的高素质人才。

（五）强化创新创业就业教育

高职院校要加强与企业的联系和交流，强化创新创业教育，培养学生的创新意识和创业精神，引导学生走向创新和创业的道路。加强学生就业指导，提高学生的就业竞争力，帮助学生更好地适应就业市场的需求和变化，为社会培养具有

实践经验和专业能力的高素质人才。

（六）加强产业与教育的融合

高职院校要进一步加强产业与教育的融合，学校需要加强与企业之间的合作关系，建立完善的产教融合协同育人机制，充分发挥企业育人积极主动性，充分发挥校企各自优势，通过与企业合作、开展科研合作、建立实验室等方式，推动专业培养、课程体系、实训基地、师资队伍等方面的建设，深化科研项目、技术转移和成果转化等合作效果，促进产教融合，科教融汇，形成育人的良好生态，为学生提供更多的能力培养和实践机会，提高学生的实践能力、职业素养和就业竞争力。

产教融合下的教学质量管理策略需要高职院校、企业、政府等各方共同参与，建立完善的评估和评价体系，加强师资队伍建设，加强产学研一体化课程建设，强化创新创业教育，加强学生就业指导等，为高质量发展和人才培养做出贡献。

第五章

产教融合下教学质量评价体系构建

　　教学质量评价是一项系统工程，涉及评价目标、评价主体、评价指标、评价方法、评价效果等方面。为了提高评价质量，保证评价结果的有效性，达到预期目标，需建立规范的评价程序标准，将评价的各项内容有序组织。评价的步骤包括：确定评价对象和目标；制订评价方案；设计评价指标体系；评价者收集信息、资料和数据，进行分析，得出评价结果；反馈评价结果。

　　评价目标是评价要达到的目标，是制订评价方案的前提和依据。高职院校教学质量评价以构建评价理论为基础，以促进高职院校教师专业化发展为目标，对教师的培养过程呈螺旋式上升状态，推动教师不断学习，提升自我素质和能力，鼓励教师从合格教师向"双师型"教师、骨干教师、专业带头人、优秀教师、教学名师等专业发展路径逐步成长。

第一节　产教融合下教学质量评价主体

一、概述

　　高职院校教学质量评价以促进高职院校教师专业化发展为目标，评价主体呈现多元化的特点，为使评价更为客观、公正、全面，评价主体的选择需要考虑全面性和可操作性，既要能准确全面反映出教师能力的方方面面，也要考虑到几种形式的组合在实践中的可操作性问题。

　　学校校级层面构建现代职业教育相适应的产教融合教学质量评价体系，同时建设并完善与之相配套的教师发展反馈机制、教学能力培养机制、教学激励机制。教学督导对教师教育教学水平进行评价，学术委员会对教师的教育科研能力进行评价。教务处、科研处、组织人事处、实训中心、校企合作办、督导室等相关职能部门建立层级督导和联动机制，开展教师职业教育教学能力、实训指导操作能力、教研科研能力和专业教师技术技能水平等项目评价，评价范围覆盖学校所有教师，评价结果将作为教师奖励、晋升、职称评审等的依据，激励教师提高素质。在实施教学评价的同时，与教师培训计划相结合，使用国家级培训、省级培训、行业企业培训和校级培训等各类培训资源，分层开展培训，促进教师的师德养成和教学能力、专业知识、实践技能、教研科研能力、团队研修等可持续发展能力提高。对有发展潜力的"双师型"教师，学校层面给予相关政策、平台及待遇的倾斜，激励教师逐步成长为骨干教师、专业带头人、优秀教师、教学名师。

二、产教融合下的教学质量评价主体

各教学单位是教育教学质量评价的实施主体，与教师发展密切相关。教学单位督导根据评价指标体系对教师进行各项目的评价，评价结果可直接在学校层面运用。同时教学单位可在教学条件保障、实训平台建设、教学团队建设、专业群建设、人才培养模式改革等方面提供各种支持与服务。

（一）领导评价

领导评价是以主管领导作为主体对教师的教学水平的评价。高职院校的管理者或各二级学院管理者具有丰富的管理经验和教学经验，对教师的评价具有一定的指导意义。领导评价一般会从教育教学发展的角度，结合教师学历、职称等基本条件，重点评价教师的教学任务完成度、教学手段与效果、科研能力与成果。教学管理能力等业务胜任能力，通过督导评价进而对教师提出改进要求。高职院校领导评价在实施过程中，可以邀请教师一起共同协商，达到一致的目标。

领导评价有以下优点：第一，促进教师的成长和进步。领导评价可以帮助教师了解自己的工作表现，包括优点和不足，有助于教师改进不足之处，提高其工作表现，从而促进教师的成长和进步。第二，提高教师的工作意识和责任感。领导评价可以让教师意识到自己在工作中的重要性和责任，从而提高教师的工作意识和责任感，更加认真地对待工作。第三，激发教师的积极性和创造力。领导评价可以让教师感受到自己受到了认可和重视，从而激发教师的积极性和创造力，更有动力和热情投入工作中。第四，促进教师与领导之间的交流和沟通。领导评价可以促进教师和领导之间的交流和沟通，建立良好的工作关系，有助于团队的协作和发展。第五，改善学校的效益。领导评价可以帮助学校识别出教师的优秀表现和不足之处，从而制订相应的培训方案和发展计划，提高教师能力，改善学校的绩效和效益。

领导评价有以下弊端：第一，评价标准不明确。领导评价中可能存在评价标准不明确的问题，使得评价结果不够准确、统一，甚至出现主观性、不公正的情况。第二，威胁教师的自尊心和人格尊严。领导评价可能会威胁教师的自尊心和人格尊严，导致其产生消极情绪和情感。第三，评价结果可能会被误解。由于评价结果由领导进行测定和评估，因此教师可能会对评价结果产生误解，从而影响工作表现和工作态度。第四，强调短期成果而忽略长期发展。领导评价可能会出现强调短期成果，导致忽略教师长期发展和职业规划。第五，可能导致教师之间产生不和谐的竞争氛围。由于领导评价的结果会对教师的职业发展产生重要的影响，因此可能会引发教师之间不和谐的竞争氛围，甚至对团队的协作和发展产生消极的影响。

如何避免领导评价的弊端呢？第一，明确评价标准：确保评价标准明确、公正和客观。评价标准可以是工作目标、职业素质、工作表现和与同事之间的协作等。第二，加强培训与反馈：给领导提供必要的培训，让领导了解如何进行评价，并采用有效的评价方法和工具，给教师提供及时、准确的评价反馈，让教师了解自己的工作表现和能力。同时，让教师有机会就评价结果提出自己的看法和反馈。第三，采取定期评价及多元评价：确保评价定期进行，保证评价的时间和频率不能过于频繁或拖延，否则会影响教师们的工作状态和情绪；采用多种评价方法，如360度评价等多元化评价方式，以获取更全面和客观的评价结果。第四，保护教师隐私，建立信任：确保评价结果的保密性和隐私性，避免评价结果对教师产生负面影响，建立领导和教师之间的信任关系，让教师感到评价结果是公正和客观的。同时，教师也应该充分信任领导的能力和专业知识。

（二）学生评价

学生是学校教学对象，是教学质量的直接呈现者和体验者，也是教学评价中最直接的主体。学生评价的结果可以反映教学目标的达成情况，因此，在教学评价中学生评价是最具参考价值的评价之一。在学生评价中，往往关注的内容有教师的个人专业知识水平、授课能力、教学效果、师生关系、价值观认同等，但学生评价的标准带有一定模糊性，评价结果带有一定主观性，评价结果容易对教师产生一些情绪影响。

学生评价一般在教学方面，内容主要包括教师教学态度、教学技巧、教学组织、表达能力、师生互动等，从现实评价效果来看，从学生方得到的反馈意见是改进教学最好的参照体系。学生作为评价主体参与教学评价是当前高职院校教学质量评价的一个特点，在有良好国际声誉的高职院校中，学生的学习机制灵活便利，如可以自主选择课程授课教师，而与学生求知相联系的学生评价教学质量的制度也得到普遍推广，得到高职院校的普遍认可和赞同。如英国每年一度的全国大学生满意度调查（National Student Survey，NSS），就是一种以学生为主体的高等教育质量评价方式，也是英国高等教育质量保障体系的重要举措。这种基于学生视角的质量评价方式于2005年开始推行，到2015年在整个英国全面推行，覆盖155所大学、190所学院、5所私立高等教育机构，社会影响力逐渐增强。

NSS 问卷调查主要包括以下内容：①教学情况：考察教师是否善于讲课，是否能够让专业知识变得生动有趣，讲解是否有激情，是否理论联系实际，是否善于引导学生深入思考分析，是否善于引导学生进行实操等。②评估和反馈：考察课程评价标准是否清晰，课程测试是否合理，评分是否公正，作业批阅是否翔实并及时，反馈能否对学生有所帮助。③学术支持：考查学生学习能否得到有效的指导和支持，能否联系到教师，当需要做出选择时教师是否有好的意见建议。④组织管理：考察教学组织管理情况，如课程时间地点安排是否科学，教学调整能否有效沟通，教学运行是否顺畅。⑤学习资源：考察学习资源情况，如图书馆资源和服务能否满足学生需要，是否能提供便利的网络资源，是否能提供专业教学设备。⑥个人发展：考察课程发展能力，如课程能否帮助学生个性成长，社会交往能力、独立处理问题的能力能否得到提高。⑦整体满意度：学生对高教机构的学习经验给出整体性评价。

学生评价有以下优点：①促进学生参与，提高自主管理意识。学生评价可以提高学生参与学校管理和教学活动的积极性，让学生成为更加积极的参与者。②增强学习动力。学生评价可以让学生更加积极地参与学习，提高学习动力。③提高教学质量。学生评价可以让教师更加关注学生的需求和反馈，从而改善教学质量。④调整教学策略。学生评价可以让教师了解学生的学习情况和反应，调整教学策略，更好地满足学生需求。⑤帮助学校管理。学生评价可以帮助学校了解学校管理的不足和问题，从而改进学校管理，提高学校整体水平。⑥培养自我评价能力。学生评价可以帮助学生培养自我评价的能力，了解自己的优势和不足，从而更好地发挥自己的潜力。⑦增强民主意识。学生评价可以帮助学生了解民主评价的重要性，增强学生的民主意识和参与意识。

同时，学生评价也存在以下缺点：①评价结果可能不准确：学生评价可能受到学生主观因素的影响而出现误导教师的情况。②学生评价可能存在不公正：由于经验和知识有限，学生可能会出现对教师的偏见，或者对同学的评价不公平等情况。③学生评价可能影响教学秩序：比如减弱教师的权威性，或者让学生对同学的评价产生误解。④学生评价可能会给教师带来压力：学生评价的结果可能会对教师的评价、晋升、奖励等产生影响，从而给教师带来一定的压力。⑤学生评价可能会对学生造成不必要的压力：他们可能会感到他们的评价结果会对教师和同学产生影响，这可能会给他们带来一些心理负担。⑥学生评价需要花费时间和资源：包括设计问卷、采集数据、分析数据等，这可能会给学校和教师带来一定的负担。

因此，单靠学生评价不能完全真实地反映教学实际。我们曾做过一个学生评价调查，采用同一个评价表，由 5 名专家和 50 名学生对 5 名授课教师的专业课教学进行评价，评价档次分为优秀（90 分以上）、良好（80 ~ 89 分）、一般（70 ~ 79 分）、较差（70 分以下），评价结果显示：有一名教师教学水平相对较高，专家评价为 93.4 分，学生评价 94.2 分；有一名教师教学水平一般，专家评价为 70.4 分，学生评价为 68.2 分；而处于中间状态的教师，专家评价与学生评价出入较大，有的学生评分为 80.9 分，专家评分为 88.6 分。学生们认为该教师考试题目难，要求严格，讲解不够生动，专家们则认为，该教师要求严格值得肯定，不能因学生评价降低要求。考虑到学生对教师的评价有时会受到年龄、性别、价值观、名气等表面因素的影响，评价往往带有主观性，在评教过程中如果忽略了这些因素，有可能会导致评价结果不够客观，因此，在运用学生评价数据时，要尽量消除这些偏差。

如何避免学生评教师的弊端？第一，学生评价数据应该采用该教师至少 2 个学期的不同教学班级学生评价结果。第二，高职院校的学生评价不仅应该回答被评价教师在教学中的行为，还应该关注学生的学习效果，即在传授学生专业知识和专业技能时，是否还有助于学生表达能力、思维能力、团队协作能力等的形成和提高。第三，完善评价体系，设定科学、合理的评价标准和问卷，减少评价结果的误差和主观性。第四，增强评价结果的保密性，学校和教师应该保证评价结果的保密性，避免评价结果对教师和同学产生不必要的影响。第五，加强教师培训，提高教师的教学水平和管理能力，从而减少学生对教师的不满和偏见。第六，强化学生教育，让学生了解评价的重要性和正确的评价方法，从而提高学生的评价能力和意识。第七，细化评价结果的使用，避免评价结果对教师的评价、晋升、奖励等产生不必要的影响。第八，积极响应学生反馈，重视学生的意见和建议，不断优化教学和学校管理。第九，定期进行评估，对评价体系和方法进行不断优化和改进，确保评价结果的科学性和准确性。

（三）教师自评

促进教师专业水平、教学能力提升的内生动力来自教师，高职院校的教师需要不断审视、修正、调整教学方式，从而达到自我提升。教学评价体系的主体包含教师自评，它包括：教学素养的评价、工作成绩的评价等。教师评价相对较容易进行，可伴随着正常工作进行，无需专门的评价人员及专门的评价时间。重视教师自评与教师自身的意见，有利于教师的自我反思、自我认识和自我发展，鼓励教师积极参与评价过程，可提高评价结果有效性。

自评前，教师首先要学习评价指标体系，或以目标为导向，或以问题为导向，对照指标体系进行客观评价，这是教师自我审视、自我完善和自我激励的过程。教师自评有助于教师对自身教育教学水平进行界定，通过自我诊断并改进，根据个性需要主动进行学习、提高，实现自我的发展；可以鼓励教师通过不间断地在教学实践中自我反思、自我学习来获取教学经验。事实证明，与教师自身发展需求及现实需要联系起来的学习是最有效的。这种自我学习与反思的评价，会反馈在教学中，通过学生的学习表现出来，当教师能主动、不间断地从学生的学习中获取教学信息反馈时，教学实践往往会在自己身边无处不在。教师评价实质上是一种教师自我导向、自我提升的发展，它赋予了教师成长的主动权，因此，要积极鼓励高职院校教师根据学校的发展目标要求确定自我发展目标，将个人发展与所在二级学院、学校的教学水平和发展目标、质量要求结合起来，不断推进发展。教师评价数据有些还包括了学校教学科研支持评价、二级学院支持评价、实践教学环境支持评价、校企合作支持评价等学校环境和资源支持方面内容，教师可通过评价提出改进意见和建议，以利于学校更好地提供发展的环境和资源，提高教师满意度，促进学校教育教学质量的改善。

教师自评有以下优点：①反思自我：通过自我评价，教师可以更深入地思考自己的教学方法、教学效果和教育教学理念等方面，从而反思自我、提高自我。②提高工作效率：通过自我评价，教师可以更加清晰地认识自己的工作优劣，及时发现问题和不足，从而及时改进、提高工作效率。③促进教师发展：自我评价可以帮助教师发现自己的优点和不足，及时纠正自己的错误，从而促进教师的发展和成长。④增强教师的自信心：通过自我评价，教师可以更加清晰地认识自己的优势和潜力，增强自信心，从而更好地发挥自己的优势。⑤自我管理：自我评价可以让教师更加清楚地认识自己的工作状态和情况，从而更好地进行自我管理，提高自己的工作效率和质量。⑥提高教学质量：自我评价可以让教师更加深入地了解自己的教学方法和效果，及时进行调整和改进，从而提高教学质量。

当然，教师自评也有相应的弊端：①主观性：教师自评容易受到个人主观因素的影响，可能会出现自我肯定或自我贬低的情况，评价结果可能不够客观。②知识和认知水平不足：教师可能没有足够的教育教学知识和认知水平，难以评估自己的教学水平。③缺乏比较对象：教师自评没有比较对象，无法进行客观的评价。④压力过大：教师自评可能会让教师感到压力过大，导致评价结果不真实。⑤不利于发现问题：教师对自己的工作过于熟悉，可能会忽略自己的不足，自我评价有时难以发现问题。⑥需要时间和精力：进行自我评价需要时间和精力，可能会影响教师的教学工作和个人生活。

为了避免教师自评的弊端，可以采取多种方式：第一，合理设计评价标准和评价方式：评价标准和评价方式要科学合理，既要考虑教学工作的全面性，又要充分考虑教师自评的客观性。可以通过多种方式评价教师的教学工作，如同行评价、学生评价和上级评价等方式相结合。第二，加强评价过程的监督和管理：监督和管理可以通过评价委员会等机构来完成，以确保评价结果的真实性和客观性。第三，提高评价者的专业水平：评价者的专业水平和认知水平越高，评价结果越准确、客观。因此，评价者需要接受专业培训，提高专业水平。第四，鼓励教师自我反思：鼓励教师自我反思，发现自己的不足和问题，从而真实客观地评价自己的工作。第五，充分考虑教育教学的多样性：评价标准和评价方式应该根据不同教育教学情境做出合理的调整。总之，在避免教师自评的弊端方面，需要采取全面、科学、客观的评价方式，加强评价的监督和管理，提高评价者的专业水平，鼓励教师自我反思，充分考虑教育教学的多样性，形成科学、客观、全面的评价体系。

（四）督导专家评价

督导专家评价是指高职院校专门聘请来考核教师教学水平和质量的专家，通过跟班听课来评价教师的授课质量。专家一般具有较高的学术水平和教学水平，视野更宽阔，能够从专业发展和全面培养学生素质的角度对教师授课进行诊断性评价，帮助教师发现问题，提高教学水平，因此专家对课堂教学质量的评价是非常必要的。

督导专家评价有以下优点：第一，客观性高。督导专家评价主要以事实为依据，通过观察和记录来评价被评价对象的表现，因此评价结果相对客观。第二，针对性强。督导专家评价通常是根据被评价对象的具体情况和需要进行评价，因此评价结果更具针对性。第三，及时性好。督导专家评价通常是实时进行的，评价结果可以及时反馈给被评价对象，有利于及时调整和改进。第四，促进发展。督导专家评价可以帮助被评价对象发现自身的不足和问题，及时进行反思和改进，有利于促进其个人和组织的持续发展。第五，倡导改进。督导专家评价可以帮助建立改进的文化氛围，鼓励被评价对象不断改进自身表现，提高绩效。总之，督导专家评价具有客观性高、针对性强、及时性好、促进发展和倡导改进等优点，是一种有效的评价方式。

　　督导专家评价也存在以下问题：第一，有一定主观性。督导专家评价虽然以观察和记录为主要手段，但仍然会受到评价者个人主观因素的影响，评价结果有可能不完全客观。第二，评价标准不统一。不同的督导专家对同一评价对象可能会有不同的标准和侧重点，评价结果可能不一致。第三，影响工作积极性。被评价对象可能会因为督导专家的评价而感到压力和焦虑，影响其工作积极性和工作热情。第四，难以评价某些因素。一些因素可能难以通过观察和记录来准确评价，比如创新能力和团队合作能力等。第五，缺乏反馈机制。督导专家评价通常是单向的，只有评价者对被评价对象进行评价，缺乏被评价对象对评价者的反馈和建议。综上所述，督导专家评价虽然有其优点，但也存在一些缺点，需要在实践中加以注意和解决。

　　避免督导专家评价弊端的关键在于建立客观、公正的评价标准，加强评价者培训和采用多元化评价方式，注重双向反馈机制和隐私保护。具体说来，可以采取以下措施：第一，建立评价标准。制定评价标准，明确评价对象的职责和能力要求，以确保评价的客观性和公正性。第二，加强评价者培训。提高评价者的专业水平和评价能力，使其能够理性、客观地评价被评价对象。第三，多元化评价方式。通过多种评价方式，如问卷调查、访谈、观察等方式，综合评价被评价对象的工作表现。第四，注重反馈机制。建立双向的反馈机制，让被评价对象能够对评价结果进行反馈和提出建议，以便督导专家进行改进和提高。第五，注重隐私保护。为了保护被评价对象的隐私，评价结果应只在必要的范围内使用，不得随意传播。

（五）同行评价

　　同行一般指高职院校校内或他校相关专业领域或同一层级的教师，由于同行对教师的教学实践、教材以及教师职责有较深入了解，因此同行是教师的最佳评审员，能够更准确地对教师的课堂教学效果、专业知识更新和实践技能提升进行评价。同行作为评价主体往往能使评价过程相对轻松温和，与评价对象——教师之间较易获得认同和增强相互的满足感，有助于取长补短、经验分享，共同提高。

　　同行评价有以下优点。第一，提高教学质量：教师评价可以让教师得到来自同行的客观、专业和及时的反馈，有利于构建科学、完善的教育评价体系，评价结果更加准确、可靠和公正，可以促进教师发现教学中存在的问题和不足，及时改进和优化教学方式和方法，提高教学质量。第二，激励教师积极性：同行评价可以帮助教师增强自我认识和反思能力，激励教师更加关注教学质量和专业素养的提升，促使其不断提高自身的教学水平和教育教学能力，更好地完成教学任务。第三，促进教学改革：同行评价有利于教师不断完善自身的教学方法和技能，可以促进教师之间的教学经验交流和共享，可以推广优秀的教学经验和方法，及时发现教学中存在的问题和瓶颈，推动教学改革，提高教学效果和质量。第四，落实师德师风：同行评价可以推动教师规范行为，严格教学要求，提高教师教育教学水平和职业素养。第五，提高学生满意度：同行评价可以保障学生权益，促进学生发展，形成良好的教学评价体系和文化，从而提高学生的满意度。总之，同行评价在提高教师的教学质量、促进教学经验交流、提高教师专业素养等方面具有重要作用，是一种重要的教师评价方式。

同行评价也存在以下弊端。第一，评价标准不够准确：评价标准不够明确和准确，可能会导致评价结果的不公正和不客观。第二，评价者个人偏好和主观意识的影响：在互评中，可能存在一些教师互相推诿责任，或者相互攻击，从而影响教育教学和教师团队的凝聚力和稳定性，评价者的个人经验、偏好和主观意识可能会影响评价结果，导致评价不够客观公正。第三，评价者专业水平差异：评价者的专业水平和教学经验差异可能会导致评价结果的差异和不同，在互评中，可能存在一些不合格的评价，评价结果可能不可控。第四，评价者心态和态度的不同：评价者的心态和态度可能会影响评价结果的客观性和准确性。第五，可能存在敌对情绪：评价者之间可能存在敌对情绪，互评可能会存在一些矛盾和摩擦，从而破坏教师之间的关系，导致评价结果不公正，影响学校的稳定发展。第六，可能对教师产生负面影响：评价结果可能会对教师的心理和教学产生负面影响，影响教师的教学积极性，教师因为互评而分心，从而影响教学质量和教学效果。在互评过程中，教师的个人信息可能会泄露，尤其是在评价结果公示的情况下，可能侵犯教师的隐私。总的来看，同行评价有其局限性和弊端，需要注意评价标准的准确性和评价者的专业水平、心态和态度等方面，才能保证评价结果的公正和客观。同时，评价过程需要规范化和科学化。

在避免同行评价的弊端方面，需要设计评价标准，提高评价者的专业水平，完善评价过程，避免评价偏差，加强评价者的互相交流。同时，评价者还应该严格遵守职业道德和保密原则，保证评价过程的公正和客观。具体来说，第一，设计评价标准：评价标准应该具体、明确，与课程目标和要求相符合。评价标准应该包括课堂教学、学生评价和教师反思等方面，能够全面评价教师的教学水平。第二，提高评价者的专业水平：评价者的专业水平和经验对评价结果有很大的影响，需要加强评价者的专业培训和发展，提高评价者的专业水平和能力。第三，完善评价过程：评价过程应该明确评价流程，对评价结果进行反馈和整合，保证评价过程的公正和客观。评价结果应该保密，且评价者要承担保密责任。第四，避免评价偏差：评价者的个人偏好和主观意识会影响评价结果，因此需要加强评价者的自我反思和思维方式的规范化。第五，加强评价者之间的交流：评价者之间需要加强交流和合作，共同探讨评价标准和评价结果，从而提高评价结果的可靠性和有效性。

（六）行业企业评价

教育部在《关于全面提高高等职业教育教学质量的若干意见》中提出"重视过程监控，吸收用人单位参与教学质量评价，逐步完善以学校为核心、教育行政部门引导、社会参与的教学质量保障体系"；在《教育部关于充分发挥职业教育行业指导作用的意见》中强调"逐步建立和完善职业教育人才培养质量行业评价制度。要建立社会、行业、企业、教育行政部门和学校等多方参与，以能力水平和贡献大小为依据的职业教育质量评价体系，把行业规范和职业标准作为学校教学质量评价的重要依据，把社会和用人单位的意见作为职业教育质量评价的重要指标。逐步建立以行业企业为主导的职业教育第三方评价机制"。[①] 这两个文件对行业企业参与高职院校教学质量评价和人才培养质量评价提出了要求。高职教育担负着为经济社会发展培养高素质技术技能人才的重担，行业企业与高职教育互相依赖，校企合作、产教融合是职业教育发展的必由之路，行业企业主体参与高职院校教学质量监控与评价是校企深度合作的具体体现，也是高职教育发展的必然选择。

高职院校是为区域经济社会发展培养高素质技术技能人才的基地，校企合作共同开展人才培养，共同制订培养标准是其一大特色，行业企业评价主要考量人才培养方案的设计是否以能力为本位，充分体现了"知识＋能力＋素质"的人才结构。行业企业主体在高职院校实施评价中，与领导、学生、专家、同行评价不同，行业企业评价主要侧重人才培养的专业水平及实践能力的评价，具体内容可包括：教师是否具有行业职业的基本理论、基础知识和实践能力，是否具备理论与实践相联系的能力，是否不断更新自身的知识体系和能力结构，以适应行业、职业发展需求，是否注重学生行业、职业知识的传授以及实践技能、综合职

---

① 教育部. 关于全面提高高等职业教育教学质量的若干意见，关于充分发挥职业教育行业指导作用的意见[EB/OL]. 教育部政府网. http://www.moe.gov.cn/.

业能力的培养，是否采取工学结合、理实一体的教学模式；实验实训室设备设施能否保证应用性较强的实训项目开展，实验实训室工作环境、管理制度是否与企业实际相近；实训教学的组织是否有序；实验实训教师操作示范是否准确、易懂，能否全面指导学生专业实践实训活动等。总的来说，行业企业主体参与高职院校教学质量评价，会从行业企业的角度充分考虑职业教育与职业岗位之间的联系，考虑人才培养是否符合实际工作岗位的变化，能否产生工作绩效，能否给行业企业带来价值。行业企业评价需要行业企业高度支持与配合，有一定的难度，但其对教学质量提升意义重大，值得我们去努力探索与实践。

行业企业评价有以下优点：①提高人才培养质量：通过对企业人才培养质量进行评价，企业可以发现人才培养中存在的问题和不足，并在此基础上进行改进和创新，从而提高人才培养质量。这有助于企业更好地满足市场需求，增强企业的竞争力。②促进人才成长：评价过程中，企业可以对不同阶段的人才进行分类评价，建立不同的培养计划和培养体系，促进人才的成长和发展。这有助于提高人才的专业技能和综合素质，为企业的长期发展打下人才基础。③增加员工满意度：员工对企业的评价也是企业评价人才培养质量的重要组成部分。通过积极引导员工参与评价，体现员工对企业的重要性，增强员工的归属感和认同感，增加员工满意度，减少员工流失。④提高企业形象：企业评价人才培养质量是一种对外宣传和展示企业形象的方式，能够体现企业的人才战略和管理能力，增强企业的品牌形象和市场竞争力。⑤聚焦企业核心价值：企业评价人才培养质量是一种对企业核心价值的追求和体现，能够帮助企业更好地实现自己的发展战略和目标，推动企业的科学发展。综上所述，企业评价人才培养质量具有提高人才培养质量、促进人才成长、增加员工满意度、提高企业形象和聚焦企业核心价值等优点，对企业人才培养和发展具有重要意义。

行业企业评价过程中也存在一些弊端，包括：①主观性较强：评价人员的主观意见和认知水平不同，在评价过程中可能会存在一定的主观性，无法保证评价结果的客观性和公正性。②评价指标不全面：企业评价人才培养质量往往只关注某些方面，如学历、职称、绩效评价等，而缺乏对人才综合素质、职业道德等方面的评价，不能全面反映人才的真实情况。③评价结果难以量化：企业评价人才培养质量的结果往往无法量化，难以用具体的数据来证明人才培养质量的高低。这使得企业在评价结果上缺乏具体的依据和参考。④影响人才积极性：如果评价结果被用来作为人才晋升、薪资等方面的依据，可能会影响员工的积极性和工作动力，导致员工过分追求评价结果，而忽略了自身的内在价值和发展。⑤难以应对人才多样性：企业评价人才培养质量往往基于某一种标准或模式，难以适应不同类型、不同领域、不同层次的人才的需求，可能会限制人才的发展空间和潜力。企业在进行人才评价时应注意其局限性，建立科学、客观、全面、灵活的评价机制，以更好地推动人才培养和发展。

为了克服企业评价人才培养质量的弊端，可以采取以下措施：①建立科学的评价机制：企业应根据岗位性质、人才类型等因素，制定科学的评价指标和评价体系，确保评价结果具有客观性和可靠性。②加强评价人员的培训：企业应加强对评价人员的培训和教育，提高其评价能力和专业水平，增强其评价结果的客观性和公正性。③建立多元化的评价方式：企业应建立多种评价方式，如360度评价、职业素养评价等，从不同角度评价人才综合素质和能力表现。④强化评价结果的应用：企业应根据评价结果，为人才提供晋升、薪酬、培训等方面的激励，并将评价结果与人才发展规划紧密结合起来，使评价结果对人才发展具有实际指导意义。⑤注重人才多样性：企业应注重人才多样性，根据不同岗位和行业特点，设计针对性的评价机制，满足不同人才的需求和发展路径。总之，克服企业评价人才培养质量的弊端需要采取系统性、科学性、灵活性的措施，提高评价的客观性和有效性，为人才的培养和发展提供更好的支持和保障。

（七）第三方评价

第三方评价是指独立于教学机构和教育部门之外的专业评价机构对教育教学质量进行评估和监控的活动。第三方评价机构通常由独立的专业评估师组成，他们拥有丰富的教育教学经验和评估技能。第三方评价的目的是确保教学质量的公正性和客观性，提高教学质量和教学效果，并为教学机构提供有关教学改进的意见和建议。第三方评价结果可以用于教学机构和教育部门的管理和监控，也可以为学生、家长和社会提供有关教育教学质量的参考。

第三方评价是一个综合性的评价过程，一般包括五个方面。一是教学资源评价：评估教学机构的教学资源是否充足、合理，包括教师、教室、实验室、图书馆、网络资源等。二是师资队伍评价：评估教师的教学能力、教学态度、教学方法、教学成果。三是课堂教学效果评价：评估教学过程中的教学内容、教学方法、教学效果等。四是学习成果评价：评估学生的学习成果，包括知识、技能、能力等方面的评价。五是教学管理评价：评估教学机构的教学管理水平、教学质量保障体系等。第三方评价可以为学校、学生和家长提供一个客观、科学的评价结果，为教学改进提出建议和方案，提高教育教学质量。

第三方评价有以下优点：一是客观性，第三方评价机构独立于教学机构和教育部门之外，能够客观、公正地评价教学质量，避免了教育机构内部评价的主观性。二是专业性，第三方评价机构通常由专业评估师组成，拥有丰富的教育教学经验和评估技能，能够对教学质量进行全面、准确的评估。三是公信力，第三方评价机构评价结果具有较高的公信力，能为学生、家长和社会提供独立、权威、可信的教育教学质量评价结果。四是促进教育发展，第三方评价可以为教育机构提供改进和发展的建议和方案，有助于提高教育教学质量和水平。五是提高教师和学生的积极性，教学质量第三方评价可以激励教师和学生积极参与教育教学活动，提高教学效果和学习成果。

第三方评价也存在以下弊端：一是评价标准不确定，不同的评价机构可能会采用不同的评价标准和方法，导致评价结果不一致，难以进行比较，影响评价结果的客观性。二是评价成本高昂，教学质量第三方评价需要投入大量的人力、物力和财力，评价成本较高，可能会增加教育机构的负担和费用。三是评价结果可能被利益影响，评价机构受到利益影响，可能会出现评价结果不公正的情况，导致评价结果不准确，影响评价的有效性。四是评价结果难以满足不同需求，评价结果针对的是整体性的教学质量，难以满足不同学生、家长、教师和教育机构的个性化需求。

要克服第三方评价的弊端，需要采取以下措施：第一，制定统一的评价标准和方法，确保评价结果客观、准确、可比，避免因标准和方法不同导致的评价结果差异。第二，建立独立的评价机构，使其独立于利益关系，确保评价公正、客观、专业。第三，加强评价结果的引导和应用，评价结果要及时公布并加强对评价结果的引导和应用，确保评价结果能够有效地促进教育教学质量的提高。第四，加强对评价机构的监管和管理，确保评价机构的评价质量和信誉度，避免评价过程中出现的不正当行为。第五，注重多元评价，除了第三方评价，还可以注重多元评价，如自我评价、同行评价、学生评价等，以便综合了解教育教学质量的各个方面。总之，要克服教育质量第三方评价的弊端，需要坚持公正、客观、专业的评价原则，并采取多种措施确保评价结果的准确性和有效性，以促进教育教学质量的提高。

第二节　产教融合下教学质量评价体系建设策略

一、概述

产教融合是当前高职教育改革和发展的重要方向之一，产教融合模式的推行，有助于提高学生的综合素质和就业竞争力，促进高职教育与产业之间的紧密联系和深度合作。目前，高职院校产教融合模式逐渐成熟，越来越多的高职院校开始尝试产教融合模式，建立与行业企业合作的机制和平台，通过实践教学、实习实训等方式，提高学生的实践能力和职业素养。合作企业数量增多，许多行业企业开始重视与高职院校的合作，与高职院校建立了深度合作关系，提供实习、实践和研究等资源和支持，为高职院校学生的职业发展提供了更多的机会。高职院校与企业之间建立了双向输送机制，通过学生实习、毕业生就业等途径，企业可以从高职院校获取人才资源，而高职院校则可以获得企业的技术、资金和行业信息等支持，促进产教融合的深入发展。政府逐渐将产教融合列入政策支持范畴，投入资金和人力资源，推动高职院校与企业之间的合作，为产教融合的发展提供政策保障。

高职教育占据我国高等教育的"半壁江山"，发展异常迅猛。新时期，我国在经济转型升级、创新驱动发展和质量强国战略实施下，对培养就业竞争力强、创新创业能力突出的高素质技术技能人才的需求越来越迫切，高职院校的高质量发展已成为党和国家乃至全社会高度关注的问题。人才培养是一个系统工程，产教融合、校企合作、协同育人，需要学校、行业企业和政府多主体相互协同，突破高职院校与其他育人主体的体制机制障碍，共同参与和促进高职院校高素质技术技能型人才的培养。我国高职院校已由规模扩张迈入提质培优、增值赋能、内涵发展的新阶段。构建科学完善的质量评价体系，改进人才培养评价方法是提高人才培养质量的重要保证之一。人才培养质量是高职教育发展的核心问题，是高职院校的生命线，质量之道在以产出为本，落实在每一个学生身上。为了保证人才培养质量的提高，在《国务院办公厅关于深化产教融合的若干意见》《国家职业教育改革实施方案》《国家关于推动现代职业教育高质量发展的意见》《中共中央　国务院印发深化新时代教育评价改革总体方案》等文件精神的指导下，高职院校须将协同育人与构建内外结合、持续改进的质量评价体系和创新评价方法同向同行，发挥教学评价对教学过程的诊断、激励、调节和改进的促进作用，建立科学合理的产教融合人才培养质量评价体系，对高职院校落实并推进校企合作、工学结合、协同育人、知行合一的办学方针，提升人才培养质量，更好地服务地方经济和社会发展具有十分重要的意义。

二、产教融合下质量保证体系建设现状及存在问题

（一）产教融合下质量保证体系建设现状

随着全球经济的发展和教育的不断改进，产教融合成为当前教育改革的一个重要趋势。在这种背景下，质量保证体系的构建也在逐步完善，主要体现在：

1. 规范性不断提高

为了保证产教融合实现质量提升的目标，政府出台了一系列法规和政策，如《新职业教育法（2022 年）》《国务院办公厅关于深化产教融合的若干意见》《国务院关于印发国家职业教育改革实施方案的通知》《中共中央　国务院印发深化新时代教育评价改革总体方案》《国家职业教育改革实施方案》《中共中央办公厅　国务院办公厅印发关于推动现代职业教育高质量发展的意见》等，对于质量保证体系的要求也越来越严格，加强了规范性。同时，在产教融合的过程中，质量监管机制也得到了不断完善，相关部门组织专业人员对质量进行监管，通过检查、评估等方式，确保质量评价的规范性。

2. 标准化程度不断加强

在产教融合的过程中，各行业都需要有一套统一的标准，以确保质量保证体系的标准化，相关部门和行业组织对于质量标准的制定和执行也日趋规范化，确保了质量保证体系的一致性和可比性。同时，在产教融合的背景下，对于绩效评估的要求也越来越高，各行业制定了一系列绩效评估标准，以对质量保证体系进行监督和指导，提高规范化。

3. 技术手段的应用更加普及

随着信息技术的发展，质量保证体系中的诸多工具和方法得到了更加广泛的应用，提高了质量管理的效率和准确性。如网络技术可用于质量管理的数据采集、分析和监控，以及质量管理信息系统的建设和应用。数据挖掘技术可用于课程评估、学生评价、教师评价等方面，对大量数据进行分析，提取出有价值的信息和结论，为质量管理提供参考和支持。人工智能技术可用于智能辅导、智能评估、智能监控等方面，帮助教师和学生更好地应对学习和教学中的问题，提高教

学效果和学习成果。质量标准化工具可用于制定、管理和实施质量标准，规范产教融合过程中的质量管理，提高产品和服务的质量水平。云计算技术可用于数据存储、数据处理、应用部署等方面，提高教育资源共享的效率和质量，为产教融合提供技术支持。

4. 质量意识越来越高

在产教融合的大环境下，企业和高职院校之间的合作越来越多，质量管理成为双方合作的重要议题，质量管理的重视程度也得到了大幅提升，这为质量保证体系的构建提供了更为有力的支撑。首先，产教融合带来了更高的质量要求。随着产学合作的加深，企业对于高职院校毕业生的素质和能力要求、教学质量和研究成果提出更高的要求，而高职院校则更关注学生实践能力的培养和质量管理。其次，产教融合需要更加严格的质量管理制度。为了保证合作项目的顺利进行和实现预期目标，企业和高职院校需要建立起相应的质量管理制度，包括项目管理、质量控制、风险管理等方面，这些制度的建立和执行需要双方共同协商，确保在合作中质量得到有效保障。最后，产教融合需要加强质量管理的监督和评估。在合作过程中，企业和高职院校需要定期进行质量评估和监督，及时发现和解决问题，确保项目顺利完成和达到预期效果。同时，对于合作项目，也需要有第三方机构的监督和评估，确保合作的公正、透明和有效性。

（二）产教融合下质量保证体系建设存在的问题

虽然产教融合下质量保证体系的构建已经取得了一定的进展，但仍存在一些问题，有待不断完善和优化。

1. 人才培养质量评价主体相对单一

长期以来，高职院校教学质量评价主体一般都在学校内部，利益共同体如社会、企业等较少参与，特别是企业参与人才培养质量评价不足，评价体系构建不完善，未能全面覆盖和实施动态管理，预警机制尚不完善。学校教学管理部门集政策制定、过程管理、终极评价等诸多功能于一体，使学校在教学监控管理运行过程中很难发现评价体系中存在的问题，不能及时根据反馈的问题改进和完善教学质量。

2. 人才培养质量评价机制不够完善

在产教融合中，不同的企业和高职院校之间存在很大的差异，这就导致了缺乏统一的标准和规范，很难建立起一个适用于所有企业和高职院校的质量保证体系。在建立质量保证体系的过程中，缺乏有效的监督和评估机制，这就导致一些企业和高职院校可能没有充分地遵守质量保证体系，从而影响合作项目的效果。

3. 人才培养质量评价缺少有效沟通

在产教融合中，企业和高职院校之间需要密切的沟通和协作，在专业的知识和技能的基础上，才能有效构建质量保证体系，但是在产教融合中，高职院校和有些企业之间缺乏有效的培训和指导，缺少沟通和协作，自然影响到质量保证体系的建立。只有企业和高职院校加强合作，共同制定标准和规范，建立有效的监督和评估机制，加强培训和指导，加强沟通和协作，才能确保质量保证体系的有效构建和实施。

4. 校企协同育人的作用体现不够

在校企合作、产教融合的时代大背景下，高职院校质量保证体系的构建能够提升育人效果，为社会和企业输出大量优秀人才，这无疑为企业生产发展提供了人才基础，有助于为企业发展创造更大价值。但产教融合具有多主体特征，各主体的利益具有差异性和矛盾冲突性，这就需要校企合作共建科学合理的质量评价体系。由于校企合作共建的质量标准、制度建设、反馈和持续改进机制不完善，校企协同育人的作用体现不够，致使校企之间较难形成共同利益和决策，产教融合难以得到有效保障。

5. 教学督导组成单一，作用发挥不足

传统的教学督导往往由高职院校退休教师担任，教学督导组成相对单一，作用发挥不够，在平时的教学质量监控中，缺乏校企共建系统性设计，仅停留在教学督导听课、期中教学检查、学期末学生评教等一般层面的质量监控，忽略了人才培养过程性和发展性评价，评价结果落实不到位，评价流于形式，致使人才培养质量达不到效果。

（三）产教融合下质量保证体系建设策略

在产教融合下，建立质量保证体系非常重要，质量保证体系可以帮助企业和高职院校更好地合作，确保项目的质量和效果。以下几个策略，可以帮助构建一个有效的质量保证体系：

1. 制定统一的标准和规范

在产教融合中，不同的企业和高职院校之间存在差异，因此需要制定一个适用于所有企业和高职院校的统一标准和规范，以确保所有合作项目都按照同样的标准执行，有助于保证质量和效果。在制定质量标准和规范之前，需要确定其适用范围，可根据合作项目的性质和目标，以及参与的企业和高职院校进行确定。需要明确参与者的角色和职责，确保合作项目中的每个参与者都了解自己的职责

和任务，并遵守相应的标准和规范。需要参考相关的标准和规范，确保制定的标准和规范专业可行，并符合国际和行业标准。需要制定具体的标准和规范，考虑到合作项目的特点和目标，以及参与者的需求和要求。需要进行审核和修改，制定具体的标准和规范之后，让参与者提供反馈和建议，进行审核，确保标准和规范的完整性和可行性。需要确定实施方式和监督机制，确保参与者了解标准和规范的实施方法和要求，并能够遵守相应的要求和标准。

2. 建立有效的监督和评估机制

建立质量保证体系需要有效的监督和评估机制。这可以确保质量标准得到遵守，项目的质量和效果得到保证。同时，监督和评估机制应该是透明的，以便参与者了解评估的过程和结果。评估机制的建立包括：①确定监督和评估的目标和指标。在建立质量监督和评估机制之前，需要明确监督和评估的目标和指标。这可以根据合作项目的性质和目标，以及参与的企业和高职院校进行确定。②制订监督和评估计划。在确定监督和评估的目标和指标之后，需要制订相应的监督和评估计划。这可以包括监督和评估的频率、方法和评估人员等。③建立监督和评估团队。在实施监督和评估计划之前，需要建立相应的监督和评估团队。这可以包括专业人员、企业代表、高职院校代表等。④实施监督和评估计划。在建立监督和评估团队之后，需要实施相应的监督和评估计划。这可以通过实地调研、问卷调查、访谈等方式进行。⑤总结和反馈监督和评估结果。在实施监督和评估计划之后，需要对监督和评估结果进行总结和反馈。这可以让参与者了解监督和评估结果，并对合作项目进行改进和优化。⑥改进和优化合作项目。在了解监督和评估结果之后，需要对合作项目进行改进和优化。这可以根据监督和评估结果，针对性地改进和优化合作项目，提高人才培养质量和产业发展水平。

3. 加强培训指导、沟通协作

建立质量保证体系需要专业的知识和技能，因此需要加强培训和指导。可以通过邀请专业的评估机构或者专家进行培训指导，让高职院校和企业了解质量评估的相关知识和方法，提高评估的准确性和专业性，确保参与者了解质量保证体系的要求和实施。加强沟通协作。沟通和协作是质量保证体系成功的关键，建立协作机制，可以让高职院校和企业之间进行更有效的沟通和合作，共同制定质量标准和规范，确保参与者了解质量保证体系的要求和实施，并及时解决任何问题和挑战。共同推进人才培养和产业发展，共制评估标准。可建立联合评估团队，共同制定评估标准和方法，并对合作项目进行评估和反馈，加强质量评估数据的管理和分析。在进行质量评估时，需要收集和管理相关数据，对数据进行分析和挖掘，可以利用数据分析工具，对数据进行统计和分析，及时发现问题，改进和优化合作项目，增强质量评估的透明度和公正性。在进行质量评估时，需要增强评估的透明度和公正性，让参与者了解评估的过程和结果。可以建立评估报告，公开评估结果，接受参与者的反馈和建议。

4. 建立评价反馈机制

产教融合是指产业与学校之间合作共赢的关系，其中学校提供相关技能培训和教育服务，而产业方则提供相关的实践场景和岗位需求。在这种背景下，质量评估反馈机制变得尤为重要。反馈机制可以帮助教育培训机构更好地了解产业方的需求和反馈，及时调整和改进相关课程和培训内容，提高教学质量和实效。产业方反馈：可定期与产业方进行交流和沟通，了解他们的需求和反馈，以便及时调整和改进相关课程和培训内容。学生反馈：可通过问卷、面试等方式收集学员的反馈和建议，以便改进相关课程和培训内容。师资反馈：可定期对师资力量进行评估和反馈，以便提高教学质量和水平。课程设计反馈：可定期对课程设计进行评估和反馈，以便提高教学效果和学习体验。学习效果反馈：可定期对学习效果进行评估和反馈，以便提高教育教学质量和实效。

第三节 产教融合下质量保证体系建设实践

质量是高职院校的生命线，构建科学完善的人才培养质量评价体系是提高人才培养质量的重要保证。广州科技贸易职业学院以《国务院办公厅关于深化产教融合的若干意见》《中共中央 国务院印发深化新时代教育评价改革总体方案》等文件精神为指导，借鉴 ISO 9000 质量管理体系标准，坚持"服务教师成长、学生受益"的理念，针对高职院校人才培养质量评价主体相对单一、校企协同评价不充分、督导过程性和发展性评价不完善等问题，依托学校大力开展产业学院建设契机，形成了"一平台、三突出、六协同"的人才培养质量评价体系，即以"人才培养质量评价管理系统"为平台，以突出校行企和第三方评价相结合，促进多元评价，突出校企协同育人，构建产教一体化的质量评价标准，促进校企协同育人，突出校企督导建设，注重校内外结合，促进评价激励机制构建的"三突出"为实施路径，形成"学生、教师、领导、同行、企业、第三方机构"六方协同参与的人才培养质量评价体系（见图 5-1）。

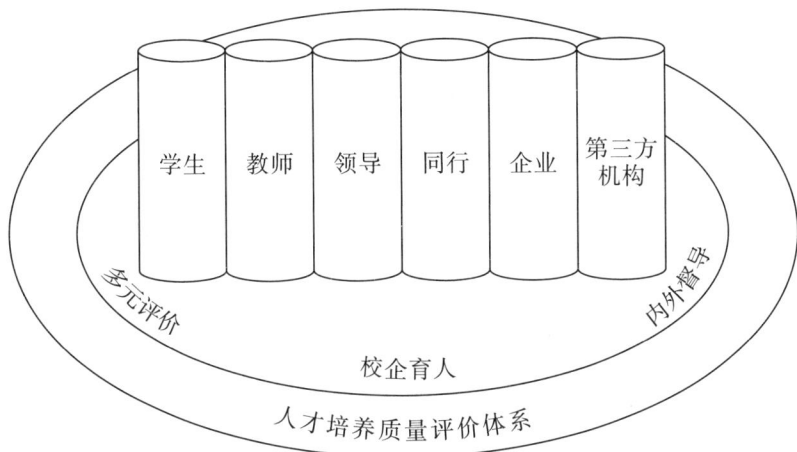

图 5 – 1 "一平台、三突出、六协同"人才培养质量评价体系

一、建设举措

(一) 健全"三方、三级、三层"质量管理组织机构

学校建立由学院党委领导、校长负责的学校内部质量保证委员会，校行企三方建立校级督导（学校及行业企业专家组成）、二级督导（二级学院专家）和助理督导（班级学生信息员、监控员组成）的三级督导队伍，"学校指挥、职能部门落实、质量监控办公室督查"的三层质量保障机构，形成"三方、三级、三层"质量管理组织机构（见图 5 – 2）。建立有效运行的可持续质量评价工作机制，形成了工作层层有人抓、事事有人管的良好局面。

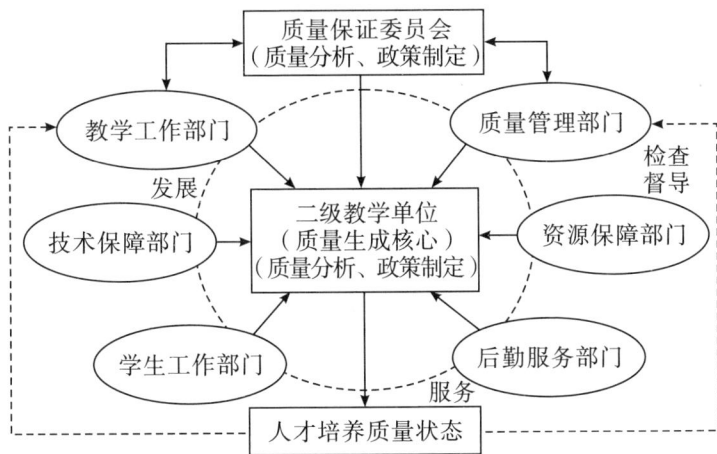

图 5 – 2 学院内部质量管理组织机构

（二）构建多主体参与的"六位一体"质量评价体系

学校构建了包括学生、教师、督导、领导、企业、第三方机构参与的"六位一体"质量评价体系（见图 5-3），制定了一系列评价工作制度，包括《教师教学质量考核规定》《教学督导工作管理办法》《行业企业督导管理办法》《教学信息反馈的管理办法》等，制定学院《教学质量管理手册》（见图 5-4）。《教学质量标准手册》（见图 5-5），开展质量评价、数据分析、反馈预警等工作，形成了"全员参与、全程监控、多元评价、反馈及时、重在促进"的质量动态管理和上下齐抓共管、全面覆盖监督的新局面，有效保证人才培养质量。

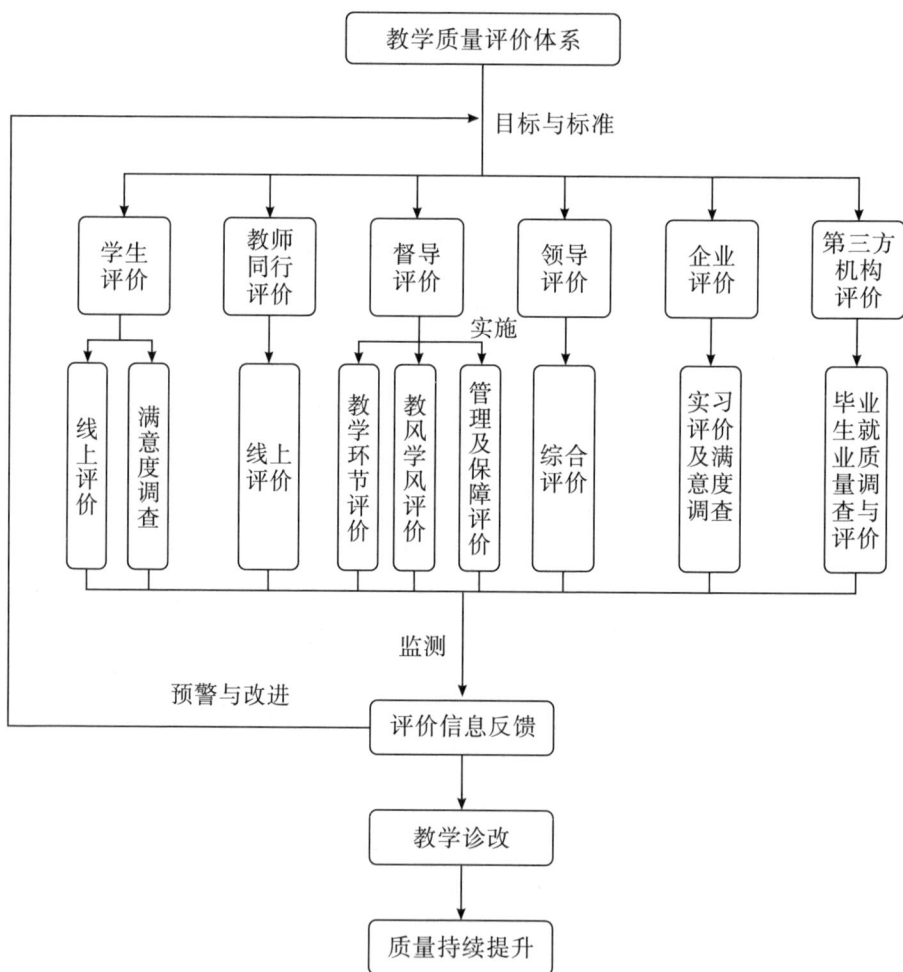

图 5-3　学院"六位一体"质量评价体系

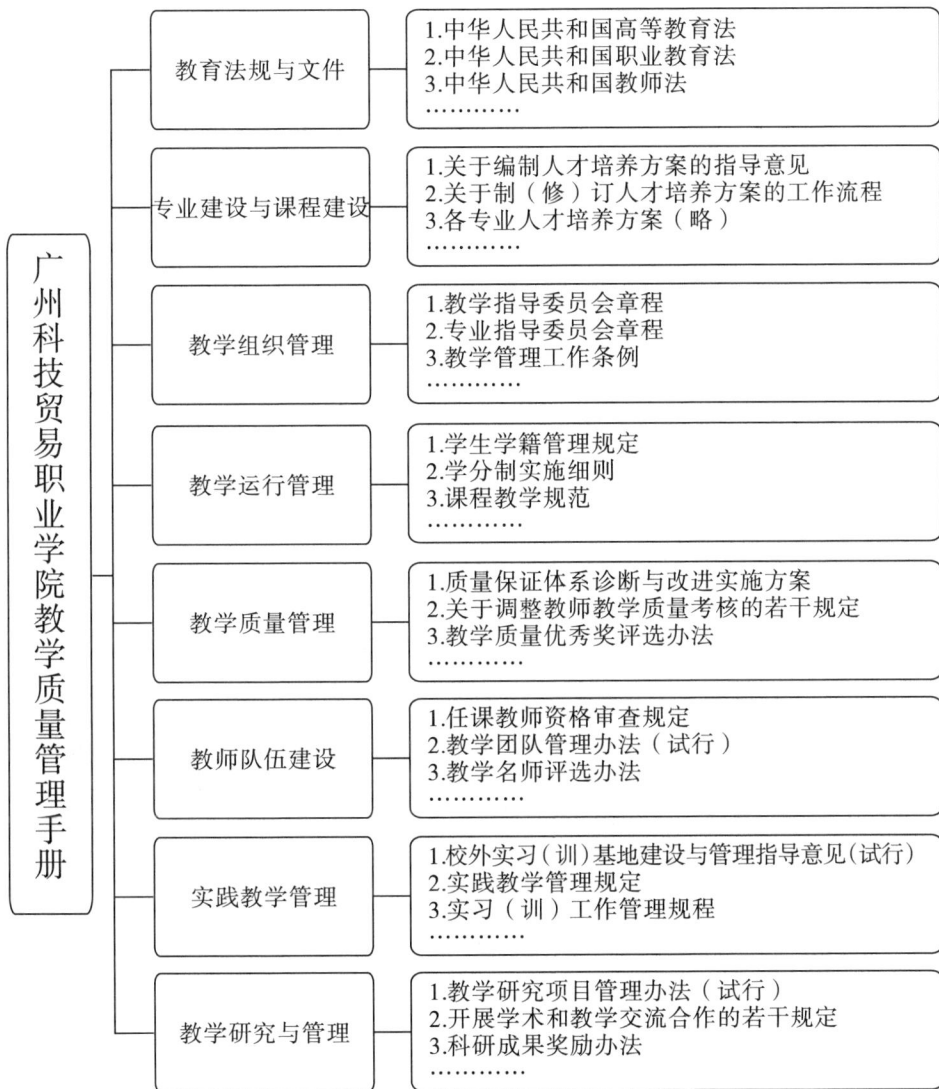

图 5-4　学院《教学质量管理手册》及内容

```
                        ┌─────────────────────┐
                        │ 习近平总书记          │
                        │ 关于教育工作的       │
                        │ 重要论述             │
                        └─────────────────────┘

                        ┌──────────────┐    ┌────────────────────────────┐
                        │ 教育法规与文件│───▶│ 1.中华人民共和国职业教育法  │
                        └──────────────┘    │ 2.中华人民共和国教师法      │
                                            │ 3.高等学校教师职业道德规范  │
                                            │ 4.国家职业教育改革实施方案  │
                                            │ ……………                       │
                                            └────────────────────────────┘
```

广
州
科
技
贸
易
职
业
学
院
教
学
质
量
标
准
手
册
（
第
二
版
）

- 目标质量标准 ▶
  1. 广州科技贸易职业学院章程
  2. 广州科技贸易职业学院教育事业"十三五"发展规划纲要（2016—2020）
  3. 广州科技贸易职业学院专业建设"十三五"规划
  …………

- 过程管理标准 ▶
  1. 广州科技贸易职业学院任课教师资格审查规定
  2. 广州科技贸易职业学院授课计划、教案编写的若干规定
  3. 广州科技贸易职业学院课堂教学质量评价标准
  …………

- 教学条件保障标准 ▶
  1. 广州科技贸易职业学院专业带头人遴选与管理办法
  2. 广州科技贸易职业学院骨干教师遴选与管理办法
  3. 广州科技贸易职业学院"双师素质"教师资格认定及管理办法
  4. 广州科技贸易职业学院校内兼课人员管理办法
  …………

- 质量保障体系与诊断改进工作示意图

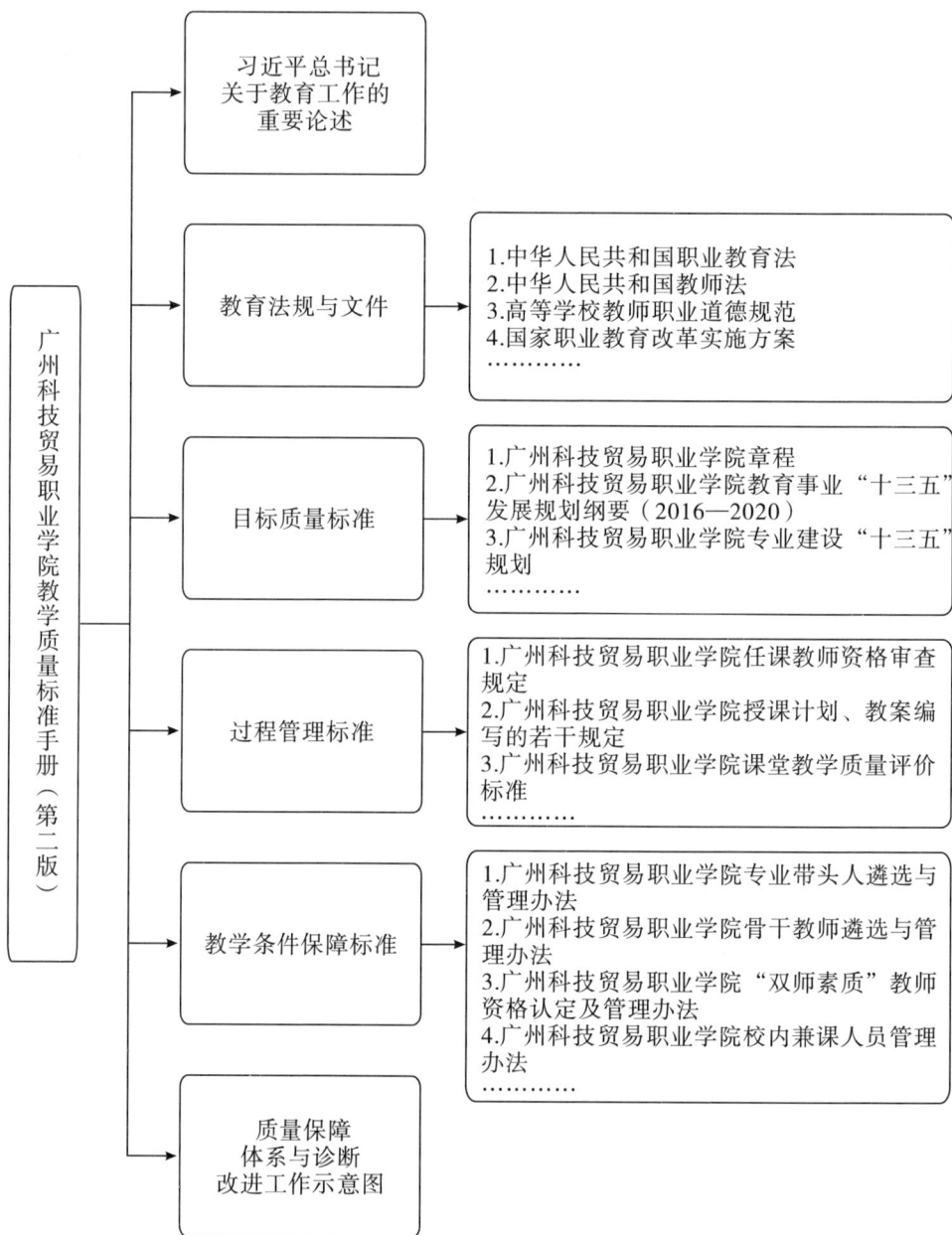

图 5－5　学院《教学质量标准手册》及内容

（三）校行企协同共建质量评价标准，创新评价方法

校行企协同共建人才培养质量评价标准（见图 5－6）。根据学校产教融合工作实际，结合区域产业发展对人才标准的需求，根据政府考核要求，校行企协同确立人才培养质量规格，对校企合作人才培养全过程的各个具体环节所要达到的

要求作出具体规定。建立教学运行各环节质量控制流程和相关制度，汇编成《教学质量管理手册》《教学质量标准手册》，形成了产业学院、专业、课程、教师、学生等五个层面的质量标准，将校企培养、产教融合、学生综合素质、技术技能水平、就业质量和创新创业能力等指标作为评价的重要内容，重视过程性和发展性评价，体现"以生为本，育训并举"为核心的人才培养质量评价特点。

组建校内、校外评价队伍，创新评价方法。学校依托建设的广州市科学城产业学院、动漫游戏产业学院、智能制造产业学院等 15 个产业学院，从产业学院合作行业企业中聘请 20 余名专家进入学校督导队伍，构建校行企组成的三级督导队伍，通过"校企督导共评、共诊、共导每个专业、每门课程"，有效推动专业建设和"三教"改革，促进教育教学质量的提升，同时引入麦可思等第三方评价，通过评价反馈，促进诊改，评价体现出较好的育人性、整体性、过程性、发展性。

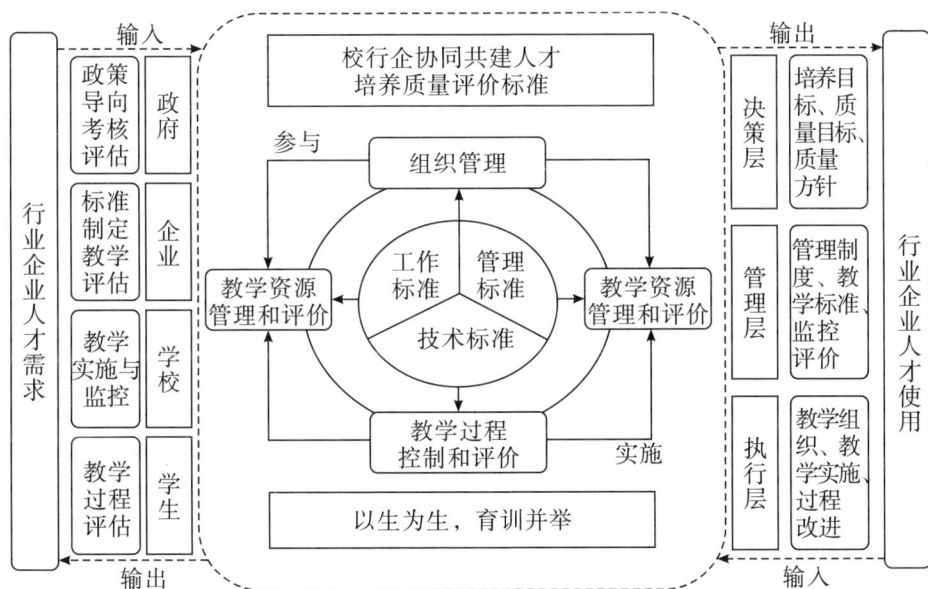

图 5-6　校行企协同共建人才培养质量评价标准

（四）强化教学督导职能，建立激励问责机制

学校建立由校级督导（学校督导、行业企业督导）、二级督导和学生"助理督导"组成的三级督导队伍近 300 人，开展卓有成效的督教、督学、督管、督导，保证良好教学秩序。通过"教师职教能力测评""教学质量奖"和"我最满意教师"评选、教学满意度问卷调查、教学质量月、教学督与导沙龙等活动，强

化督导职能，树立榜样，激励师生，并将结果通过教学质量测评管理系统进行反馈，与教师年度考核绩效评价挂钩，实现"教师成长、学生受益"的目标。

二、质保体系建设成效

（一）促进多元化、多层次全方位评价

加强质量评价体系建设，形成了教学质量螺旋式提升、持续改进和预警机制。构建了多元主体参与的"六位一体"质量评价体系，包括学生、教师同行、领导、督导、企业、第三方机构六个方面，实施了"PDCA"循环诊改，在质量评价体系中既包含了政府宏观指导、学院自主保证、行业（企业）参与，也包括了师生评价、社会第三方（麦可思）参与的多元化、多层次的评价，形成了全方位、多视角"全员参与、全程监控、多元评价、反馈及时、重在促进"的教学质量保证、上下齐抓共管的局面。

（二）促进产教融合提升培养质量

依托产业学院建设，根据学院发展规划与目标的要求，校企共同制定了产业学院、专业、课程、教师等各层面的质量标准，编制了学院《教学质量标准手册》，通过制订实施教学标准，完善评价管理制度和管理结构，实施"三全"质量管理，组织开展教学质量评价。建立持续改进机制，建立了校（校企组成）、二级督导和学生"助理督导"组成的近300人的三级督导队伍，充分发挥三级督导在"督教、督学、督管、督导"的作用，组织开展质量满意度调查与质量问责工作，并与年度绩效考核评价挂钩，建立起校内相对完善、科学、合理的评价激励运行机制，全面推进学院内涵式建设发展，整体提升人才培养质量。

（三）提高评价效率及应用

建立"教师教学质量评价系统"，推进评价工作信息化。依据平台核心指标分解设定关键行为和控制点，形成校内校外、校企双方的质控基本框架，平台覆盖与产业学院相关的产业、行业、企业信息，使专业的设置调整、人才培养的目标与规格有翔实有效的数据支撑，形成可观测性、可操作性、可实施性程度高的数字化校企互动人才培养质量评价系统。建立了教学质量评价反馈平台，通过教学质量的测评分析与数据挖掘，将评价结果实时反馈给二级学院及每位教师，促进整改，提高教学质量。

（四）教师成长、学生受益

坚持服务"教师成长、学生受益"的目标，通过质量评价体系建设和评价方法的创新，完善了质量管理制度，引导学院内涵式建设与发展，使全院近万名师生受益。通过评价标准引领，完善评价制度，推进评价信息化建设，组织开展教师职教能力测评、教师教学能力提升培训、学生技能竞赛指导等，提升教师的教学素养与职教能力，学生的专业能力、职业素养、创新创业意识、就业竞争力。近年来，学校师生参加技能竞赛获奖 400 余项，其中国家级奖项 4 项，省级一等奖 62 项。毕业生就业率 98% 以上，居全省高职院校前列，受到省市高度认可。

（五）建立持续改进机制

建立校级（校企组成）、二级学院和班级学生"助理督导"组成的近 300 人三级督导队伍，充分发挥三级督导在督教、督学、督管、督导的作用，组织开展质量满意度调查与质量问责工作，建立起校内相对完善、科学、合理的评价激励运行机制，全面推进学院诊断与改进工作，助力学院内涵式建设发展，整体提升人才培养质量。

（六）示范推广效应

总结和推广学校教学质量评价创新和教学督导工作的经验与做法，在全国督导年会、全国产教融合论坛等会上推广交流多次，在与兄弟院校的交流学习中介绍学校质量保证体系与评价方法的改革，得到了大家充分肯定。全国百余家单位前来交流，获全国产教融合就业竞争力 50 强院校，入选全国高职院校技术研发与应用成果优秀案例 20 强，获全国质量保证体系建设案例二等奖，具有较好的可复制和示范作用。

第六章

产教融合下现代产业学院评价体系构建

《国务院办公厅关于深化产教融合的若干意见》《国家职业教育改革实施方案》等文件中指出，"深化产教融合，促进教育链、人才链与产业链、创新链有机衔接，是当前推进人力资源供给侧结构性改革的迫切要求"，"要同步规划产教融合与经济社会发展，统筹职业教育与区域发展布局，引导职业教育资源逐步向产业和人口集聚区集中"。现代产业学院作为政府机构、行业协会、产业园区、龙头企业、高职院校等多主体合作兴办的集学历教育、技术研发、技能培训、生产服务于一体的实体化职业教育机构，在提升企业重要办学主体地位，推动深化产教融合、校企合作方面具有十分重要的作用。

第一节　现代产业学院概况

现代产业学院是指以适应现代产业发展需要为宗旨，依托高等院校或独立机构，开设与现代产业相关的学历教育，培养具备现代产业发展所需的技术人才的教育机构。现代产业学院致力于通过提供实用性、创新性和高水平的教育培训，培养具有创新思维、实践能力和综合素质的高素质专业人才，为促进现代产业的可持续发展提供有力的人才支持。

现代产业学院的发展历史可以追溯到 20 世纪 60 年代，许多大学开始开设与产业发展相关的专业以满足日益增长的工业化和现代化需求。上海交通大学于1996 年成立了首个现代产业学院，它的成立得到了上海市政府的大力支持，旨在为推动上海市产业结构调整和发展提供人才支撑。成立初期，现代产业学院的主要任务是为上海市的产业结构调整和发展提供人才支持，同时也是国内探索产学研合作模式的先行者之一。该学院的成立是中国高等教育转型发展的重要里程碑，也为全国其他高职院校设立现代产业学院奠定了基础。

21 世纪以来，随着中国经济的高速发展和产业升级，现代产业学院得到更广泛的认可和重视，也呈现不断壮大的发展趋势。师资队伍、教学设施等方面不断提升，聘请了一大批学术领袖和实践专家，引进了一批领先的教学设备和技术，为学生提供更加优质的教育资源和学术支持。在学科建设、课程设置等方面也拓展了更多的领域和维度，逐渐形成了以工为主，经、管、文、法、医等学科相结合的多学科综合性体系，涵盖多个产业领域的研究和应用。此外，现代产业学院也加强了产学研合作和国际交流合作，与多家国内外知名企业和高职院校建立了合作关系，推进产业技术创新和人才培养，积极参与国际合作项目和学术交流活动，促进国际学术交流和合作。

我国对产业学院、产教融合主要经历了初步探索、多样化创新、不断深化三个阶段。2010 年部分高职院校围绕产教融合建立了稳定的校企联合体，这是我国产业学院的雏形。2020 年教育部办公厅、工业和信息化部办公厅印发《现代产业学院建设指南（试行）》，产业学院的研究与实践呈快速增长趋势，对产业学院的研究，大部分侧重于对产业学院办学定位、办学理念、办学模式等方面的探索，主要集中在以下方面：

第一，职业教育校企合作质量保证的法规研究。赵敏对美国职业教育立法进行描述分析，揭示了美国职业教育立法的特色和影响，总结经验和教训，为我国职业教育立法提供参考；[①] 王璐对德国"双元制"职业教育法律法规追根溯源，并结合我国具体国情，得出德国职业教育法律法规对我国的启示等。[②]

第二，校政行企各方主体合作创新研究。范立南、李佳洋在"新工科"视野下，探索多方协同育人的产业学院共建共管协同育人机制，认为高职院校、学生、企业、政府、社会团体都应共同参与到产业学院的建设中，相关主体都是促成产业学院运转和发展的关键因素；[③]《中国教育报》（2018 年）报道东莞理工学院立足自身工科优势学科专业，实施校企、校政企、校校所和校校企等四种共建模式创建 9 个特色产业学院，促进了办学主体多元化发展，为校企合作产业学院的人才培养提供了良好实践范本。

第三，产业学院组织制度创新的研究。李潭总结了校企合作背景下产业学院建设实践中存在行政化色彩浓厚、治理结构不健全等一系列问题，认为建立现代化治理结构，构建常态化统筹机制，确立多层次的能力提升机制，建设集产、学、研于一体的产业学院是校企合作模式在新时期改革的方向。[④] 胡文龙从创新链、产业链和教育链三链融合的视角，阐述市场化机制在产业学院方向布局、资源配置、内部治理和质量评价中的调节作用及范围，提出产业学院组织制度创新

① 赵敏. 我国职业教育立法的改革与完善：从美国职业教育立法的启示谈起 [J]. 科技信息，2008（25）：147.
② 王璐. 德国"双元制"职业教育法律法规研究 [D]. 天津大学硕士学位论文，2009.
③ 范立南，李佳洋. 新工科视域下多方协同产业学院的共建共管机制研究 [J]. 教育现代化. 2018（1）：129.
④ 李潭. 产业学院：校企合作新型路径 [J]. 教育评论. 2017（11）：27.

的实质是教育资源配置向市场化的深度发展。①

从产业学院机制的研究来看，主要以学校层面为主，集中在学校的微观层面，主要是对事实的总结和浅层分析，典型经验总结不够，没有上升到较高的理论层次。研究文献大多为现实描述性的研究，缺乏理论性、系统性、归纳性的分析方法和手段，对如何发挥高职院校自我评价和社会专业组织的监督和评价作用，以政校行企等多方参与的产业学院人才培养质量监控机制的研究还较少，有待突破。

第二节　德美英日产业学院发展概况及启示

一、产业学院在德国的发展

（一）发展概况

产业学院在德国是一种职业教育和培训机构，旨在为学生提供实用技能培训，以适应当地产业的需求。20 世纪初期，德国开始将职业技能教育和培训纳入国家教育体系中。这个时期的职业技能培训主要以徒工制为主，但很快，德国意识到需要进行职业教育和培训的现代化变革。20 世纪 20 年代，德国开始引入产业学院的概念，旨在为工人提供职业技能的培训和教育。这些学院的课程设置和教学方法都是以实践和应用为导向，与当地的产业需求相结合，帮助学生获得就业技能和实用经验。20 世纪 30 年代至 50 年代，随着德国的政治和经济环境的变化，产业学院的发展受到了一定的限制。但随着德国经济的快速发展和产业结构的变化，产业学院再次成为职业教育和培训的重要形式。20 世纪 60 年代至今，产业学院在德国的发展得到了进一步推广和加强。德国政府出台了一系列政策和计划，以支持产业学院的建设和发展。同时，许多公司和组织也为产业学院提供了资金和资源支持，以改善它们的教学设施和教学质量。产业学院在德国的发展历程中，始终倡导实践导向、产学研合作、贴近市场需求、注重就业和职业生涯发展等原则，目的是培养更多具备实用技能和实践经验的职业人才。

产业学院是德国职业教育和培训体系的一部分，德国产业学院通过与企业、

---

① 胡文龙. 论产业学院组织制度创新的逻辑：三链融合的视角 [J]. 高等工程教育研究.
2018（3）：13.

研究机构紧密合作，实现课程设置和教学内容紧密联系企业需求和实际工作中的技能要求，根据不断变化的产业需求和技术发展，扩大和深化其课程设置和专业领域，确保学生毕业后能够顺利就业。重视国际化教育的发展，鼓励学生参与国际交流和合作项目，提高他们的国际视野和跨文化交流能力。

（二）特点与启示

德国的产业学院主要有五个特点。第一，实践导向：德国产业学院注重将理论与实践相结合，培养学生的实际操作技能和实践经验。第二，产学研合作：德国产业学院与企业、研究机构紧密合作，将课程设置和教学内容紧密联系企业需求和实际工作中的技能要求，确保学生毕业后能够顺利就业。第三，职业导向：德国产业学院的课程设置和教学内容都是聚焦于职业技能的培养，培养学生具备适应产业发展和职业需求的技能和素质。第四，多元化课程：德国产业学院的课程设置非常丰富多样，包括技术类、管理类、文化类等多种类型的课程和专业，学生可以根据自己的兴趣和职业规划进行选择。第五，国际化：德国的产业学院非常重视国际化教育，鼓励学生参与国际交流和合作项目，提高他们的国际视野和跨文化交流能力。德国产业学院注重实践导向，与企业、研究机构的紧密合作，职业导向、多元化课程和国际化教育，这些特点使得德国的产业学院在培养人才、推动产业发展方面发挥了重要作用。

德国的产业学院对我国的启示主要体现在四个方面。第一，德国的产业学院注重实践教育，其职业教育强调实践性和职业性，学生在学习期间就会有实习和实践的机会，帮助学生更好地适应职场的需求。我国职业教育也应该注重实践教育，加强职业技能的培养。第二，德国的产业学院重视产教融合，其职业教育与当地的企业紧密结合，学生在学习期间就有机会参与企业实践和实践项目，学生的实际应用能力和职业素质得到培养。我国的职业教育也应该加强与企业的合作，增强产教融合程度，以适应市场需求。第三，德国的产业学院重视学生的个性化培养，根据学生的兴趣和特长，为学生提供个性化的课程和培养计划。我国职业教育也应该注重学生个性化培养，帮助学生更好地发挥自己的优势和特长。第四，德国的产业学院重视师资队伍建设，提高教师的教学和实践能力，以保证教学质量和学生的学习效果。我国职业教育也应该注重师资队伍建设，加强教师培训，提高教师的教学能力。综上所述，德国的产业学院为我国的职业教育提供了很多有益的启示，包括实践教育、产教融合、个性化培养和师资队伍建设等，我国职业教育可以借鉴这些经验，不断改进和完善职业教育体系，培养更多的高素质技能人才。

二、产业学院在美国的发展

(一) 发展概况

产业学院在美国是一种职业教育和培训机构，旨在为学生提供实用技能和培训，以适应当地产业的需要。20 世纪初期，美国的职业教育和培训模式主要以学徒制为主。随着产业结构的变化，越来越多的工人需要接受专业技能的培训才能适应不断变化的市场需求。20 世纪 20 年代，美国开始引入产业学院的概念，旨在为工人提供职业技能的培训和教育。这些学院的课程设置和教学方法都是以实践和应用为导向，与当地的产业需求相结合，帮助学生获得就业技能和实用经验。20 世纪 30 年代至 50 年代，大萧条和第二次世界大战的影响使得产业学院的发展受到了一定的限制。然而，随着经济的快速发展和产业结构的变化，产业学院再次成为职业教育和培训的重要形式。20 世纪 60 年代至今，产业学院在美国得到了进一步推广和加强。美国政府出台了一系列政策和计划，以支持产业学院的建设和发展。同时，许多公司和组织也为产业学院提供了资金和资源支持，以改善它们的教学设施和教学质量。美国的产业学院在发展历程中，始终倡导实践导向、产学研合作、贴近市场需求、注重就业和职业生涯发展等原则，目的是培养更多获得实用技能和实践经验的职业人才。

美国的产业学院是一种相对新的教育模式，致力于培养技术和管理能力。产业学院的出现是为了满足制造业和服务业对高素质技能人才的需求。产业学院通常与当地的工业和商业组织合作，以确保培养出来的学生具有实际应用的技能和知识，符合当地产业的需求。这些学院提供的课程通常涵盖多个学科，包括技术、管理、人文社科等领域。学生通常会在实验室、工作场所等环境中学习和实践，以便更好地适应实际工作。产业学院的学生通常是正在工作或有工作经验的成年人，他们希望通过职业教育提高技能和知识，以便进入或晋升到更高层次的职位。许多产业学院还提供灵活的学习计划，如夜校、线上课程、短期课程等，方便学生在工作之余完成学业。产业学院在美国是为了适应时代发展需要而出现的新教育模式，目的是满足制造业和服务业对于高素质技能人才的需求，提供实际应用的技能和知识，提高学生的职业素质和实践能力。

(二) 特点与启示

美国的产业学院主要有五个特点。第一，与行业合作：产业学院通常与当地的工业和商业组织合作，以确保培养出来的学生具有实用的技能和知识，符合当地产业的需要。第二，注重实践：产业学院强调实践教学，注重学生的实际操作能力。学生需要在实验室、工作场所等实际环境中学习和实践，以便更好地适应工作。第三，提供职业教育：产业学院主要提供职业教育，为学生提供直接就业的技能和知识。这种教育方式不仅可以帮助学生直接就业，还可以提高他们的技能和经验，为他们的职业生涯打下坚实的基础。第四，多元化的课程：产业学院的课程通常涵盖多个学科，包括技术、管理、人文社科等领域。这种多元化的教育方式可以为学生提供更广泛的知识和技能，提高他们的综合素质。第五，强调团队合作：产业学院注重培养学生的团队合作能力，通过小组项目和实践活动等方式，使学生学会与人合作、共同解决问题。

美国的产业学院给我们带来了许多启示。第一，美国产业学院强调职业教育的实践性和专业性。这意味着教育课程和实践应该与当地产业需要相匹配，培养学生的实际应用能力和职业素质，以满足市场需求。第二，美国产业学院注重学生的职业发展和终身学习。学生在学习期间，应该不断了解市场需求和技术变化，根据市场需求定向发展，保持敏锐的市场感知力和发展力。第三，美国产业学院提倡多元化的教育方式和多样化的学习途径。学生可以根据自身情况选择适合自己的课程和学习方式，例如在线学习、短期课程、实习等，以便更好地适应市场和职业发展。第四，美国产业学院强调学生的实践能力和职业素质。学生应该在实践中不断提高自己的技能和知识，积累实践经验和职业素质，以便更好地适应工作环境和市场需求。综上所述，美国产业学院带来的启示包括实践性、专业性、终身学习、多元化的教育方式、重视实践能力和职业素质等方面，我国职业教育可以借鉴这些经验，以满足市场需求，培养高素质的技能人才。

三、产业学院在英国的发展

（一）发展概况

在英国，产业学院是为了培养和提高工作人员的技能而设立的机构。这些学院通常提供实用的课程，重点是为当地企业和行业培养有实际工作经验的人才。产业学院在英国的发展始于 20 世纪 50 年代，当时政府和工业界开始意识到需要更多受过良好职业教育的技术人才来推动经济发展。在接下来的几十年里，政府和工业界共同努力，发展出了产业学院的模式。这些学院通常与当地的制造业和工程业相关，包括机械制造、电气工程、建筑、汽车维修等。最初的产业学院设施不够完善，但在 20 世纪 70 年代和 80 年代，英国政府推行了职业教育政策，加大了对这些学院的投资和支持，使产业学院逐渐发展成为一个重要的教育机构，提供高质量的职业培训和技术教育。现在，产业学院在英国已经涵盖了广泛的行业和领域，包括机械制造、电子技术、IT行业、建筑、汽车维修、美容美发等。这些学院不仅培养技能人才，还为学生提供了实践经验和职业指导，帮助他们在职业生涯中取得成功，并且为英国的经济增长做出了重要贡献。

产业学院在英国的发展历程可以追溯到"二战"后，英国经历了工业革命的高峰期，但在战后经济复苏时期，需要更多受过良好教育的技术人才来推动经济发展。因此，政府和工业界对职业教育的需求进行深入的研究。1956年，英国政府成立了一个委员会以评估职业教育系统的状况并提出改进的建议，希望在英国建立产业学院，以培养具有各种技能和知识的人才，为国家的经济发展做出贡献。在接下来的几十年里，英国政府和工业界共同努力，发展出了产业学院的模式。这些学院的目标是为当地企业培养出高素质的技工，帮助年轻人获得工作经验和职业技能。20世纪70年代和80年代，英国的产业学院经历了一段困难时期，主要是由于政府改革和财政压力。到了20世纪90年代，政府推出了新的职业教育政策，重视职业教育和技术教育的发展。随着政策的实施，产业学院得到更多的投资和支持，开始在英国各地继续发展壮大。今天，英国的产业学院涵盖了广泛的行业和领域，它们成了为学生提供实际技能和经验的重要教育机构，帮助他们在职业生涯中取得成功，并且为英国的经济增长做出了重要贡献。

（二）特点与启示

英国的产业学院是为了满足当地企业和工业界对于高素质技术人才的需求而设立的，具有五个特点。第一，实用性强：产业学院的教学内容主要针对实用技能，强调实践操作能力，使学生能够直接应用于实际工作中。第二，与产业紧密结合：产业学院和当地企业、工业界紧密合作，为他们培养和提供所需的人才，确保学生的技能符合实际需求。第三，灵活性高：产业学院的课程灵活，学生可以选择适合自己的学习时间和方式，如全日制、兼职、在线学习等。第四，综合能力培养：除了专业技能的培养，产业学院也注重学生的综合素质和职业素养的培养，如沟通能力、团队合作能力、领导力、职业道德等。第五，就业前景好：产业学院培养的学生一般都是当地企业和工业界所需要的高素质技术人才，就业前景良好，且薪资水平相对较高。英国的产业学院是一种实用性强、与产业紧密结合、灵活性高、综合能力培养、就业前景好的教育机构，它们在满足当地企业和工业界需求的同时，也为学生提供了一个获得高质量职业教育和技能培训的机会。

英国产业学院是一种成功的职业教育模式，它对我国主要有五点启示。第一，与产业紧密结合：英国产业学院和当地企业、工业界紧密合作，为他们培养和提供所需的人才，确保学生的技能符合实际需求。我国也应秉持这一原则，加强与企业的合作，制定符合实际需求的职业教育课程。第二，实用性强：英国产业学院的教学内容主要针对实用技能，强调实践操作能力，使学生能够直接应用于实际工作中。我国的职业教育也应注重实践操作能力，培养学生的职场技能。第三，灵活性高：英国产业学院的课程灵活，学生可以选择适合自己的学习时间和方式，如全日制、兼职、在线学习等。我国的职业教育也应提供更多的学习方式和时间选择，以满足不同学生的需求。第四，综合能力培养：英国产业学院除了专业技能的培养，也注重学生的综合素质和职业素养的培养，如沟通能力、团队合作能力、领导力、职业道德等。我国的职业教育也应注重学生的综合素质和职业素养的培养，以提高学生的职场竞争力。第五，面向未来：英国产业学院紧跟时代发展，不断更新课程，为学生提供面向未来的职业教育。我国的职业教育也应紧跟时代发展，及时更新课程，为学生提供具有前瞻性的职业教育。总的来说，英国产业学院的成功模式对我国职业教育的改革和发展具有很大的启示意义，我国应该借鉴其经验，不断完善职业教育体系，提高职业教育质量，培养更多的高素质技术人才，为经济和社会发展做出更大贡献。

四、产业学院在日本的发展

（一）发展概况

产业学院是日本高等教育中的一种重要教育模式，以其实用性强、就业率高等特点在日本具有广泛的影响力。20世纪60年代，日本经济蓬勃发展，需要大量的技术和职业人才，但传统的高等教育体系无法满足市场需求。因此，日本政府推出了产业学院的教育模式，以培养实用型的专业人才为目标。1961年，日本国会通过了《现代产业学校法》，确立了现代产业学校的地位与设立条件。1962年，建造了第一所现代产业学校，即产业学院东京本部，此后陆续在全国各地设立了多所产业学院。1971年，产业学院升格为高等教育机构，改名为现代产业大学。1981年，现代产业大学新设了研究生院。20世纪90年代，由于经济景气度下降，产业学院的就业率受到影响，但仍然受到许多学生和家长的青睐。2000年，现代产业大学成立了四年制本科课程。目前，产业学院已经成为日本高等教育体系的重要组成部分，它培养了大量的实用型专业人才，为日本经济的发展和社会的进步做出了重要的贡献。

（二）特点与启示

日本的产业学院是一种实用型的职业教育机构，具有五个特点。第一，以实用性为导向：产业学院以培养实用型的专业人才为目标，注重培养学生的实际操作能力和职业技能。学生学习的课程主要围绕企业需求展开，除了基础学科外，还包括很多实践性课程，如工程实习、实验室实训、企业实践等。第二，紧密结合产业需求：产业学院和企业之间有很紧密的联系，在学院教学计划中基本涵盖了企业界所需技术和职业知识，以此为基础培养出具有实用性和市场需求的专业人才。第三，就业率高：产业学院毕业生的就业率一般都很高，因为学生在校期间已经接触到了企业环境，并掌握了实际操作技能，能够很快适应工作岗位。第四，课程短期、费用低廉：相较于传统高等教育机构，产业学院的课程时间短，通常只需要 1～2 年就能完成学业，学费相对较低，适合那些想要快速进入职场的学生。第五，分类明晰：产业学院按照专业和行业来划分，各专业设置比较齐全，包括机电、电气、电子信息、化学、建筑、IT 等，学生可以根据自己的兴趣和职业规划来选择相应的专业。产业学院是一种注重实用性、与产业需求紧密结合的职业教育机构，为日本培养了大量的实用型专业人才，并成为日本高等教育体系的重要组成部分。

日本的产业学院在实用性强、紧密结合产业需求、就业率高、课程短期、费用低廉、分类明晰等方面具有很多值得借鉴的地方，对我国的职业教育发展也有很多启示。首先，可以学习日本产业学院的实用性教育模式。产业学院的教育目标是培养实用型的专业人才，注重实际操作能力和职业技能的培养，这与我国目前职业教育注重理论教育和考试评价形成鲜明对比。实用性教育模式能够更好地满足市场需求，提高学生的就业竞争力。其次，可以学习日本产业学院与企业紧密结合的做法。产业学院和企业之间有很紧密的联系，学院教学计划中基本涵盖了企业所需技术和职业知识。这种做法可以让学生更好地了解市场需求，更快地适应工作岗位，提高毕业生就业率。再次，可以学习日本产业学院的课程设置。产业学院以专业和行业为划分，各专业设置比较齐全，这样可以让学生根据自己的兴趣和职业规划来选择相应的专业。这种做法可以更好地满足不同学生的需求，提高教学效果。最后，可以借鉴日本产业学院的快速培养模式。产业学院的课程时间短，通常只需要 1～2 年就能完成学业，学费相对较低。这种模式可以让学生快速进入职场，更好地适应职业发展。我们应该从日本的产业学院中汲取经验，加强职业教育的实用性和市场导向，提高毕业生的就业竞争力。

第三节　我国现代产业学院发展状况

一、概况

现代产业学院是一种致力于培养实用性、高素质的专业人才的教育模式，它主要由企业、政府和职业院校共同创办，面向企业和市场需求，依托职业院校或相关单位，开设与企业紧密相关的职业课程。现代产业学院是一种创新的教育模式，以市场需求为导向，致力于培养实用性和高素质的专业人才。在我国职业教育的发展中，现代产业学院具有重要的意义和广阔的发展前景。近年来，随着我国职业教育的不断发展，现代产业学院也逐渐得到了广泛的关注和推广，尤其是在一些经济发达的地区，如广东、江浙等地。现代产业学院的发展过程可分为以下几个特点：第一，联合创办。现代产业学院一般由企业、政府和职业院校共同创办，以确保教育和市场需求紧密结合。第二，课程改革。现代产业学院的课程设置以企业为导向，针对市场需求和职业发展，不同专业课程的设置比较齐全。第三，共建基地。现代产业学院重视实践能力的培养，校企共建较强的实训基地建设。第四，开拓市场。现代产业学院在开展教育培训的同时，积极开拓市场，与企业建立紧密的合作关系，提供人才培训服务，促进人才流动。第五，持续创新。现代产业学院在不断探索和尝试中，不断创新发展，不断提高教学质量和水平，为培养高素质专业人才做出了积极贡献。

国家在近年来陆续出台了多个文件和政策，旨在推进高等教育的现代化发展和产业转型升级。《教育部关于加快高等职业教育现代化发展的意见》（教职〔2019〕6号）文件提出，要发展高水平的现代职业教育，建设一批现代产业学院，加快推进高等职业教育现代化发展。《国务院办公厅关于加快推进产教融合深度发展的意见》（国办发〔2019〕47号）文件提出，要深化产教融合，探索建设"现代产业学院"，加强产学研合作，促进产业转型升级。《教育部关于加强高等教育服务乡村振兴工作的实施意见》（教职〔2019〕11号）文件提出，要加强高等教育服务乡村振兴，建设一批"现代农业产业学院"，培养适应农业现代化发展需要的人才。《中华人民共和国教育法（修订草案）》（2018年）明确，高等教育要服务国家经济社会发展需求，设置适应产业转型升级需要的专业和课程，建设现代产业学院等新型高职院校。这些文件和政策的出台，表明了国家对现代产业学院建设的重视和支持，为现代产业学院的发展提供了政策和制度保障。

国内现代产业学院有五个特点。第一，课程设置以企业为导向：以市场需求为依据，注重职业技能的培养，使学生能够更好地适应市场需求。第二，以实践教学为主：注重培养学生的实际操作能力和管理能力，使学生能够更好地适应企业的需要。第三，教学与产业紧密结合：通过与企业合作，提供定制化服务，让学生能够更好地了解企业的运作模式和市场需求。第四，师资力量雄厚：教师除了具备专业知识，还要具备实践经验和管理能力，为学生提供更好的学习环境和学习体验。第五，注重创新教学方法：通过多元化的教学形式，如案例教学、项目实践等，激发学生的学习兴趣，提高学生的学习效果。总体来看，现代产业学院以市场为导向，以企业需求为依据，重视实践教学，与产业紧密结合，雄厚的师资力量和创新的教学方法为学生提供更好的职业教育和实践机会，培养更多适应市场需求的高素质人才。

二、高职现代产业学院发展存在的问题

高职现代产业学院发展过程中也面临不少瓶颈和制约因素，存在的问题具体如下：

（一）与企业合作不深入

现代产业学院建设的目的是培养符合市场需求的高素质人才，但教育和产业统筹融合、良性互动格局尚未根本确立，校企协同、实践育人的人才培养模式尚未真正形成和落实，浅层次、自发式、松散型、低水平的合作状态仍然存在，有些学院与企业的合作不够深入，无法真正了解企业的需求，导致教学内容脱离实际。

（二）教学质量不够高

现代产业学院的教学质量需要保证，但企业参与学校人才培养的积极性不高，课程内容与职业标准、教学过程与生产过程仍存在脱节、存在"重理论、轻实践"等问题，有些学院缺乏专业师资和实践教学资源，导致教学质量不够高，学生的实际操作能力和管理能力无法得到充分提升。

（三）缺乏适合的考核方式

现代产业学院的特点是以企业为导向，但缺乏相适配的考核方式。传统的考

试、作业等方式无法完全满足现代产业学院学生的学习需求，现代产业学院的教学模式和课程设置更加注重实践和实际操作，而这些方面的学习成果往往难以通过传统的考试和书面作业来评估，它们都无法真正反映学生的综合素质和实际能力的不足之处，导致毕业生的就业竞争力不够强。

（四）专业设置不够完善

现代产业的发展非常迅速，现代产业学院需要根据市场需求和企业需求来设置专业，以适应市场和社会的需求，但是目前许多现代产业学院仍然采用传统的专业设置，缺乏前瞻性和创新性。有些学院的专业设置不够完善，无法满足市场需求，导致毕业生的就业前景不够明朗。

（五）缺乏有效的培训机制

现代产业发展非常迅速，需要不断更新知识和技能，因此，现代产业学院需要建立有效的培训机制，让学生在校期间能够得到更多的实践机会和培训机会，提高师生的专业素质和实践能力。但是目前多数产业学院缺乏有效的培训机制，无法真正提高学生的实际操作能力和管理能力。

（六）缺乏完善的质量保证机制

人才培养监控体系与科学评价作为一种对人才培养活动现实或潜在价值做出评价判断和质量保证的手段，在教学活动中发挥导向引导、鉴定预测、激励反馈和协同育人、质量保障的作用，是决定教学质量高低的重要因素。目前，现代产业学院人才培养质量保证体系尚不健全，政企校行协同共进、协同育人的发展格局尚未形成，影响人才培养质量。

三、现代产业学院质量保证体系建设策略

现代产业学院建设中存在的问题需要重视，需要加强与企业的合作，提高教学质量，建立适合的考核方式，完善学科设置，建立有效的培训机制，为培养符合市场需求的高素质人才提供更好的保障。广东省正处于产业结构转型升级时期，大力开展现代产业学院建设，培养适应智能制造、高端装备、新一代信息技术、现代服务业、数字创意、电子商务等产业的急需人才，是当前高职院校的主要任务，这有利于促进校企合作、协同育人共同发展，培养服务于区域经济结构调整、产业优化、产品更新换代所需要的高素质技术技能型人才和创新人才，培养大国工匠和能工巧匠；有利于进一步增强职业教育的吸引力，深化广东人才培养模式改革和创新，构建完善的现代职业教育体系；有利于加快建设实体经济、

科技创新、人力资源协同发展的产业体系，提升产业核心竞争力，汇聚发展新动能，对新时代高职院校完善质量保证体系建设具有重要的作用。现代产业学院质量保证体系建设策略如下：

（一）确立质量保证目标

现代产业学院需要明确教学目标和培养目标，确定质量保证体系的目标和标准，让学生得到符合市场需求的高素质教育和培养。确立现代产业学院质量目标需要做到五点。第一，制定现代产业学院的质量方针：明确学院的质量要求和目标，以及质量管理的基本原则和方法。第二，根据现代产业学院的发展战略和质量方针，制定符合实际的质量目标和指标：包括教学质量、科研成果、师资队伍、学生毕业质量等方面。第三，根据质量目标和指标，制订详细的行动计划，明确具体的实施措施、责任人和时间表，以确保质量目标的实现。第四，建立符合现代产业学院特点和实际情况的质量管理体系：包括组织结构、职责分工、流程规范、信息管理等方面，以保证质量管理的科学化和规范化。第五，定期对现代产业学院的质量目标和指标进行评估和改进，及时发现和解决问题，促进质量不断提升。确立现代产业学院质量目标需要综合考虑学院的实际情况和发展战略，同时注重质量管理的规范化和科学化，以不断提升学院的教育教学质量和科研水平。

（二）建立专业建设评价机制

现代产业学院需要建立专业建设评价机制，根据市场需求和企业需求来设置专业，完善学科建设，提高毕业生的就业前景。现代产业学院的专业建设评价机制可以从五个方面进行。第一，课程设置：评估学院开设的课程是否符合现代产业的发展趋势和需求，是否涵盖了必要的理论和实践知识，是否具有综合性和创新性。第二，师资队伍：评估教师的学术背景、教学经验和工作实践经验，以及是否具备授课能力和教育教学水平。第三，实践教学：评估学生在实践教学环节中的学习效果和实际能力提升情况，包括实习机会的提供、师资指导、实践内容等方面。第四，学生评价：学生对专业建设的满意度和评价意见，包括学生的学习体验、教学质量、就业前景等方面。第五，就业情况：评估学生毕业后的就业情况和就业竞争力，包括就业率、薪资水平和就业行业等方面。以上评价可以更好地了解现代产业学院的专业建设情况，为提高教学质量和培养高素质人才提供参考依据。

（三）建立课程评价机制

现代产业学院需要建立课程评估机制，对每门课程进行评估和改进，同时监督和评估教师的教学质量，保证教学质量达到标准。现代产业学院的课程评估是通过一系列的评价和分析方法，对学院的教学质量进行评估和改进，以进一步提高学院的教育教学水平和服务质量。现代产业学院课程评估的主要内容和方法包括：①对课程内容进行评估：包括内容的完整性、实用性、适应性、创新性等方面，以确保教学内容与学生的实际需求相符合。②对教学方法进行评估：包括教学方式、教学手段、教学资源等方面，以提高教学效果和学生学习兴趣。③对教学质量进行评估：包括教学水平、教学能力、教学态度等方面，以发现教学中存在的问题和不足，改进教学质量。④对学生的满意度进行评估：包括学生对课程内容、教学方法、教学质量、教学资源等方面的满意程度，以发现学生的需求和意见，改进教学服务质量。⑤对教学效果进行评估：包括学生的学习成果、学业成绩、学术成就等方面，以了解教学效果和学生学习情况，改进教学质量和服务质量，提高现代产业学院的教育教学水平和服务质量，更好地服务学生和社会。

（四）确定教师评价机制

现代产业学院需要提高教师的教学水平和专业素质，为学生提供更好的教学服务和指导。教师评价机制应该包括以下五个方面。一是教学质量评估：学院应该建立完善的教学质量评估体系，包括课程评估、学生评价、教学反馈等方式，评估教师的教学质量和效果。二是科研及社会服务评估：学院应该评估教师的学术研究成果，包括发表的论文、获得的科研经费、参加的学术会议等方面，以评估教师的学术水平、科研能力及社会服务能力。三是教学管理评估：学院应该评估教师的教学管理能力，包括教学计划制定、教学资料编写、教学管理和组织等方面。四是师德评估：学院应该评估教师的师德表现，包括教学态度、教学质量、学生评价、校园文化建设等方面，以评估教师的教育教学水平和师德水平。五是激励机制：学院应该建立激励机制，对表现优秀、成果突出的教师进行表彰和奖励，激发教师的工作积极性和创新能力，全面评估教师的教学能力、学术水平和师德表现，为教师的职业发展提供科学的依据和指导，促进学院的教学质量和发展。

（五）确定实践教学评价机制

现代产业学院需要加强实践教学，为学生提供更多的实践机会，培养学生的实际操作能力和管理能力，提高毕业生的就业竞争力。实践教学的评价应该包括五个方面。第一，学生的参与度：现代产业学院实践教学需要学生实地参与，对学生的主动性、创造力和合作能力提出要求，评价时需要考察学生的参与度，是否积极主动参与，是否能够与团队成员协作完成任务。第二，教师的指导能力：现代产业学院实践教学需要教师在现场指导学生，培养和提升学生的实践能力。评价时需要考察教师的指导能力，是否能够引导学生思考、解决问题，并给出有针对性的指导和建议。第三，教学内容的实用性：现代产业学院实践教学的内容应该与实际工作相结合，具有实用性和可操作性。评价时需要考察教学内容的实用性，是否能够帮助学生提升实际工作能力。第四，教学效果的评估：现代产业学院实践教学的教学效果需要进行定期评估，以检验教学目标的达成情况。评价时需要考察教学效果的评估方法和结果，是否能够客观反映学生的实践能力和应用水平的提升。第五，学生的反馈：现代产业学院实践教学需要关注学生的反馈意见，从学生的角度出发，掌握教学效果和教学改进的方向。评价时需要考察学生的反馈意见，是否能够反映教学的优点和不足，是否能够提供有价值的改进建议。

（六）确定考核评价机制

现代产业学院需要建立适合的考核机制，让学生的实际能力和综合素质得到充分考核和评估，同时建立毕业生就业调查和跟踪机制，了解毕业生就业情况，及时调整教学内容和培养目标。具体说来有五个方面。①制定明确的绩效考核标准，对教师、行政管理人员和其他工作人员进行考核评估，以评估他们的工作表现和贡献。②建立完善的教学质量评估体系，通过课程评估、学生评价、毕业生追踪调查等方式，评估教学质量和效果。③定期进行学生评价，了解学生对教学质量、师资力量、课程设置、实习教学等方面的评价和反馈，以便进行改进和优化。④建立完善的质量管理评估体系，对学院的各项管理工作进行评估，包括招生、教学管理、科研管理、师资队伍建设、实践教学、校企合作等方面。⑤对产业学院的经济效益进行评估，包括财务收支情况、资产管理、资源利用效率等方面，了解产业学院的经济状况和发展情况，为学院的管理和发展提供科学的依据和指导。

第四节　现代产业学院质量保证体系建设实践

现代产业学院是校企合作产教融合的抓手，为进一步推进现代产业学院建设工作，深化产教融合、校企合作，努力形成校企合作、协同育人、互利互助、服务产业、共同发展的长效机制，创新体制机制、管理制度和人才培养模式改革，建设具有鲜明特色的现代产业学院，不断提升人才培养质量，广州科技贸易职业学院依托开发区科学城产业学院建设，构建了多元主体参与、重"过程"和"发展"的现代产业学院人才培养质量监控评价机制，按照"需求导向、自我保证、多元诊断、重在改进"的工作方针，建立现代产业学院教学评价工作机制，以目标、成果、问题为导向，构建具有较强预警功能和激励作用的内部质量保证体系，实现现代产业学院教学管理水平和人才培养质量的持续提升。引导、激励高职院校在现代产业学院建设中积极改进质量管理，促进内涵建设，提升教学质量，为培育广东省、广州市经济社会发展和产业结构调整需要的高素质技术技能人才做出了不懈努力。

一、现代产业学院评价概况

以现代产业学院评价为抓手，促进校企合作体制机制创新、产教融合、人才培养、专业建设、课程建设、实践教学基地、师资队伍、产学研服务平台等方面建设，构建完整且相对独立的自我诊改机制和内部质量保证体系。在自我评价的基础上，形成现代产业学院年度建设情况、工作成效及创新点、存在问题及改进措施建议、下一阶段工作计划等的总结报告，并从产教融合、人才培养、师资队伍、产学研服务、创新创业、管理创新等方面形成典型案例。提升现代产业学院教育教学管理水平。强化学院人才培养工作数据及相关信息在现代产业学院建设诊改工作中的基础作用，进一步加强人才培养工作状态数据及相关信息管理系统的建设，完善预警功能，提升教学运行管理信息化水平，为开展人才培养模式改革和学院领导决策提供参考意见。现代产业学院评价坚持实施数据分析与实际调研相结合、标准与注重特色建设相结合、自主诊改与检查复核相结合的原则，根据现代产业学院建设标准要求，依据学院人才培养工作数据采集与管理平台的数据及相关信息，针对现代产业学院人才培养运行情况及效果定期组织自主诊改，并写入年度报告。

二、现代产业学院的评价内涵

现代产业学院与产业紧密联系，与地方政府、行业企业等多主体共建共管共享，扎实推进新工科建设再深化、再拓展、再突破、再出发，协调推进新工科与新农科、新医科、新文科融合发展，全面提高人才培养能力，培养适应和引领现代产业发展的高素质应用型、复合型、创新型人才；人才培养主要专业与区域产业发展具有高度契合性，相关专业已经列入"国家级一流专业"建设范围，具有相对优势；相关产业列入区域发展整体规划，参与的企业主体参考产教融合型企业相关要求，在区域产业链条中居主要地位，或在区域产业集群中居关键地位；具有相对稳定的高水平教学团队；相关企业主体参与的兼职教师人员，中、高级专业技术职务的人员数量不低于高职院校专职教师的数量；加强产教融合，实践教学学时不低于专业人才培养方案总学时的30%；具有相对丰富的教学资源；初步形成理念先进、顺畅运行的管理体系；学校能够提供相对集中、面积充足的物理空间，每年提供稳定的经费支持，用于人员聘任、日常运行；学校给予发展所需政策扶持。

（一）建设原则

1. 坚持育人为本

以立德树人为根本任务，以提高人才培养能力为核心，推动学校人才培养供给侧与产业需求侧紧密对接，培养符合产业高质量发展和创新需求的高素质人才。

2. 坚持服务产业

依托优势专业，科学定位人才培养目标，构建紧密对接产业链、创新链的专业体系，切实增强人才对经济高质量发展的适应性。突出学校科技创新和人才集聚优势，强化"产学研用"体系化设计，增强服务产业发展的支撑作用，推动经济转型升级、培育经济发展新动能。

3. 坚持产教融合

将人才培养、教师专业化发展、实训实习实践、学生创新创业、企业服务科技创新功能有机结合，促进产教融合、科教融合，打造集产、学、研、转、创、用于一体，互补、互利、互动、多赢的实体性人才培养创新平台。

4. 坚持创新发展

创新管理方式，充分发挥高职院校与地方政府、行业协会、企业机构等双方或多方办学主体作用，加强区域产业、教育、科技资源的统筹和部门之间的协调，推进共同建设、共同管理、共享资源，探索"校企联合""校园联合"等多种合作办学模式，实现现代产业学院可持续、内涵式创新发展。

（二）建设内容

1. 创新人才培养模式

面向产业转型发展和区域经济社会需求，以强化学生职业胜任力和持续发展能力为目标，以提高学生实践和创新能力为重点，深化产教深度融合、校企合作，创新人才培养方案、课程体系、方式方法、保障机制等。鼓励打破常规对课程体系进行大胆革新，探索构建符合人才培养定位的课程新体系和专业建设新标准。推进"引企入教"，推进启发式、探究式等教学方法改革和合作式、任务式、项目式、企业实操教学等培养模式综合改革，促进课程内容与技术发展衔接、教学过程与生产过程对接、人才培养与产业需求融合。协调推进多主体之间开放合作，整合多主体创新要素和资源，凝练产教深度融合、多方协同育人的应用型人才培养模式。

2. 提升专业建设质量

围绕国家和地方确定的重点发展领域，着力推进新工科与新农科、新医科、新文科融合发展，深化专业内涵建设，主动调整专业结构，着力打造特色优势专业，推动专业集群式发展。紧密对接产业链，实现多专业交叉复合，支撑同一产业链的若干关联专业快速发展；依据行业和产业发展前沿趋势，推动建设一批应用型本科新专业，探索本科专业创新发展的建设路径；推进与企业合作成立专业建设指导委员会，引入行业标准和企业资源积极开展国际实质等效的专业认证，促进专业认证与就业创业资格协调联动，提高专业建设标准化、国际化水平。

3. 开发校企合作课程

引导行业企业深度参与教材编制和课程建设，设计课程体系、优化课程结构。加快课程教学内容迭代，关注行业创新链条的动态发展，推动课程内容与行业标准、生产流程、项目开发等产业需求科学对接，建设一批高质量校企合作课程、教材和工程案例集。以行业企业技术革新项目为依托，紧密结合产业实际创新教学内容、方法、手段，增加综合型、设计性实践教学比重，把行业企业的真实项目、产品设计等作为毕业设计和课程设计等实践环节的选题来源。依据专业特点，使用真实生产线等环境开展浸润式实景、实操、实地教学，着力提升学生的动手实践能力，有效提高学生对产业的认知程度和解决复杂问题的能力。

4. 打造实习实训基地

基于行业企业的产品、技术和生产流程，创新多主体间的合作模式，构建基于产业发展和创新需求的实践教学和实训实习环境。统筹各类实践教学资源，充分利用科技产业园、行业龙头企业等优质资源，构建功能集约、开放共享、高效运行的专业类或跨专业类实践教学平台。通过引进企业研发平台、生产基地，建设一批兼具生产、教学、研发、创新创业功能的校企一体、产学研用协同的大型实验、实训实习基地。

5. 建设高水平教师队伍

依托现代产业学院，探索校企人才双向流动机制，设置灵活的人事制度，建立选聘行业协会、企业业务骨干、优秀技术和管理人才到高职院校任教的有效路径。探索实施产业教师（导师）特设岗位计划，完善产业兼职教师引进、认证与使用机制。加强教师培训，共建一批教师企业实践岗位，开展师资交流、研讨、培训等业务，将现代产业学院建设成"双师双能型"教师培养培训基地。开展校企导师联合授课、联合指导，推进教师激励制度探索，打造高水平教学团队。

6. 搭建产学研服务平台

鼓励高职院校和企业整合双方资源，建设联合实验室（研发中心），发挥学校人才与专业综合性优势，围绕产业技术创新关键问题开展协同创新，实现高职院校知识溢出直接服务区域经济社会发展，推动科学研究成果的转化和应用，促进产业转型升级。强化校企联合开展技术攻关、产品研发、成果转化、项目孵化等工作，共同完成教学科研任务，共享研究成果，产出一批科技创新成果，提升产业创新发展竞争力。大力推动科教融合，将研究成果及时引入教学过程，促进科研与人才培养积极互动，发挥产学研合作示范影响，提升服务产业能力。

7. 完善管理体制机制

强化高职院校、地方政府、行业协会、企业机构等多元主体协同，形成共建共管的组织架构，探索理事会、管委会等治理模式，赋予现代产业学院改革所需的人权、事权、财权，建设科学高效、保障有力的制度体系。充分考虑区域、行业、产业特点，结合高职院校自身禀赋特征，优化创新资源配置模式，增强"自我造血"能力，打造高职院校产教融合的示范区，实现教育链、创新链、产业链的深度融合。

三、现代产业学院质量评价标准

现代产业学院的评价体系包括发展定位、建设目标和思路、产教融合、建设情况、保障措施、建设成果六个一级指标。

发展定位观测点主要围绕区域产业对接及平台建设开展。

建设目标和思路观测点主要围绕是否符合国家战略、符合粤港澳大湾区重点产业领域及学校"十四五"规划等开展。

产教融合观测点分合作企业、运行条件、合作项目三个二级指标，主要围绕合作企业的准入门槛与要求、年接收学生情况、投入及设备等，产业学院运行机制、开展订单班、现代学徒制、学历提升、1＋X证书、课岗融合等。

建设情况观测点包括人才培养、专业建设、课程建设、实习实训基地、教师队伍、产学研服务平台、体制机制改革等七个二级指标，具体如下：

（1）人才培养观测点包括：人才培养专业与区域产业发展具有高度契合性；成立专业（群）指导委员会，开展专业调研、人才培养方案论证会；"1＋X"证书制度试点，专业实践教学情况；专业教育与创新创业教育融合成效；总结提炼出产教融合人才培养模式；现代学徒制、订单培养规模情况。

（2）专业建设观测点主要包括：服务区域产业及学校规划情况；对接国家标准，打造特色优势专业等。

（3）课程建设观测点主要包括：校企共建课程标准、教材、教学资源库，体现课岗融合、课程思政、信息化教学等。

（4）实习实训基地观测点主要包括：校企共建实训基地、培训中心、大师工作室等。

（5）教师队伍观测点主要包括：从结构、"双师"素质、企业兼职教师、专业领军人才等方面，促进"双师"队伍建设。

（6）产学研服务平台观测点主要包括：产学研合作平台、社会培训、到款额、技术研发等情况。

（7）体制机制改革观测点：积极探索混合所有制、董事会制、理事会制、管委会制等政校行企共建共管的管理模式。

保障措施包括：组织保障、经费保障、激励监督保障等方面情况。

建设成果包括：双证培养水平、学生技能竞赛、就业率与就业质量、双创能力培养水平、学生表彰、专业成效、影响力等情况；特别是就业率与就业质量中，强调"四高"，即就业率高、对口率高、起薪高、满意度高。

表6-1 现代产业学院质量评价标准

评价项目	评价要素	权重	评价观测点
发展定位(3分)	发展定位	3	①围绕国家战略性"双十"产业集群、乡村振兴等重点领域，与地方政府、园区、行业、企业等多元主体协同挂牌正式成立，正式运营半年以上； ②打造集产、学、研、转、创、用于一体，互补、互利、互动、多赢的实体性校企协同育人平台
建设目标和思路(3分)	建设目标和思路	3	①建设方案翔实，建设思路清晰，符合国家战略、粤港澳大湾区重点产业领域及学校"十四五"建设规划，体现学院特点和优势； ②建设目标具体明确可行，思路清晰，可操作性强
产教融合(18分)	合作企业	6	①合作企业在区域产业集群中影响较高，年接收实习学生10人及以上； ②合作企业支持专业建设有力度：近三年投入建设资金或捐赠设备软件等价值累计文科达到50万元，理工科达到100万元； ③校企合作开展项目产值年均10万元以上； ④专业校企合作基础好，每专业具有固定合作企业5家及以上，每家企业年接收实习学生5人及以上
	运行条件	6	①面向区域或行业组建产教联盟或委员会，初步形成顺畅的运行管理机制； ②提供面积充足的物理空间，每年提供稳定的经费，用于日常运行
	合作项目	6	合作企业为学生设置学习奖励金，或开展现代学徒制试点，或开展订单式培养，或开展学历提升培养，或开展课岗融合培养改革，或开展工匠之师培养、继续教育培训、"1+X"证书培训等
	人才培养	6	①人才培养专业与区域产业发展具有高度契合性，相关专业列入校级重点发展专业； ②校企合作成立专业（群）指导委员会，每年定期召开企业行业专家参与的人才培养方案论证会，定期开展专业调研，撰写专业调研报告；

（续上表）

评价项目	评价要素	权重	评价观测点
建设情况 （50分）	人才培养	6	③参与实施"1+X"证书制度试点，将职业技能等级证书有关内容及要求有机融入课程教学，专业实践教学学时不低于总学时的50%； ④促进专业教育与创新创业教育有机融合，增强学生的创新精神、创业意识和创新创业能力，双创教育成效明显，应届毕业生当年创业率达到5%以上； ⑤贯彻"入园建院，课岗融合"人才培养模式基础，总结、提炼出体现产教融合职教基本理念，并充分反映本专业（群）办学特色的人才培养模式； ⑥现代学徒制、订单培养在校生规模占比30%以上
	专业建设	8	①专业（群）建设符合国家战略、粤港澳大湾区、广州市产业发展需求，符合学院"十四五"建设规划发展重点要求；相关产业列入区域发展规划，合作企业在区域产业集群中占较好的地位； ②专业对接国家标准，主动调整专业结构，着力打造特色优势专业，推动专业集群式发展； ③专业（群）紧密对接产业链，实现多专业交叉复合，促进专业合作与共享； ④专业建设水平高，专业（群）获得市级及以上重点、品牌、骨干专业，或高水平专业（群）
	课程建设	12	①每年校企合作开发基于工作过程和职业岗位能力对接的课程标准5个以上； ②每年共建校企合作教材（活页式）教材5本及以上，经学校立项、以学校为第一主编单位正式出版教材2部及以上； ③课程建设符合国家职业（技能）标准、职业岗位任务需求和人才培养目标要求，体现"课岗融合"，及时反映产业升级新技术、新工艺、新规范，深入挖掘课程思政元素，有机融入劳动精神、劳模精神、工匠精神培养，建设校级以上课岗融合精品课程1门以上； ④推进启发式、探究式等教学方法改革和合作式、任务式、项目式、企业实操教学等培养模式综合改革，提高教学效果，每年获市级以上教学比赛奖项或教学改革、课堂革命案例等成果2项及以上； ⑤建立较高水平的网络化教学环境，建设3门校级及以上精品课程、教学资源库，访问量超10 000人次； ⑥教学模式与方法改革显著，课堂教学形态明显改善，信息技术手段广泛应用，专业核心课程教学学生满意度效果评价平均达到90分及以上

（续上表）

评价项目	评价要素	权重	评价观测点
建设情况 （50分）	实习实训基地	6	①校企共建并已投入教学使用的产教融合实训基地、培训中心、技能大师工作室、虚拟仿真实训中心、创新创业实训基地等项目3个及以上； ②实训场地布局和文化建设规范，充分展示专业特色、职业特点和专业建设成就，实训基地（中心）设备使用率达到70%以上； ③校内外实训基地在同类院校中影响较大，有市级以上实训基地1个及以上，并有较强的社会服务能力； ④校企协同建设产教融合型企业，并取得实质性成效，获得省级产教融合型企业立项
	教师队伍	6	①教师队伍结构合理，素质优良。高级职称比例≥30%，硕士比例≥60%，专业课中"双师"素质教师比例≥80%； ②有数量充足的兼职教师队伍，兼职教师来自对接产业中的优势企业，承担教学任务课时占专业课时的比例≥20%，建立产业学院教师工作坊，每年20%专职教师进入行业企业实践锻炼、培训； ③具有市级以上领军人才（或技能大师、教学团队、教学名师、优秀教师、骨干教师、科研能手）等； ④近三年教师团队参加教学能力等比赛获市级以上奖项，或有省级创新创业教育类项目，或结题省级以上科研项目、教改项目等累计达到5项/次及以上
	产学研服务平台	6	①获得省市级以上产学研合作服务平台1项及以上； ②每年承担社会培训不少于2 000人次，非学历培训到款额文科10万元、理工科20万元以上； ③横向应用技术研发服务到款额文科20万元、理工科40万元以上； ④开展应用技术研发、成果转让、职业培训、技术服务，服务精准扶贫、乡村振兴战略等获市级以上项目2项及以上； ⑤获专利授权项目10项及以上

（续上表）

评价项目	评价要素	权重	评价观测点
建设情况 （50分）	体制机制 改革	6	①创新产业学院协同创新的管理体制，积极探索混合所有制、董事会制、理事会制、管委会制等政校行企共建共管管理模式； ②面向产业积极组建职教集团、职教联盟等校企命运共同体，形成人才共育、过程共管、成果共享、责任共担的紧密型合作办学体制机制； ③建立有利于调动政校行企各方参与产业学院建设积极性的长效机制，形成校企双方专业人员互兼互派、双向挂职机制； ④积极引入国际化办学理念，建立与国（境）外合作办学，探索中、高、本贯通培养长效机制的建设； ⑤建立政校行企多方参与的产业学院质量保障机制，开展诊改与改进工作，推动产业学院高质量发展
保障措施 （6分）	组织保障	2	组建科学合理的建设及管理团队，责任明确，落实到人；形成校企共建共享平台，校企双方人员共同参与、分工合理
	经费保障	2	建设经费充足，合作企业支持建设力度大，建设资金使用科学合理规范
	激励监督 保障	2	制订激励措施，有效调动教师积极投身于产业学院建设；监督、检查、考核机制健全，执行有力，奖惩措施落实到位
建设成果 （20分）	双证培养 水平	2	毕业生取得基本符合专业面向的职业资格（技能等级）证书比例平均达到90%
	学生技能 竞赛	3	①承办市级以上职业技能大赛1项及以上； ②学生获职业技能大赛国家级1项及以上，或省级5项及以上（不包括组织奖）； ③学生获创新创业大赛省级奖项2项及以上（不包括组织奖）
	就业率与 就业质量	4	①学生就业率高，近3年初次就业率平均达到90%以上； ②毕业生就业对口率达到65%以上； ③学生就业平均起薪较高，超过学院平均水平； ④用人单位对该专业毕业生满意度评价达到80%

（续上表）

评价项目	评价要素	权重	评价观测点
建设成果（20分）	双创能力培养水平	2	①学生主持完成与该专业培养方向相关的创新创业类项目2项及以上； ②学生申请获得发明、实用新型、外观专利等国家知识产权1项及以上； ③学生以学校为署名单位公开发表论文或文艺作品1篇
	学生表彰	2	学生（团队）获省级部门表彰，或学生团队获典型案例累计3项及以上
	专业成效	4	专业获省级以上专业类、基地（平台）类、教师类、教育教学改革类、创新创业类、社会服务类、科技类等标志性成果5项以上
	影响力	3	①在全国性报刊、媒体、教育部官方网络（如高职高专网）等对人才培养模式改革、特色、成效等内涵建设宣传报道1篇及以上； ②在省市报刊和官方网络媒体等省级媒体对产业学院建设特色、成效等专业内涵建设宣传报道累计达到2篇次及以上； ③全国性产教融合学术会议上进行产业学院人才培养经验分享1次及以上

四、现代产业学院的诊改实施程序

（一）成立现代产业学院评价工作领导小组

学院成立现代产业学院评价工作领导小组，负责产业学院建设评价统筹工作。教务处负责产业学院的教学管理工作，校企合作办公室负责产业学院的校企合作管理工作，各二级学院负责产业学院的具体组织实施工作，产业学院负责人负责组织带领相关专业积极开展产业学院建设及自主诊改等工作，质量监控办公室负责产业学院的诊改复核工作。各产业学院应会同合作企业、试点专业及相关部门共同组织开展产业学院建设工作，从产业学院定位、产教融合、人才培养模式改革、专业建设、课程建设、实训基地建设、师资队伍、产学研服务平台、体制机制创新、保障措施等方面进行，并做好产业学院建设方案、诊改工作报告等，支持配合学校做好产业学院的诊断与改进，力争取得实效，全面提升产业学院建设质量。

（二）组建校内外评价队伍，创新评价方法

学校成立校级层面专职督导组，由校内优秀教育专家组成，同时从建设的产业学院中，聘请20余名行业企业专家进入学校督导队伍，构建校行企组成的督导队伍，校内专家具备较高的专业水平和评价能力，能够准确评估教学质量和学生综合能力。他们可以利用课堂观察、教学设计分析、学生作品评价等方式进行评价，行业企业专家具有较强的实践经验，可以从实践角度提供评价意见。他们可以对学生在实践环节的表现、实习成果等进行评价，帮助学院了解学生实践能力和就业竞争力。评价结果及时反馈给教师和学生，帮助他们了解自身的不足和改进方向，建立评价结果的管理机制，将评价结果与教学改进和质量保障相结合，评价体现出较好的育人性、整体性、过程性、发展性，推动学院教育教学的不断提升。

（三）强化教学督导职能，建立激励和问责机制

学校建立由校级督导（学校督导、行业企业督导）、二级督导和学生"助理督导"组成的三级督导队伍近300人，开展卓有成效的"督教、督学、督管、督导"，明确各项工作内容与职责，强化督导职能，通过教学质量诊改、教学质量月活动、教学督与导沙龙等活动，确保教学环节的有效衔接和协同，保证良好的教学秩序。建立激励和问责机制，激励优秀的教师，通过"教师职教能力测评""教学质量奖"和"我最满意教师"评选、教学满意度问卷调查等活动，树立榜样，激励师生，同时对教学质量较差的教师安排学习与帮扶，评价结果通过教学质量测评管理系统、教学督导周报等进行反馈，为二级学院诊改提供参考，实现"教师成长、学生受益"的目标。

（四）形成多主体参与的"六位一体"质量评价体系

建立多主体参与的质量评价体系可以增加评价的客观性和公正性，提高评价结果的可信度，在产业学院质量评价体系上，包括政府、学校、行业企业、教师、学生、第三方等多元主体，政府政策指导、学院自主保证、行业企业、教师、学生、社会第三方共同参与评价工作，确保评价的全面性和多维度性，评价标准的制定也应当充分考虑各利益相关者的需求和期望，建立起公开、透明、科学的评价标准体系，形成现代产业学院教学质量螺旋式提升、持续改进和预警机制。

（五）校行企共制标准共同评价，提升培养质量

校行企建立密切的合作机制，共同制定现代产业学院质量评价标准，促进互动和合作，评价标准的制定紧密联系实际需求，既考虑了学校教育的目标和要求，也考虑了企业用人需求，通过与企业对接、行业调研等方式，明确企业对毕业生的期望和要求，据此制定出符合实际需求的评价标准，其中人才培养标准涵盖了学生的专业知识、实践能力、创新能力、团队合作能力等，通过多维度的评价，全面了解学生的综合素质和能力水平。通过校行企共同制定评价标准并进行评价，有效提升培养质量，同时，学校可以根据评价结果进行教学改进，企业可以更好地了解毕业生的能力和素质，从而更有效地招聘和培养人才，这种合作机制将有助于搭建学校和企业之间的桥梁，促进教育与就业的衔接。

（六）建立质量评价系统，推进评价工作信息化

建立质量评价系统，依据指标分解设定控制点，使现代产业学院诊断有翔实有效的数据支撑，通过大数据测评分析与数据挖掘进行质量测评，将结果实时反馈给相应的二级学院，学校和教师可以根据评价结果，及时调整和改进产业学院教学内容和方式，提高教学质量。通过质量评价系统，可以将评价工作信息化，提高评价工作的效率和准确性。学校和企业可以更好地了解学生的学习情况和能力水平，从而更有针对性地进行培养和就业安排，也可以促进学校和企业之间的合作和交流，共同提高培养质量。

（七）更新职教理念，提升职教能力

产业学院评价引导，促进教师的职教理念更新和职教能力提升。评价帮助教师了解自己教学优势和改进点，及时调整教学方法和内容，引入新的教育理念和教学技术，提高教学质量和效果；评价注重学生的实践能力培养，通过实习、实训和项目等实践活动的评价，促进学生的实践能力发展，帮助学生了解自己在实践中的表现，从而提高实践能力；此外，评价也为学校提供参考，优化教育资源配置，促进产学合作，提高教育质量和竞争力，帮助学生更好地就业。近年来，教师教学能力、学生专业能力、职业素养、创新创业意识、就业竞争力大幅提升，师生参加技能竞赛每年获奖上百项，毕业生就业率超98%，居全省高职院校前列，受到省市高度认可。

第七章

产教融合下专业评价体系构建

高职院校是以专业为基础构建起来的技术技能型人才培养机构，学校功能的发挥都与专业建设有关。抓好专业建设，就可以把高素质技术技能型人才培养、课程建设、师资队伍建设、实训基地建设、教材建设、资源库建设、教学科研和提升服务社会能力等工作带动起来，从而提高学校的综合竞争实力和社会地位，全面提高学校人才培养质量。高职院校通过针对专业建设开展的诊改工作，可以理清专业建设工作思路，明确专业建设目标，找准专业定位，突出专业特色，为深入开展专业建设打下坚实的基础，实现高职院校内涵建设的可持续发展。

第一节　产教融合下的专业评价概况

产教融合的背景下，专业评价也在不断发展。初期阶段：注重知识技能传授，评价方式简单，主要通过考试、论文等来评价学生的成绩和能力。转型期阶段：课程设置逐步调整，注重专业实践和实际应用能力的培养，评价方式开始多元化，除考试和论文外，开始引入实践性考核、毕业论文、实习报告等评价方式。产教融合阶段：专业评价开始与企业需求紧密结合，注重培养学生的实际应用能力和创新能力，评价方式进一步多元化，如通过企业项目实践、模拟企业运营、创新创业比赛等方式来评价学生的能力。目前，产教融合下的专业评价已经成为高教教育改革的重要方向之一，评价方式更加广泛化，除了考试和论文外，还有实践性考核、毕业论文、实习报告、企业项目实践、模拟企业运营、创新创业比赛等。评价标准更加贴合企业需求，专业评价与企业需求紧密结合。评价机制更加完善，如引入专家评审、同行评议等方式来提高专业评价的客观性和公正性。评价结果更加综合化，除了学生的成绩和能力外，还包括学生对企业文化的适应程度、团队合作能力、创新能力等方面的综合评价。产教融合下的专业评价从简单的成绩评价转向更加综合和多元化的评价，并且已经开始与企业需求紧密结合，为学生的职业发展提供了更加有力的支撑。

产教融合下的专业评价要更多地关注行业需求和市场需求，注重实践教学、实验教学、实训基地建设等方面的评估，具体来说包括五个方面。第一，对接行业需求。针对所属行业的技能要求和发展趋势，对专业的课程设置、教学方法、实训基地等进行评估，确保专业的学科内容和教学质量与行业需求相匹配。第二，注重实践（验）教学评价。关注实践教学环节的教学质量和效果，评估实践教学环节的设计是否符合市场需求，是否能够有效提高学生的实际操作能力和实践能力。评估实验室设备、仪器的配置情况，教师的实验技能、实验教学方法和实验教学效果等，保障实验教学的质量和效果。第三，注重实训基地评价。评估实训基地的建设和管理情况是否符合市场需求，是否足够满足学生的实践需求等，保证学生能够在实训基地中获得真实的职业环境和经验。第四，注重学生评价。关注学生对专业教学和实践教学的评价和反馈，及时发现问题和改进方案。第五，注重行业企业认可。通过行业企业认可、职业资格认证等方式，验证专业的教学质量和实践能力，为学生就业提供权威的保证。在产教融合的背景下，专业评价需要更加注重实践教学和实践能力的提升，更加紧密地与行业联系，以确保专业的学科内容和教学质量符合市场需求，为学生顺利就业提供支持。

第二节　德美英日专业评价概况及启示

一、德国的专业评价

（一）发展概况

德国对专业的评价基于职业资格认证和职业发展计划的体系。德国政府和企业建立了职业资格认证制度，通过考试或其他方式检验职业技能和知识，从而发放合法的职业证书，这是德国评价专业能力的重要方式。德国的专业评价非常注重客观性、科学性和公正性，评价标准严格，评价过程透明，评价结果具有权威性和公信力，得到了国际上的高度认可，为全球专业评价提供了重要的借鉴和参考。

德国的专业评价发展历程可以追溯到19世纪末。19世纪末到20世纪前半叶，德国政府开始实行普及教育，并建立了职业培训机构，从而促进了专业评价的发展。同时，随着工业化的发展，德国经济快速增长，专业评价也得到了更多的重视。德国学者开始研究职业评价的理论和实践，提出了一些基本原则和方法。如职业评价应该以工作为基础，根据工作的特点和要求，确定评价标准和方法；对不同的工作进行分析和描述，了解工作的性质和要求，为评价工作提供基础；确定工作的价值和评价标准，包括工作的难度、重要性、技能要求等方面；根据工作的价值和评价标准，对工作进行评价和比较，确定工作的价值和重要性。应用于职业教育和指导领域，为学生和求职者提供更好的职业规划和就业服务等。这些原则和方法为其他国家在职业评价方面的发展提供了很好的借鉴。

"二战"后到 20 世纪末，随着德国经济的快速增长，专业评价得到了更多的重视。德国政府和企业开始建立起专业评价体系，并制定了相应的评价标准和方法，包括：职业资格认证制度，通过认证可以获得有关职业的资格证书，证明自己具备相应的技能和知识，帮助求职者更好地适应市场需求；工资等级制度，根据职业的不同、工作的技能要求和员工的技能等级，确定相应的工资等级和薪酬水平；职业发展和培训计划，为员工提供职业晋升和培训机会，帮助他们不断提升自己的技能和知识水平，适应市场需求；职业评价方法和工具，建立一系列职业评价方法和工具，包括工作分析、工作评价、职业能力测试等，帮助企业和政府更好地了解员工的能力和潜力，为职业发展和培训提供基础，这些体系为德国的职业教育和就业服务提供了基础，也为其他国家在这一领域的发展提供了很好的借鉴，标志着德国的职业教育日趋完善，为专业评价提供了更多的人才和专业知识。

进入 21 世纪，随着信息技术和数字化的不断发展，德国的专业评价也开始数字化。一些专业评价机构和网站开发了在线专业评价工具，这些工具通常包括职业能力测试、职业兴趣测试、职业规划建议等。开始使用数据分析和人工智能技术，对职业能力和需求进行深入分析，提供更精准的职业建议和规划。建立了在线职业培训平台，为用户提供职业技能和知识的学习和培训，通常包括在线课程、职业指导、实践项目等。这些数字化的专业评价方法和工具，方便人们进行专业评价和资格认证。

（二）特点与启示

德国的专业评价具有四个特点。第一，德国的专业评价体系非常完善，包括职业技能等级、职业能力证书、职业资格证书等多种形式。这些评价体系与德国的职业教育体系相互衔接，为职业发展提供了有效的支持。第二，德国的专业评价标准非常高，要求考生在技能、知识和工作经验等方面达到一定水平，才能获得相应的职业资格证书。这使得德国的职业人才素质很高，也使得企业更加重视职业资格证书。第三，德国的专业评价考试非常严格，要求考生在实践操作、理论知识等方面都达到一定的水平。这种严格的考试标准可以保证获得职业资格证书的人员具有实际工作能力和专业技能。第四，德国的专业评价与职业发展紧密相连，评价的结果会被用于职业发展的指导，帮助职业人员更好地规划自己的职业发展路径。总的来说，德国的专业评价体系为职业发展提供了非常有力的支持，使得德国的职业人才素质和职业技能非常高。

德国的专业评价对我国的启示有四点。第一，建立职业资格认定制度：德国的职业资格认定制度非常完善，能够有效地促进职业发展。我国可建立类似的职业资格认定制度，为职业人才的发展提供更加有力的支持。第二，提高职业评价标准：德国的职业评价标准非常高，能够确保获得相应职业资格证书的人员具有实际工作能力和专业技能。我国可提高专业评价标准，使得职业资格证书具有更高的含金量，获得社会认可。第三，建立职业教育与职业评价相结合的体系：德国的职业教育和职业评价体系相互衔接，能够有效地提升职业人才素质。我国可建立类似的职业教育与专业评价相结合的体系，为职业人才的培养和发展提供更好的保障。第四，加强职业评价服务意识：德国的职业评价服务意识非常强，能够为职业人才提供更加精准和有效的职业评价服务。我国应加强专业评价服务意识，提高专业评价服务的质量和水平，为职业人才的发展提供更好的保障。

二、美国的专业评价

（一）发展概况

美国的专业评价通常由教育机构、专业协会、认证机构或行业组织进行。这些评价机构和程序旨在衡量个人在特定领域的专业知识、技能和能力，并为学生、从业人员或专业人士提供反馈和指导。专业评价发展经历了从零散、分散到逐步完善和现代化的过程，可分为以下几个阶段：

1. 初期阶段

美国最初的专业评价主要集中在学术领域，如大学教育和研究，重点是评估学生的学术成绩、知识和研究能力。19 世纪初期，美国出现了一些职业组织，如医生、律师、工程师等职业的组织，这些组织开始制定职业准则和道德规范，建立职业资格认证制度，以保证职业人员的专业素质和行业地位。这些职业组织和认证制度成为美国专业评价的开端。

2. 发展阶段

20 世纪初期，随着不同领域的专业化和职业化，美国开始出现大量的职业组织和认证机构，提出特定职业的资格要求和认证制度，覆盖各个行业，同时，行业之间开始出现交叉认证，即不同行业之间相互认可。这些制度确保了从业人员具备特定领域的专业知识和技能，增强了雇主和公众对从业人员的信任。

3. 现代化阶段

20 世纪 60 年代以后，随着经济的发展和人才需求的变化，美国的职业评价和职业评价体系进一步完善，出现了更加严格的职业资格认证机构，如美国注册会计师协会、美国律师协会等，各行业也有专业协会和认证机构等。这些机构通常由行业内的专业人士组成，负责开发和管理专业评价标准和程序，制订严格的专业化职业标准和认证标准，评估从业人员的专业能力，并颁发认证证书。

4. 多元化阶段

21 世纪以来，随着美国社会的多元化和职业领域的扩展，美国的专业评价和专业评价体系也开始向多元化方向发展。例如，因对终身学习和职业发展的需求不断增加，社会上出现了更多的职业评价机构和工具，旨在帮助个人了解自己的职业兴趣、能力和发展需求，并提供相关职业规划和培训资源。

美国的专业评价和专业评价体系比较完善，可以有效地提高职业人员的素质和竞争力，为职业发展和企业发展提供有力支持。①学术评价体系：大学和高中使用学术评价体系来衡量学生在学术领域的知识、技能和能力，包括考试、作业、研究项目和论文等，常见的学术评价体系包括标准化考试（如 SAT 和 ACT）、作业和课堂参与，可以为学生发展深造提供参考。②行业认证体系：许多行业有专门的认证机构，负责评估从业人员的专业能力和资格。这些认证机构通过考试、培训和经验要求来评估从业人员的知识、技能和经验。如医学领域有美国医学会认证委员会（American Board of Medical Specialties）用于医生的专业认证，此外还有工程师认证、IT 专业认证、项目管理专业认证等。③职业资格认证：一些职业领域有特定的资格认证，旨在衡量从业人员在特定职业领域的专业知识和技能。这些认证通常由行业协会或组织颁发，如项目管理领域的项目管理专业人士（PMP）认证、会计领域的注册会计师（CPA）认证，医学、建筑、金融认证等。④学校和教育机构认证：学院和大学通过接受认证机构的评估来证明他们符合一定的教育标准和质量要求，这些认证机构包括高等教育认证委员会（Higher Learning Commission）和教育部认可的其他机构。⑤职业发展评价：个人可以使用各种评估工具和资源来了解自己的职业兴趣、技能和发展需求，包括职业兴趣测验、能力评估和职业规划指导等。专业评价体系旨在提供客观、可衡量和可比较的方法来评估个人在特定领域的专业能力和资格，以便做出准确的决策。不同的行业和职业可能具有不同的评价标准和程序，因此具体的评价体系可能会有所不同。

（二）特点与启示

美国的专业评价有五大特点。第一，多元化的评价方式：随着美国社会的多元化和职业领域的扩展，美国的专业评价也开始向多元化方向发展。例如，出现了针对特定人群的职业认证、跨行业认证等。这种多元化可以更好地满足不同群体和行业的需求。第二，个性化的评价标准：美国高校注重个性化评价，考虑学生的背景和特点，确定适合其发展的评价标准。鼓励学生在课外活动中发掘自己的潜力和兴趣，并提供相应的资源和支持。第三，注重职业发展：美国高校重视学生的职业发展，鼓励学生进行职业规划，并提供相应的职业咨询和支持。例如，学校可以提供职业规划和辅导服务，帮助学生了解职业市场和行业趋势，制订个人职业发展计划。第四，严格性和专业化：美国的专业评价标准一般比较严格和专业化，要求职业人员具备一定的知识、技能和经验，并通过一定的考试或实践验证。这种严格性可以保证职业人员的专业素质和行业地位，也有助于提高整个行业的水平，同时，专业评价一般由专门的职业组织或认证机构来负责，这些机构通常由行业内的专业人士组成，具有较高的专业素质和行业经验。这种专业化的评价机制可以确保评价的公正性和客观性；第五，监管性：美国政府对专业评价采取一定的监管措施，例如制定相应的法律法规、设立专门的部门进行监管和管理等，以保证职业评价的合法性和规范性。

美国的专业评价对我国有五点启示。①注重职业发展和就业：美国高校专业评价中注重学生的职业发展和就业情况。我国也应该关注学生的职业发展，为学生提供职业规划和辅导服务，帮助学生了解职业市场和行业趋势，制订个人职业发展计划，提高学生的职业素养和综合素质，同时也需要建立相关的评价机制，引导学生树立正确的职业道德观。②加强专业化评价机构建设：美国的专业评价机构由行业内的专业人士组成，这种机构能够更好地保障评价的公正性和客观性。我国也需要进一步加强评价机构建设，提高机构的专业性和权威性，以保证职业评价的质量和可信度。③推广多元化评价：美国的专业评价开始向多元化方向发展，不仅考虑学术和标准化，还注重综合素质和个性化评价，我国可以借鉴这种评价方式，从各个方面评估学生的能力和潜力，使评价更加全面和客观，推广多元化的评价机制，可以适应不同群体和行业的需求。④加强政府监管：美国政府对专业评价采取一定的监管措施，可以保证职业评价的合法性和规范性。我国也需从政府层面加强专业评价的监管，制定相关的法律法规，建立相应的监管机构和管理机制，以保证专业评价的合法性和质量。⑤推广自愿性评价制度：美国的专业评价一般是自愿性的，这种评价制度可以更好地保障职业人员的自由选择和职业发展。我国也可加强评价的自愿性，让职业人员更有主动性和参与感。

三、英国的专业评价

（一）发展概况

英国的专业评价发展经历了多个阶段和变化，涵盖了各个行业和领域，评价的目的是确保个人在特定职业领域的专业能力和资格得到认可，以促进职业发展和提高行业标准。评价标准和程序根据不同的行业和领域而异，但都致力于提供客观、可衡量和可比较的评估结果。

英国的专业评价发展历程可以追溯到 19 世纪末和 20 世纪初，经历了以下几个发展阶段，共同促进了英国专业评价体系的健全和发展。

1. 行业协会的兴起

19 世纪末，英国开始出现一些行业协会，旨在确保从业人员在特定行业领域的专业能力和资格。这些行业协会在当时扮演了认证机构的角色，通过考试和经验要求来评估从业人员的能力，如英国皇家化学会（Royal Society of Chemistry）成立于 1841 年，通过考试和专业实践考核认证化学专业人士。

2. 职业教育体系的建立

20 世纪初，英国开始建立职业教育体系，以培养和评估学生在特定职业领域的技能和能力。这些职业教育机构和学校提供了专门的课程和培训，以满足不同行业的需求，如工程技术学院（Institution of Engineering and Technology）成立于 1871 年，致力于培养和评估工程技术人员的专业能力。

3. 高等教育质量保证的发展

在 20 世纪后半叶，英国的高等教育质量保证体系逐渐建立起来。英国各地区的高等教育质量保证机构负责评估和认证学校和大学的教学质量、学术标准和学生支持，如英格兰的高等教育质量保证机构是英国高等教育质量保证署（Quality Assurance Agency for Higher Education，简称 QAA）。

4. 职业资质和行业认证的推动

在 20 世纪后半叶以及至今，行业协会和专业机构逐渐成为评估和认证从业人员专业能力的重要机构。这些机构通过考试、培训和经验要求来评估个人的知识、技能和经验，如英国建筑师注册局（Architects Registration Board）负责建筑师的注册和评估，英国律师公会（Bar Council）和律师协会（Law Society）负责律师的认证等。

英国的专业评价体系涵盖学历教育、职业资格、行业协会和专业机构的认证、实习和培训计划以及高等教育质量保证等多个方面，旨在确保个人在特定职业领域的专业能力和资格得到认可，以提高行业标准和促进职业发展。①学历教育：英国的专业评价体系与学历教育密切相关，学生可以通过参加特定学科的本科或研究生课程来获得相关学历，这些课程旨在培养学生在特定领域的专业知识和技能。②职业资格：英国的职业资格是指通过考试和其他评估机制来证明个人在特定职业领域的专业能力和资格。职业资格的获得通常需要一定的工作经验，同时还可能需要参加培训课程和通过专业考试。③行业协会和专业机构的认证：英国的行业协会和专业机构通常负责评估和认证个人在特定行业领域的专业能力和资格。这些机构会设立一系列的考试和评估要求，来衡量个人的知识、技能和经验。④实习和培训计划：为了培养学生和从业人员在特定职业领域的实践经验，英国的专业评价体系还包括实习和培训计划，旨在提供实际工作机会，让学生和从业人员在真实工作环境中应用他们的专业知识和技能。⑤高等教育质量保证：英国的高等教育质量保证机构负责评估和认证学校和大学的教学质量、学术标准和学生支持，通过审核学校的课程设置、教学质量和学生支持措施，确保学生在高等教育机构获得的学位和专业资格得到认可。

（二）特点与启示

英国的专业评价体系具有五个特点。第一，多样性：英国的专业评价体系涵盖各个职业领域，个人可以选择适合自己的评价路径，包括职业资格考试、学历认证、实习和培训计划等。这种多样性和灵活性使得评价体系更加适应不同个人需求和职业发展路径。第二，质量保证：英国的专业评价体系主要由 QAA 负责实施和监督，该机构建立了一套严格的评估标准和程序，监督和评估高校的教学质量和学生学习体验。评估和认证高校教学质量、学生的学历认证和职业资格等都要经过严格的审核和监管，确保评价的公正性、准确性和权威性，使学生获得的学位和专业资格具有权威性和认可度，有效保证质量。第三，行业导向：英国的专业评价体系与行业协会紧密结合。行业协会和专业机构对个人的专业能力和资格进行认证，确保个人达到行业标准，并且能够在特定领域发展和从事相关工作，在社会上得到广泛认可和应用。第四，职业发展：英国的专业评价体系鼓励职业发展。个人可以通过参加进修课程、接受培训和参与专业发展活动来不断提升自己的专业能力和知识水平，职业资格的更新和再认证也是评价体系的一部分，确保个人与行业发展保持同步。第五，国际认可：英国的专业评价体系在国际上具有很高的认可度，获得英国的职业资格认证或学位认证的个人可以在国际上得到广泛的承认和接受，并且有更多机会在国际职场中工作和发展，评价体系也为个人提供了更多的机会和灵活性，可以在不同国家之间转移和发展职业。

英国的专业评价体系对我国有六点启示。①灵活多元的评价：英国的评价体系提供了多种评价路径，适应不同个人和职业发展需求。这种灵活多元的评价值得我国借鉴，我们可以在评价体系中引入更多评价方式，如职业技能考核、实践能力评估、实习和培训计划、职业素养评估、360 度评价等，更全面地评估个人职业能力和表现，满足不同人群的需求。②权威的评价机构：英国的专业评价体系主要由 QAA 负责实施和监督，QAA 建立了一套严格的评估标准和程序，有效保证了评价的公正性、准确性和可靠性。我国的专业评价标准和程序由于缺乏统一性和规范性，影响了评价结果的认可度，我们可借鉴英国的经验，建立专门的评价机构，加强监管，确保专业评价体系的质量和权威性。③行业企业紧密结合：英国的专业评价体系构建与行业协会紧密结合，有效保证了评价结果与行业标准的匹配度，我国可加强教育部门与行业协会的结合度，制定行业企业认可的专业评价标准和要求，确保学生获得的证书得到社会行业企业广泛认可，能够在特定领域发展和从事相关工作。④强调独立性：英国的专业评价机构通常是独立的第三方机构，与被评价的个人和学校没有利益关系。这种独立性可以保证评价的客观性和公正性。这一点我国也可借鉴。⑤强调职业导向：英国的专业评价体系鼓励个人持续学习和职业发展，旨在帮助个人规划和发展职业生涯，提供多样化的学习和发展机会，我国的专业评价也应关注个人职业规划和发展，评价结果应对个人职业发展有指导作用。⑥强调国际认可：英国的专业评价体系在国际上得到了广泛认可和应用，我国的专业评价也应该与国际接轨，加强与其他国家和地区的合作，借鉴国际认可的机制和标准，提高我国的专业评价体系在国际上的认可度，为个人提供更多的国际发展机会。

四、日本的专业评价

（一）发展概况

日本的专业评价历程经历了多个阶段，从职业技能评价、职业资格认证到企业内部的工作效果评价，形成了完整的专业评价体系，为日本的经济和社会发展提供了重要的支持和保障。日本的专业评价发展历程可以追溯到战后重建时期，随着工业化进程的加速和经济的快速发展，日本越来越需要具备一定职业技能的劳动力。在此背景下，日本开始建立职业技能评价和职业资格认证制度，并逐步形成了完整的专业评价体系。1949 年，日本制定了《职业技能评价法》，规定了职业技能的评价和认证方法，建立了职业技能评价的制度。1950 年，日本制定了《职业资格法》，规定了职业资格的认证和管理机制，建立了职业资格认证制度。随着时间的推移，为了更好地适应经济和社会的变化，职业资格认证的种类不断增加，涵盖了越来越多的职业和行业。在企业层面，日本的企业普遍实行终身雇用制，员工的职业发展和职位晋升主要依靠工作经验和表现。为了更加客观地评估员工的工作表现，企业开始采用各种方法对员工进行工作效果评价，例如360 度反馈评价、目标管理评价等。

日本的专业评价主要包括四个方面。第一，职业技能评价：日本通过职业技能评价来评估个人的职业技能和能力，以确保职业技能的水平和质量。职业技能评价的方法包括考试和实践测试。第二，职业资格认证：日本的职业资格认证制度非常发达，各种职业资格认证的种类很多，涵盖了各行各业。职业资格认证在日本被普遍认为是证明个人职业能力和技能的有效途径。第三，工作效果评价：在日本，企业通常会定期对员工的工作效果进行评价，以便对员工的职业能力和表现进行评估。这种评价主要基于员工所在的职位和工作职责，以及工作成果和贡献。第四，教育评价：日本的教育评价主要通过教育系统内部的考试和评估来实现，以衡量学生的学业水平和能力。此外，校外的教育机构也会对学生进行各种形式的教育评价。日本的专业评价体系发达，通过多种评价方式和方法来评估个人的职业能力和表现，为个人的职业发展提供了有效的支持。

（二）特点与启示

日本的专业评价具有以下特点：第一，职业资格认证制度完善：日本的职业资格认证涵盖了各行各业，包括医疗、工程、建筑、财务、法律等领域。职业资格认证被视为衡量个人职业能力和技能的有效途径。第二，日本企业普遍采用工作效果评价来评估员工的工作表现和能力。工作效果评价的方法包括 360 度评价、目标管理评价等，旨在提高员工的职业素质和能力，促进企业的发展。第三，日本的职业技能评价注重实践操作，评价方法包括考试和实践测试。这种评价方式能够更加客观地评估个人的职业技能，使评价的结果更加科学可靠。第四，日本的教育评价非常严格，通常采用标准化考试和评估，以确保评价结果的公正和客观。同时，学生的学业成绩也被广泛用于职业发展和职位晋升的评估。第五，职业发展和职位晋升主要基于个人的能力和表现，而非学历和资历。这种基于能力的职业发展模式促进了个人的职业发展和企业的发展，使得整个社会更加公平和公正。日本的专业评价体系为日本的经济和社会发展提供了重要的支持和保障。

日本的专业评价体系对我国的启示主要有五点。第一，加强职业资格认证制度建设：我国的职业资格认证制度相对薄弱，需要进一步发展和完善。应通过建立专业化、严格的职业资格认证制度，促进职业素质的提高，提高人才竞争力和市场竞争力。第二，推广工作效果评价制度：我国可以借鉴日本的工作效果评价制度，加强对员工的绩效管理和能力提升。在实践中，可以采用多种评价方法，如360度评价、目标管理评价等，建立科学、公正、有效的绩效评价体系。第三，强化职业技能评价：我国的职业技能评价需要进一步加强，注重实践操作，建立科学、客观的评价体系，以提高职业素质和能力。第四，推广标准化考试和评估：我国的教育评价可以借鉴日本的标准化考试和评估，以确保评价结果的公正和客观。同时，可以加强对学生的职业素质和能力的评价和培养，以满足市场的需求和人才的发展。第五，倡导基于能力的职业发展：我国的职业发展模式可以借鉴日本基于能力的模式，促进个人能力的提升和职业发展。可以通过建立公平、公正的评价机制，支持人才的自主创新和创业。日本的专业评价体系对我国的职业教育和人才培养具有重要的参考价值，我国需要不断加强和完善专业评价，通过建立科学、公正、有效的评价体系，更好地支持我国的经济和社会发展。

第三节　产教融合下的专业评价策略

一、产教融合下的专业评价现状

随着产教融合的深入发展，专业评价也逐渐成为关注的焦点。目前，针对不同的专业领域，评价方法和指标存在差异，但总体来说，专业评价已经从传统的课程设置、师资力量等硬性指标，向学生综合素质、能力培养、职业发展等软性指标转变。在产教融合的背景下，专业评价需要学校和企业共同合作，更加注重学生的实践能力和职业素养，制定更加科学、合理的评价体系，以提高学生的综合能力和就业竞争力。专业评价主要包含三个方面。第一，学生综合素质评价。学生的综合素质评价已经成为专业评价的关键内容之一，包括学术能力、团队协作能力、创新能力、领导力等方面，这些能力的培养不仅需要学校的教育，也需要企业的实践锤炼。第二，实践能力培养评价。传统的专业评价主要关注学生的知识掌握情况，而在产教融合的背景下，专业评价需要更加注重学生的技术技能、实践能力培养情况。这需要学校和企业共同合作，根据实际需求来制订能力培养计划，并通过实践活动和项目实施等方式进行培养和评价。第三，职业发展评价。专业评价的目的是提高学生的就业竞争力，在产教融合的背景下，专业评价需要更加注重学生的职业发展情况，评价的指标包括学生就业率、就业质量、薪酬水平等方面，这些指标需要学校和企业共同合作来进行评价。

产教融合下的专业评价虽然在不断发展和完善，但仍面临着一些问题，需要在评价标准、评价方式、评价机制等方面进行进一步改进和完善，以更好地服务于学生和企业的需求。具体问题体现在：

1. 评价标准不够精细化和量化

目前专业评价标准还存在不够精细化、量化的问题，评价标准与企业需求不够贴合，也无法真正反映学生的实际能力和水平。同时，由于不同专业的特点和需求不同，评价指标也存在差异。这导致了评价指标的多样性，缺乏统一性和可比性，难以实现跨专业的综合评价。

2. 评价内容难以全面覆盖

产教融合的背景下，评价内容需要更加关注学生的实践能力和职业素养。然而，实践能力和职业素养是一个较为广泛和复杂的概念，评价内容难以覆盖所有方面，同时，学生的实践能力和职业素养往往难以量化和客观评价，评价结果可能会因为主观因素而出现偏差。

3. 评价方式不够科学化和公开化

评价方式还存在科学化和公开化不足的问题，评价机制不够公正，评价结果的真实性和客观性难以保证。

4. 评价结果的反馈及应用性不够强

评价结果的反馈和改进机制不完善，学校和企业之间的沟通合作不够充分，评价结果很难得到及时的反馈和改进，同时，专业评价结果虽然可以为学生提供一定的参考，但是对于企业的招聘、学生的职业发展等方面的应用性还不够强。

5. 评价效果不够显著

虽然专业评价已经成为产教融合下的重要方向之一，但是在实际实施中，还存在一些学校和企业对其重视程度不够的问题。专业评价结果对教学效果的提升还没有达到预期的效果，需要更加有效的评价方式和机制来提高评价的教学效果。

产教融合下的专业评价存在的这些弊端，需要学校和企业共同努力克服，建立更加科学、合理、客观的评价体系，以提高评价的准确性和实效性。

二、产教融合下的专业评价策略

在产教融合的背景下，专业评价策略需要充分考虑不同主体之间的需求和利益，建立科学、合理、先进的评价体系，以促进学生的全面发展和职业素养的提升。专业评价需要从贴合产业需求、强化实践环节、多元化评价方式、加强学校和企业的合作、鼓励学生的自我评价和互评等方面进行考虑，以确保评价结果能够对学生的职业发展产生积极的影响。具体如下：

1. 契合产业需求构建评价标准

产业是产教融合的核心，专业评价必须与产业需求相匹配。为了实现不同专业之间的可比性，需要建立统一的评价标准。这些标准应该基于岗位要求，充分考虑企业和行业的需求，并与学生的学习过程和实践活动相衔接，以确保学生毕业后能够满足企业的用人需求。

2. 重视实践环节的评价

实践环节是产教融合的核心，对于学生的职业素养和实践能力的培养有着至关重要的作用。产教融合的重点是培养学生的实践能力，因此对于专业评价来说，实践环节需要被更加重视，学生的实践表现应该被充分考虑，建立实践环节的评价标准和流程体系，实践环节的评价标准和流程应该与课程教学相衔接，以确保学生能够在实践中得到有效的指导和培养，确保评价结果的客观性和准确性。

3. 引入多样化的评价方式

在产教融合的背景下，不同企业和不同岗位的需求各异，因此评价方式也应该更多元化，除了传统的笔试和口试等方式，还应该引入多样化的评价方法和工具，如面试、实践考核、项目展示、企业实习等，这样可以更好地考察学生的综合能力和职业素养，提高评价的全面性、准确性和实效性。

4. 加强学校和企业之间的沟通和协作

在评价过程中，学校和企业是产教融合的两个重要主体，学校和企业之间的合作十分重要，学校需要了解企业的人才需求和岗位要求，企业也需要协助学校制订评价标准和流程。学校和企业应该定期进行沟通和协作，共同商讨评价策略和标准，制订实践教学计划，并定期进行评价结果的反馈和改进，以确保评价结果能够对学生的职业发展产生积极的影响。

5. 鼓励学生自主评价和互评

学生自主评价和互评是一种有效的评价方式，可以鼓励学生对自己的学习和实践过程进行反思和总结，更好地认识自己、发掘自身潜力，并增进学生之间的交流和合作，提高评价的参与度和准确度，促进学生的全面发展和职业素养的提升。

第四节　产教融合下的专业评价实践

2015 年教育部印发了《关于建立职业院校教学工作诊断与改进制度的通知》和《高等职业院校内部质量保障体系诊断与改进指导方案》，明确要求所有独立设置的高职院校发挥办学主体作用，主动履行质量保证职责，建立常态化的内部质量保证体系和可持续的诊断与改进工作制度。专业建设是高职院校内涵建设的核心，是办学定位与事业发展的重要基础，广州科技贸易职业学院在大力实施产教融合的背景下，积极开展自我诊改的工作试点，适应我国当前高职教育发展新形势和新任务的要求。

一、专业评价的必要性

专业是高职院校培养学生的各个专门领域，是完成人才培养基本的、相对独立的单位。专业建设是高职院校内涵建设的核心，也是一个系统工程。它既包括了专业设置、课程开发、课程体系、师资队伍建设和实训基地建设等各方面的要素，又包括了教科研与服务社会等要素。专业建设的水平既决定了高职院校人才培养的水平，也是高等学院整体办学的基础和办学水平的具体反映，开展专业评价有助于专业建设水平的逐步提升。

作为一所高职院校，人才培养模式是专业内涵建设的重点，课程体系是专业内涵建设的灵魂，师资队伍建设是内涵建设的核心内容，实训基地建设是内涵建设的基础，质量评价是内涵建设的检验标准。因此，在学院内部开展专业评价及诊改工作，将有利于学院积极开展教育教学改革，加强建设，整合资源，扬长避短，发挥办学优势，实施绩效考核，推动专业建设走内涵式发展的道路。

开展高职院校诊改为强化管理、完善质量监控和保障体系提供了新举措，通过开展专业评价及诊改试点，将有效控制各专业人才培养过程的主要环节，及时发现薄弱环节，改进存在的不足，从而带动其他方面的建设，提高学院质量保障体系的整体水平。

二、产教融合下的专业评价内容

(一) 产教融合下的专业评价指标体系建立原则

1. 贴近产业需求

专业评价指标体系应以贴近产业发展、市场和用人单位的需求为原则，围绕产业需求和人才需求建立评价标准和指标，以提高毕业生的就业竞争力和适应能力。以培养符合产业需求的高素质人才为目标，重点评价专业人才在产业中的地位和作用，指标要考虑企业对人才的需求和要求，包括行业前沿技术、职业素养等。

2. 适应教育改革

建立评价指标体系应适应教育教学改革，注重对学生实践能力和创新能力的考核，包括实践教学、实习实训、毕业设计等方面。重点考核学生是否具备创新能力、团队协作能力、实际应用能力和解决实际问题的能力，评价指标应能全面反映学生在这些方面能力的表现和发展情况。

3. 教育教学质量

教育教学质量是专业评价的基础。专业评价指标体系应该引入教育教学质量评价的元素，如教师教学质量、教学资源质量、课程设置合理性等。应设置符合实际需求的教育教学质量指标，如教学水平、教学方法、教学资源等。在评价教育教学质量时，应该采用可靠、科学的评价方法，如学生评估、教师评估、专家评估等，以确保评价结果的客观性和准确性。应将教育教学质量评价与产教融合目标相结合，以确保教育教学质量对于产教融合的支撑和贡献。

4. 多元化评价

评价主体多元化，不仅应该考虑学校和教师的评价，也应该将用人单位和社会的评价纳入考虑范畴。评价方式多样化，除了传统的笔试、面试等方式外，可以采用实践考核、项目考核等方式，充分考虑学生的实际能力和实践经验。评价内容多样化，除了学科知识、技能等内容外，也应该考虑学生的创新能力、团队协作能力、沟通能力等综合素质，以全面反映学生的实际表现。评价数据多样化，除了定量数据外，也应该考查学生的实际工作表现、社会贡献等，以便全面、客观地评价学生的综合素质和能力。

5. 社会影响

评价指标应考虑国家对专业发展的政策及要求，考虑专业对社会的影响和贡献，包括就业率、创业率、社会声誉等。考虑毕业生在专业领域以外的社会贡献，如扶贫济困等，以增强毕业生的社会责任感。考虑毕业生是否具备职业道德，如诚实守信、遵守规章制度、保护知识产权等，以保障毕业生的职业道德。考虑毕业生是否具备正确的社会价值观，如人文关怀、公正正义、民族团结等，以提高毕业生的社会影响力。

6. 科学性和可操作性

评价指标体系应科学可行，包括评价指标的权重、评价方式、评价标准等方面，评价应公开透明，评价结果应及时反馈给学生和企业，保证评价公正性和客观性。评价指标应该具有可操作性，即要具体、准确、清晰地描述毕业生的专业能力和职业素养，避免抽象、模糊、难以理解的评价指标。评价指标的操作过程需要简单易行，方便教师和用人单位进行评价，避免烦琐、耗时的操作流程。

7. 持续改进

建立评价指标体系持续改进机制，根据产业需求和教育教学改革的要求不断调整和优化评价指标，以适应不断变化的产业需求和学生素质提升的要求。建立监测和评估机制，评估结果可以反映评价指标的科学性、准确性和实用性。根据监测和评估结果，对评价指标体系进行更新和优化，使评价指标能够更好地反映市场和行业的需求，同时也能够提高评价指标的可操作性和实用性，建立反馈和改进机制，收集和汇总反馈意见，对评价指标进行及时改进和调整，更好地适应市场和行业变化的需要。

综上所述，建立产教融合下的专业评价指标体系应贴近产业需求、适应教育改革、多元化评价、考虑社会影响、科学可行和持续改进，建立科学完善的评价指标体系，按照国家教育部文件精神，坚持"需求导向、自我保证、多元诊断、重在改进"的原则，通过专业诊改试点，使各专业从实际出发，明确专业定位和建设目标，掌握本专业在人才培养、师资队伍、办学条件、教科研、专业建设和社会服务等方面的成绩与不足，提出诊改意见，以便专业建设承担者改进专业建设状况，通过改革与创新，提高专业人才培养的质量，增强人才培养的针对性、适应性和有效性。

（二）产教融合下的专业评价指标体系的构成

学校专业建设诊改指标体系，共由专业定位和人才培养、专业规划及人才培养方案、教学基本条件、教学改革与管理、专业建设绩效5个一级指标，以及专业定位与发展思路、人才培养模式、专业建设规划与实施、人才培养方案、专业带头人（负责人）、教学团队素质与水平、实践教学条件、经费投入、教材与图书资料、课程体系与教学内容改革、教学方法与手段改革等18个二级指标和51个诊断点组成。诊断要素和诊断点围绕相关专业的教育活动规律和特点设计，具有简单易操作的特点。

1. 专业定位和人才培养

主要分为专业定位与发展思路、人才培养模式两方面。专业定位与发展思路包括是否能及时跟踪市场需求变化和产业结构调整专业设置并准确定位；专业在省内同类专业的排位及发展情况；行业企业参与专业建设情况，产教融合、校企合作共建专业机制或平台情况等。人才培养主要考察专业定位是否准确，人才培养质量标准是否明确具体、可检测、可实现，符合国家规定和社会需要，是否符合产教融合的理念，能主动适应经济、社会发展需要，形成行业企业参与的校企合作办学体制机制。

2. 专业规划及人才培养方案

主要分为专业建设规划与实施、人才培养方案两方面。专业建设规划与实施主要包括专业建设规划制定情况，专业建设分期目标是否明确、思路清晰、措施得力，是否被认定为院级及省市级特色专业，或国家重点建设专业，是否能够每年对专业建设规划进行不断优化和实施。人才培养方案主要包括培养目标是否定位准确，对应的职业岗位（群）明确，素质、知识、能力结构是否合理；人才培养规格是否明确，形成了理论与实践相结合的课程体系；人才培养方案是否有相关行业企业专家参与，社会调研和方案论证是否充分，审批程序是否严密。

3. 教学基本条件

教学基本条件包括专业带头人（负责人）、教学团队素质与水平、实践教学条件、经费投入、教材与图书资料等方面。专业带头人（负责人）主要考查专业带头人的素质，是否从事本专业教学5年以上，是否获得教师系列高级职称或具有技师职业资格或非教师系列中级技术职称执业资格条件，是否经常参加行业企业的相关活动，企业研修经历不低于1年；是否参加国家级或国外师资培训，主持或参与省级以上教学改革课题、省级科研课题，或有与专业相关的论文在中文核心期刊等以上刊物发表。

教学团队素质与水平主要考察兼职教师与专任专业教师比例是否在1∶1以上，以及考察专任教师学历结构、博士比例、高级职称比例、双师素质教师比例、兼职教师比例、教学效果、学术梯队，以及承担专业课时比例等情况。

实践教学条件主要考察专业是否与行业企业紧密结合，体现产教融合；是否建立真实（仿真）的职业氛围、设备先进、软硬配套的实训基地并且利用率高；是否建有运行良好并有保障机制的校外实训基地，实习、实训效果好；校外实习基地是否有5个以上，有协议、有计划，行业企业实习指导人员数量、素质、结构满足学生顶岗实训要求。

经费投入主要考察专业日常教学经费是否能够充分保证正常教学，专业建设与教学改革经费是否充足，能否满足专业建设的需要，成效显著。

教材与图书资料主要考察是否主编国家规划教材或省级优秀教材，具有高职特色的高质量校本教材及自编特色教材；是否优先选用能满足高等职业教育培养目标要求的规划教材，是否选用近三年出版的高职高专教材≥60%；图书资料经费、场地是否有保证，管理制度是否规范、开放充分、利用率高、数量充足、种类较全，能否满足专业教学的需要，能否充分利用教学资源库。

4. 教学改革与管理

教学改革与管理主要包括课程体系与教学内容改革、教学方法与手段改革、实践教学及管理、教研教改成果、产教研结合、教学管理。

课程体系与教学内容改革考察是否重构教学内容、课程体系，构建理论实践一体化，与职业资格标准、行业规范相融合的专业课程体系。课程标准（含顶岗实习课程标准）、技能标准等是否科学规范，教改成果是否突出，教师是否认同，学生如何评价，是否经多数教师推广应用。

教学方法与手段改革主要考察是否注重因材施教，是否恰当地处理传授知识和培养能力的关系，是否突出学生的主体作用；是否合理运用现代信息技术等手段改善教学效果；是否进行考核环节改革，考核是否注重学生学习能力、知识掌握、实践能力等。

实践教学及管理主要考察是否有完备的实践教学体系并有效实施；是否建立较完善的实践教学质量监控体系，教学督导、学生评教、教师评教和教师评学活动的质量监控是否成效显著；是否坚持每年进行一次社会需求调研、毕业生跟踪调查和新生素质调研，是否能通过对所获信息进行系统分析以促进专业结构调整和培养方案的优化。

教研教改成果主要考察专业是否积极开展教改研究和集体教研活动，教研组成员参与度比例；是否制订专业教研工作计划，是否主持或参与市级以上教研和科研项目情况。

　　产教研结合主要考察专业是否形成完善的以行业、企业为依托的产教融合、校企合作长效机制，是否以社会需求为导向，专业是否主动为行业企业服务，是否建立行业企业积极参与专业人才培养的校企合作办专业的体制机制且成效显著；在技术研究、开发、推广、社会服务和面向社会开展培训等方面是否有良好的成果或效益。

　　教学管理主要考察专业管理组织结构是否合理，是否有改革创新意识和教育管理研究成果；管理规章制度是否健全、严谨，是否执行严格，是否积极采用现代管理技术。教学运行档案是否完整、规范、齐备；是否都参加专业诊断与改进的相关工作与培训，是否组织实施自我专业诊改工作，效果是否显著。

　　5. 专业建设绩效

　　专业建设绩效主要观测点包括职业能力与职业素质培养、毕业生就业与社会声誉、专业影响力与服务社会情况。

　　职业能力与职业素质培养主要考查学生职业关键能力评价、毕业生中级工及以上职业资格证书获取率、高级工证书获取率；毕业生英语、计算机等级考试通过率；学生技能竞赛参赛率、获奖率情况等。

　　毕业生就业与社会声誉主要考察专业是否建立完善的多元人才培养质量评价制度，是否每年开展毕业生人才培养质量跟踪调研。近三年录取新生报到率是否居省内同类专业领先水平；近两年毕业生就业率是否≥90%，对口就业率是否≥80%，用人单位对毕业生综合评价的称职率是否≥90%，优良率是否≥80%。

　　专业影响力与服务社会情况主要考察专业的教学基础设施条件、实训基地条件，与社会联系情况；是否建设精品课程、精品教材，通过丰富课程资源、拓展课程模式、建设教学团队，以保障课程质量；教师是否主持省级科技研究或大型技术服务项目，是否承担企业技术改造、应用技术研发等横向课题，是否开展技术服务、科技推广、培训等活动。

（三）产教融合下的专业评价标准

表7-1　产教融合下的专业评价标准

评价项目	评价要素	评价内容	影响参考因素
专业定位和人才培养	专业定位与发展思路	能及时跟踪市场需求变化和产业结构调整专业设置并准确定位	专业定位是否准确，毕业生质量标准是否明确具体、可检测、可实现，符合国家规定和社会需要；是否符合产教融合的理念，是否能主动适应经济、社会发展需要，形成行业企业参与的校企合作办学体制机制
		本专业定位，在省内同类专业的排位及发展情况	
		行业企业参与专业建设情况，产教融合、校企合作共建专业机制（或平台）情况	
	人才培养模式	人才培养模式及特点	是否创新人才培养模式，特色鲜明；是否有效基于产教融合、校企合作平台，是否顺利实施人才培养方案
		基于产教融合、校企合作平台及实施情况	
专业规划及人才培养方案	专业建设规划与实施	专业规划符合区域经济及学校发展实际并具有可行性	是否制定了专业建设规划，专业建设分期目标是否明确、思路清晰、措施得力；是否被认定为院级及省市级特色专业或国家重点建设专业，是否能够每年对专业建设规划进行不断优化和实施
		规划实施情况良好，不断优化	
	人才培养方案	专业人才培养方案规范、科学、先进并不断优化	培养目标是否定位准确，对应的职业岗位（群）是否明确，素质、知识、能力结构是否合理；人才培养规格是否明确，是否形成理论与实践相结合的课程体系；人才培养方案是否有相关行业企业专家参与，社会调研和方案论证是否充分，审批程序是否严密
		人才培养规格与目标	
		专业标准与保障措施	

（续上表）

评价项目	评价要素	评价内容	影响参考因素
教学基本条件	专业带头人（负责人）	专业带头人具有高级职称和专业水平	是否具有本科学历，是否从事本专业教学5年以上，是否获得教师系列高级职称或技师职业资格或非教师系列中级技术职称执业资格；是否经常参加行业企业的相关活动，企业研修经历不低于1年；是否参加国家级或国外师资培训，是否主持或参与省级以上教学改革课题、省级科研课题，或有与专业相关的论文在中文核心期刊等以上刊物发表
		具有3年以上行业、企业工作经历	
		社会任职情况，具有一定的社会影响力	
	教学团队素质与水平	专兼结合教师队伍数量足够，年龄、学历结构是否合理	兼职教师与专任专业教师比例是否在1:1以上；专任专业教师是否均为本科及以上学历，其中40岁以下教师具有研究生学历、硕士及以上学位（不含在读）的比例是否≥25%。研究生学历或硕士及以上学位比例是否≥35%；高级职称比例是否≥30%；"双师"素质教师是否≥80%。兼职教师是否≥20%；是否教学效果好，形成了较好的教师学术梯队，承担专业课时比例≥20%（顶岗实习除外）
		具有"双师"素质教师、具有行业企业生产一线工作经历的教师、具有高级职称的教师和硕士及以上学位的教师比例	
		企业兼职教师管理及兼课情况	
	实践教学条件	体现产教融合理念，专业与行业企业紧密结合	是否体现产教融合理念，专业是否与行业企业紧密结合；是否建立真实（仿真）的职业氛围、设备先进、软硬配套的实训基地，是否利用率高；是否建有运行良好并有保障机制的校外实训基地，是否实习、实训效果好；校外实习基地是否有5个以上，是否有协议、有计划，行业企业实习指导人员数量、素质、结构是否满足学生顶岗实训要求
		校内实训基地充分满足教学需要，运行状态良好	
		校外实习基地满足学生专业实训和半年顶岗实习需要	

（续上表）

评价项目	评价要素	评价内容	影响参考因素
教学基本条件	经费投入	日常教学经费能充分保证正常教学	日常教学经费是否能够充分保证正常教学；教学经费是否全部用于专业建设与教学改革；能否满足专业建设的需要，成效显著
		每年投入足够的专业建设与专业教学改革专项经费	
		能满足专业建设的需要	
	教材与图书资料	与行业企业共同开发教材，包括实训教材、自编教材（含讲义）等	是否主编国家规划教材或省级优秀教材，是否具有高职特色的高质量的校本教材及自编特色教材；是否优先选用能满足高等职业教育培养目标要求的规划教材，选用近三年出版的高职高专教材面是否≥60%；图书资料经费、场地是否有保证，管理制度是否规范、开放充分、利用率高、数量充足且种类较全，能否满足专业教学的需要；能否充分利用教学资源库
		教材选用情况	
		专业图书资料充足，能充分利用优质教学资源和网络信息资源建设面向学生和校外、资源共享的专业教学资源库	
教学改革与管理	课程体系与教学内容改革	产教融合、校企共建开发课程体系和改革教学内容，成效良好	是否重构教学内容、课程体系，是否构建理论实践一体化，与职业资格标准、行业规范相融合的专业课程体系；课程标准（含顶岗实习课程标准）、技能标准等是否科学规范，重新整合或新开发的课程是否在5门以上；教改成果是否突出，教师是否认同，学生如何评价，是否经多数教师推广应用
		课程标准具备科学性、先进性、规范性与完备性，教学基本要求规范	
		对教学模式的改革产生明显的推进作用和示范作用	
	教学方法与手段改革	有效开展教学设计，教学手段灵活多样	是否注重因材施教，是否恰当地处理传授知识和培养能力的关系，是否突出学生的主体作用；是否合理运用现代信息技术等手段改善教学效果；是否采取多种形式检查学生的学习能力与学习效果，是否积极进行考试方法改革和探索，是否有一套较完整的、能检查教学目标实现程度的考核办法
		充分利用现代信息技术，重视优质教学资源和网络信息资源的利用	
		积极推行形成性评价，探讨教学考核方式方法的改革	

（续上表）

评价项目	评价要素	评价内容	影响参考因素
教学改革与管理	实践教学及管理	实践教学体系科学可行、有效；实践教学、校内生产性实训教学的达成度	是否有完备的实践教学体系并有效实施；实践教学运行档案是否完整、规范、齐备；是否建立较完善的教学质量监控体系，教学督导、学生评教、教师评教和教师评学活动的质量监控是否成效显著；是否坚持每年进行一次社会需求调研、毕业生跟踪调查和新生素质调研，是否能通过对所获信息进行系统分析，促进专业结构调整和培养方案的优化
		实践教学环节管理落实到位，制度措施具有可行性和可操作性	
		实践教学环节的质量监控和考核评价可行、合理、有效	
	教研教改成果	积极开展教学改革研究和集体教研活动	是否每学期开展 5 次教改研究和集体教研活动且教研组成员参与度 80% 以上；是否制订专业教研工作计划，人均主持或参与市级以上教研和科研项目是否超过平均数
		有院级以上教研教改课题；近三年获院级（含）以上教学成果奖情况	
	产教研结合	形成以行业企业为依托的产教融合、校企合作长效机制	是否形成完善的以行业、企业为依托的产教融合、校企合作长效机制，是否形成了以社会需求为导向，专业是否主动为行业企业服务、是否建立行业企业积极参与专业人才培养的校企合作办专业的体制机制且成效显著；在技术研究、开发、推广、社会服务和面向社会开展培训等方面是否有良好的成果或效益
		专业教师紧密联系企业、为社会服务的激励制度完善，主动为行业企业和社会服务，成果或效益如何	
		积极为社会和企业开展培训及继续教育，成效如何	
	教学管理	教学管理制度完善，管理规范	管理组织结构是否合理，是否有改革创新意识和教育管理研究成果；管理规章制度是否健全、严谨，执行严格，是否积极采用现代管理技术；教学运行档案是否完整、规范、齐备；每次是否都参加专业诊断与改进的相关工作与培训，是否组织实施自我专业诊改工作且效果显著
		专业教学档案资料齐全	
		积极参加外部专业诊断（或评估、认证）；外部诊断结论得到有效应用；诊改成效显著，自我诊改起到良好促进作用	

（续上表）

评价项目	评价要素	评价内容	影响参考因素
专业建设绩效	职业能力与职业素质培养	学生具有良好的职业素养，毕业生取得相应的职业技能等级证书的比例高	学生职业关键能力评价结果是否良好，毕业生中级工及以上职业资格证书获取率是否≥98%，其中80%以上的学生获得高级工证书；毕业生高职高专英语应用能力统考合格率是否≥98%；毕业生计算机等级考试通过率是否≥98%；是否开展院级（市级）技能大赛，学生参赛率是否≥80%；学生在省级以上教育或行业部门组织的技能大赛等竞赛中是否获得二等奖及以上奖项
		设置技能大赛专项资金，开展院级职业技能大赛	
		学生参加社会实践、科技文化活动和职业技能竞赛及获奖情况	
	毕业生就业与社会声誉	建立多元人才培养质量评价制度，开展毕业生人才培养质量跟踪调研	是否建立完善的多元人才培养质量评价制度，是否每年开展毕业生人才培养质量跟踪调研；近三年录取新生报到率是否居省内同类专业领先水平；近两年毕业生当年年底平均就业率是否≥90%，对口就业率是否≥80%，近两年用人单位对毕业生综合评价的称职率是否≥90%，优良率是否≥80%
		近三年录取新生平均报到率，毕业生就业率、对口率，平均起薪与全省高职院校同类专业相比的情况	
		毕业生社会声誉、用人单位满意度持续提高	
	专业影响力与服务社会情况	品牌重点特色专业建设情况	专业的教学基础设施条件是否良好，是否有设施先进的实训基地且与社会联系广泛，社会声誉高；是否建设精品教材，是否通过丰富课程资源、拓展课程模式、建设教学团队以保障课程质量；教师是否主持省级科技研究或大型技术服务项目，承担企业技术改造、应用技术研发等横向课题，是否每年参加技术服务或科技推广活动5次以上，是否每年培训500人次以上，创收6万元以上
		精品课程、精品教材、教学团队（名师）、示范基地、教育教学成果奖等情况	
		社会影响力与服务社会情况	

三、开展专业诊改工作程序

专业评价一般以 2~3 年为一个周期，共分 4 个阶段进行。

第一阶段，专业自我诊断并填报数据平台，编写专业诊改报告。专业按照评价指标体系，采用数据收集、文件分析、统计分析、原因分析等方法开展数据与信息分析，填写相关数据，并编写专业诊改自评报告。

第二阶段，学院收集相关平台的数据，审核相关材料。学校在各专业填报数据的基础上，收集相关数据和信息，审核各专业自评报告，确认数据无误。

第三阶段，组织校内外专家现场考察并形成评价结果。聘请校内外专家进行现场考察及评审，形成评价结果，并反馈诊断与改进意见和建议。

第四阶段，学院根据评价结果和诊改意见，制订改进计划，实施改进措施，及时调整专业建设的重点和发展思路，并建立持续改进机制，确保问题解决后不再出现，并不断寻找和解决新的问题，以提高专业建设质量和效率。

四、开展专业诊改工作注意事项

（1）确定诊改的目标和范围，明确要解决的问题是什么，包括诊断和改进的业务流程、系统等，避免过分扩大诊断和改进的范围，导致难以实施和控制。

（2）收集数据和信息时，要尽量准确和全面，采用多种收集数据和信息的方法，如访谈、问卷调查、观察、文件分析等，确保收集到的数据和信息具有代表性和可靠性。

（3）分析数据和信息时，要采用科学的方法进行分析，包括统计分析、过程分析、根本原因分析等，避免主观臆断和片面性，同时考虑多种因素的影响，以便寻找问题的根本原因。

（4）根据诊断结果，制订具体的改进计划，包括定义实施步骤时间表、指标等，要充分考虑实施步骤、时间表、资源和风险等，确保计划的可行性和有效性。

（5）实施改进措施时，要确保配合力度和沟通协调，确保计划的顺利实施。要实时监控进展情况，采用科学的方法进行评估，比较改进前后的指标和结果，以确定改进效果是否达到预期目标，确保实施效果。

（6）持续改进时，要建立持续改进机制，确保问题解决后不再出现，同时不断寻找和解决新的问题，以提高专业建设质量和效率。

第八章

产教融合下课程评价体系构建

职业教育培养的人才要满足行业企业的发展对人才的需求，紧跟行业企业发展的变化要求，进行高职专业课程改革就显得尤为重要，课程作为集中体现和反映教育思想、教育观念和教育内容的载体，是实现专业人才培养目标的关键和重点，课程教学是实现培养目标和规格最主要、最基本的途径。随着产业的不断转型升级，行业企业的发展对于人才规格的要求也随之发生改变，深化产教融合，促进高职院校直面行业企业发展对人才的需求变化，是高职专业课程改革的源头与核心，也是实现产教融合的落脚点。通过改革高职专业课程，不断提高高职院校的人才培养质量，从而为实现行业企业的进一步发展提供人力资源保障。在产教融合的背景下，课程评价是课程建设中的重要环节，需要考虑企业和行业对毕业生的需求，学校和企业共同参与评价过程，采用多种评价方法，评价结果应用于课程设计的改进，以提高人才培养质量。

第一节　产教融合下的高职课程评价概况

一、产教融合下的课程评价概况

产教融合是产业和教育相互融合，发挥各自的优势，共同实现人才培养和产业发展的有机结合，高职课程是针对高等职业教育培养目标和市场需求开设的具有强烈职业性和实践性的课程，产教融合与现代高职课程有着紧密的关系。具体来说，产教融合的核心是将产业需求融入教育中，高职课程要根据市场需求和行业发展来设置，以实现产业需求和课程设置的有机结合。产教融合的一个重要特点是实践教学与产业合作的有机结合，高职课程也要注重实践教学的设置，培养学生具备实际应用能力和职业素养。产教融合的目标是为市场提供有足够能力和素养的人才，而高职课程的目标也是培养具备职业能力和市场竞争力的应用型人才，二者目标一致。产教融合的理念和实践能够有效地促进高职课程的发展和优化，而高职课程的设置和实践教学也是产教融合的具体实践，两者相互促进，形成良性循环，对于高等职业教育的发展和人才培养具有重要意义。

课程评价的发展经历了从单一性到多元化，再到全面化的过程，可以分为三个阶段。第一阶段：单一性课程评价时期。在这个阶段，课程评价主要关注单一课程的教学效果和学生的学习成果，其评价方法主要是考试和考查，缺乏对实践环节的考核。第二阶段：多元化课程评价时期。随着产教融合理念的逐渐深入人心，课程评价开始关注整体的课程质量和学生的综合能力，课程评价方法也逐渐多元化，包括考试、考查、课程设计、实习报告等。第三阶段：全面化课程评价时期。在这个阶段，课程评价不仅要关注课程的内涵和外延，还要关注课程所涵盖的领域和行业的需求，评价方法也更为全面和多元化，包括问卷调查、专家评审、就业调查等。总之，在产教融合的理念下，课程评价已经从单纯的考试和考查向更为全面、多元化的方向发展，旨在更好地培养学生的实践能力和职业素养，以满足市场需求。

二、产教融合下的课程评价内涵

产教融合下，课程评价的重点不仅仅是知识的掌握程度，更重要的是职业能力和实际应用能力的培养情况。包括职业能力评价、实践能力评价、综合素质评价、产业适应能力评价等方面。职业能力评价主要是评价学生在课程学习中所获得的与职业相关的知识、技能和能力的程度，如沟通能力、团队协作能力、领导力、创新能力等。实践能力评价主要评价学生在实践环节中所展现出的应用能力和实际操作技能的程度，如项目管理、实验操作、实习等。综合素质评价主要评价学生的综合素质，包括自主学习能力、思维能力、社会责任感等方面的发展情况。产业适应能力评价主要评价学生在产业中的适应性和应用性，包括对产业发展趋势的了解、对职业发展的规划能力等。产教融合下的课程评价不仅关注学生的学习成绩和知识掌握情况，更注重学生的职业能力和实际应用能力的培养和提升。

产教融合下的课程评价体系的构建主要体现在以下五个方面。第一，产业对课程的需求。产业发展是课程设计和评价的重要参考，评价体系需要考虑产业对课程的需求，反映在评价指标和标准上，以确保课程的实际应用性和适应性。第二，教育目标的定位。课程评价体系应该基于教育目标，使评价体系与教育目标相匹配，在课程设计之初，需要明确教育目标和评价指标，以便反映在评价体系中。第三，学习者的需求和表现。学生是课程的核心，因此课程评价体系必须反映学生的学习需求和表现。学生的表现可以通过测试、作业、项目、课后实践、创新创业、技能竞赛等方式进行评价，以反映学生对课程的掌握程度和应用能力。第四，课程内容和教学方法。课程内容和教学方法对于学生的学习至关重要，因此课程评价体系需要考虑课程内容和教学方法对于教育目标的实现的影响，教学内容与教学方法的评价可以通过学生的反馈、观察和评估等方式进行。第五，课程管理和质量保障。课程管理和质量保障是课程评价体系构建的重要组成部分。评价体系应考虑课程管理和质量保障的要求，以确保课程的顺利实施和有效运作。产教融合下的课程评价体系的构建需要考虑产业需求、教育目标、学生需求和表现、课程内容和教学方法、课程管理和质量保障等多个方面，以确保课程的实际应用性和适应性。

产教融合下的课程评价过程中，为了确保评价结果的科学性和可靠性，需要遵循四个原则。第一，根据课程目标确定评价指标。课程目标应该是评价指标的基础，评价指标需要与课程目标相对应。评价指标的确定应该是教师和企业共同参与的结果，以确保评价指标的准确性和实用性。第二，评价方法多样化。评价方法应根据课程的特点和教学内容的不同进行选择，进行多样化的评价。评价方法应能够全面、准确地评价学生的知识、技能和能力。第三，评价结果应及时反馈。评价结果需要及时反馈给教师和学生，以便及时调整和改进。同时，评价结果也需要反馈给企业，以便企业了解毕业生的能力和素质。第四，评价过程应公正、客观、科学。评价过程应严格按照评价指标进行，评价结果应客观、公正、科学，不受主观因素的干扰，以确保评价结果的准确性和实用性，提高教学质量和毕业生素质。

第二节　德美英日课程评价发展概况及启示

一、德国的课程评价

（一）发展概况

德国的职业评价体系在国际上得到高度认可，为全球职业评价发展提供了重要的借鉴和参考。德国的课程评价非常注重客观性、科学性和公正性，评价标准严格，评价过程透明，评价结果具有权威性和公信力。

德国的课程评价发展历程经历了从教师主导到政府介入再到学生参与和联系社会需求的转变。随着德国高等教育的发展和政策的调整，课程评价仍在不断地改进和完善，以适应时代的需要。德国课程评价的发展历程可以分为以下五个阶段。

19 世纪末期至 20 世纪初期：德国主要由教师主导课程设计和教学，课程评价也主要由教师进行，通过教师的反思和自我评价来改进课程教学，主要目的是评价学生的知识水平和检验学习成果。

20 世纪 50 年代：引入更多的评价机构。德国开始研究课程评价和教学质量评价，并发展了一系列评价指标和方法，如教学观察法、问卷调查法、实验研究法等，引入了更多的评价参与者和评价机构，如教育部门、研究机构、专业委员会等，逐渐形成了一个更加完整和科学的课程评价体系。

20 世纪 80 年代：政府开始介入课程评价。由于高等教育的快速发展和政府对高等教育的重视，政府开始介入课程评价，设立了一些机构对高等教育机构的教学质量进行评估和认证。

21 世纪初期：德国的高等教育开始注重学生的参与，学生的反馈成为评价的重要内容。高等教育机构开始组织学生代表参与到课程评价中，学生反馈成为课程评价的重要依据。

当代：现在德国的高等教育越来越注重课程的实践性、职业化和社会需求，课程评价不仅注重教学质量，还要考虑课程的实际效果和社会影响。

德国的课程评价主要分为内部评价和外部评价两种类型。内部评价主要由学校自行进行，通过学生反馈、教师自我评价、课程设计评价等方式，对课程的教学效果进行评价。外部评价则由教育部门或独立机构进行，通过课程审核、师资审核、学生就业率等方式，对高等教育机构的整体教学质量进行评价。在内部评价方面，德国高职院校重视教师和学生的反馈，设立教学评价委员会，由学生代表、教师代表和管理人员组成，对课程进行评价和改进。此外，德国高职院校还注重对课程设计的评价，要求教师们对课程设置、教材选择、教学方法等进行自我评价，并根据评价结果不断改进和调整课程。在外部评价方面，德国教育部门设立了专门的机构进行评估和认证，如德国学术交流中心（DAAD）、德国高等教育质量评估机构（ACQUIN）等。这些评估机构会对高等教育机构的课程设置、师资力量、实践教学、学生就业等方面进行评估和认证，以确保高等教育机构能够保证教学质量和学生就业能力。总的来说，德国的课程评价注重内外部评价结合，通过教师和学生的反馈以及独立机构的评估认证，不断提升教育质量，培养出具备实践能力和职业素养的应用型人才。

（二）特点与启示

德国的课程评价有五个特点。第一，客观全面。德国的课程评价注重客观性和全面性，评估指标的选择和评价过程都要求科学、专业、严谨。第二，内外结合。德国的课程评价注重内部评价和外部评价结合，既有教师和学生的反馈，也有政府和独立机构的评估认证。第三，注重学生参与。德国的高等教育鼓励学生参与课程评价，学生反馈成为评价的重要依据。第四，重视课程实践性和职业化。德国的职业教育注重课程的实践性、职业化和社会需求，课程评价不仅注重教学质量，还要考虑课程的实际效果和社会影响。第五，多元化的评价方法。德国的课程评价方法比较多元化，包括教师反思、学生反馈、政府和独立机构的评估认证等。总之，德国课程评价的这些特点有助于保证其准确性和有效性，提高高等教育教学质量，培养更多的优秀人才。

德国的课程评价给我国四点启示。第一，注重内外部评价的结合。德国的课程评价注重内外部评价相结合的方式，既要有教师和学生的反馈，也要有政府和独立机构的评估认证。我国在课程评价方面也需要注重内外部评价的结合，既能够反映学校的实际情况和需求，也能够提供更客观、科学的评价结果，从而更好地促进教育教学质量的提高。第二，鼓励学生参与评价。德国的高等教育鼓励学生参与课程评价，学生反馈是评价的重要依据。我国也应该鼓励学生参与课程评价，加大学生课程评价的比重，使评价更加客观准确。第三，注重课程的实践性和社会需求。德国的职业教育注重课程的实践性和职业化，注重课程的社会需求，我国在课程设置和教学方式上也应该注重实践性和应用性，以适应社会的需求。第四，多元化的评价方法。德国的课程评价方法比较多元化，我国在课程评价上也可以采用多元化的方法，包括领导评价、督导评价、同行评价、学生评价、企业评价、第三方评价等，通过问卷调查、专家评审、就业调查等多种方式进行。德国的课程评价经验可以帮助我国更好地提升高等教育教学质量，培养更多优秀人才，以适应社会产业发展的需求。

二、美国的课程评价

（一）发展概况

美国的课程评价发展历程可以分为以下四个阶段。

早期发展阶段（1900年至20世纪60年代）：在这个阶段，美国的课程评价主要是以学科为基础，通过考试和作业等方式来评价学生的学习成果。这个阶段的评价方法重点在于考查学生对知识点的掌握情况。

效能研究阶段（20世纪70—80年代）：在这个阶段，评价开始从学科评价向效能评价转变，评价重点从学生是否掌握知识点，变成了评价学生学习过程中使用的教材和教学方式是否高效。教育研究者们开始探索如何更好地评价学校、学生和老师的学习、教学效果。

标准化测验阶段（20世纪90年代至2000年）：在这个阶段，评价开始向更多的标准化测验转变。美国各州开始为学生进行年度测验，以评价学生的学习成果，并且为教师和学校设置绩效目标。这个阶段的评价方法重点在于将学生的学习成果与标准对比，为学校设置目标和制定政策提供参考。

教育评估阶段（2000年至今）：在这个阶段，评价不再仅仅关注学生的成绩和教学效果，也关注学校和教师的绩效评价。评价的目标是提高学生的学习效果和提升教育质量。同时，评价方法也更加多样化，包括标准化测验、问卷调查、学生作品展示、课堂观察等多种方式。这个阶段的评价重点在于全方位、多维度地评价教育质量和学生的学习成果。

（二）特点与启示

美国的课程评价有五个特点。第一，注重外部评价。美国的课程评价注重外部评价，通常由政府机构、认证机构和独立评估团队进行评价和认证，采用标准化测验来评价学生的学习成果，可让教育工作者和专家们看到各州和各学区的学生相对表现，同时也可以了解学生的学习成果是否达到国家标准。第二，注重多元化的评价方法。美国的课程评价方法比较多元化，有问卷调查、专家评审、学生反馈、独立评估、课堂观察、学生作品展示等。这些方法可以更好地反映学生的学习情况和学校的教学质量。第三，学生参与。美国的高等教育注重学生的角色和参与，学生反馈成为课程评价的重要内容。第四，社会性和实践性。美国的高等教育越来越注重课程的实践性、职业化和社会需求，评价不仅注重教学质量，更考虑课程的实际效果和社会影响及社会需求，有利于培养适应产业发展需求的人才。第五，独立性。美国的课程评价通常由独立的评估机构或专家团队进行，以保证评价的客观性和独立性。美国的课程评价特点有助于保证课程评价的准确性和有效性，提高高等教育教学质量，培养更多的优秀人才。

美国的课程评价对我国有四点启示。第一，多元化的评价方法。美国的课程评价方法非常多元化，可以从多个角度对课程进行评价，这给我国的课程评价提供了多种选择，可以根据不同的课程特点和评价目的，选择最适合的评价方法。第二，强调实践性和职业化。美国的高等教育非常注重课程的实践性和职业化。我国的高等教育在培养学生的专业知识的同时，更要注重实践技能和职业素养的培养，提升学生综合素质与就业竞争力。第三，鼓励学生参与。美国的高等教育非常鼓励学生参与课程评价，学生反馈成为课程评价的重要内容。我国的高等教育在课程评价中也应引入学生的反馈和意见，以更好地了解课程的教学效果，及时纠偏与改进，提高教学质量。第四，强调独立性。美国的课程评价通常由独立的评估机构或专家团队进行，以保证评价的客观性和独立性。我国的高等教育在课程评价中也应注重独立性，避免评价结果被主观因素影响。我国可以借鉴美国课程评价经验，并结合我国实际情况，进一步完善我国的课程评价体系，提高高等教育教学质量，更好地服务于国家和社会的发展。

三、英国的课程评价

（一）发展概况

英国的课程评价发展历程可以概括为以下三个阶段：

第一阶段，20世纪80—90年代初。这一阶段，英国的课程评价主要关注学校的整体表现，以及学校管理的效率和效果。评价方法主要包括学校检查、学校自我评估以及学生、家长和教师的反馈。

第二阶段，20世纪90年代中期至21世纪初。这一阶段，英国的课程评价开始着重关注学生学习和教师教学质量，评价方法主要包括学校检查、学校自我评估以及学生、家长和教师的反馈，同时引入了统计数据和学生成绩等指标来评估课程成效。

第三阶段，21世纪初至今：这一阶段，英国的课程评价更注重课程质量和评价效果的客观性和可比性。评价方法主要包括学校检查，学校自我评估，学生、家长和教师的反馈，以及独立评估机构的评价认证。同时，英国的课程评价也着重关注学生学习能力的培养和创新能力的提升。

英国的课程评价从关注学校管理效率和效果到关注学生学习和教师教学质量，再到更注重课程质量和评价效果的客观性和可比性。这些阶段体现了英国对课程评价方法和目标的不断探索和创新，并提供了丰富的经验和启示。

英国的课程评价主要由政府部门和独立评估机构进行，旨在评估学校、课程的质量和教师的表现，以促进教育改革和提升教学质量。具体来说包括：第一，学校检查。英国政府设立了教育标准局，负责对学校的整体表现进行检查和评估。学校检查主要关注学校管理、学生学习成果、教师教学质量等方面，评价结果用于改善学校管理和教学质量。第二，学校自我评估。学校可以自行开展自我评估，以了解自身的优势和不足之处，并制订改进计划。学校自我评估的结果可以用于学校管理和教学质量的提升。第三，学生、家长和教师的反馈。英国的课程评价非常注重学生、家长和教师的反馈和意见。学生和家长可以对学校和教师进行评价，反映学习和教学质量；教师也可以对学生进行评价，反映学生的表现和进步。第四，学生成绩。英国的课程评价引入了统计数据和学生成绩等指标，以便更全面地评估课程成效和学生学习表现。第五，独立评估机构的评价认证。除了政府部门的学校检查外，英国还有多个独立评估机构，如 OFSTED、ISI 等，负责对学校和课程进行独立评估和认证。这些机构的评价认证有助于提高课程评价的客观性和可比性。英国的课程评价方法非常多元化，包括学校检查，学校自我评估，学生、家长和教师的反馈，以及独立评估机构的评价认证等多种方式，这些评价方法的结合，为英国的教育改革和教学质量提升提供了有效的支持和保障。

（二）特点与启示

英国的课程评价有以下四个特点：第一，多元化的评价方法。英国的课程评价采用了多种评价方法，包括学校检查，学校自我评估，学生、家长和教师的反馈，以及独立评估机构的评价认证等方式。这些方法可以全面、多角度地评估学校、课程和教师的质量和表现。第二，注重学生学习和教师教学质量。英国的课程评价从 20 世纪 80 年代开始，逐渐从关注学校管理效率和效果转向关注学生学习和教师教学质量。评价方法也从简单的学校检查和自我评估，发展为包含统计数据和学生成绩等指标的综合评价体系，以更全面地评估课程的成效和学生的学习表现。第三，强调评价结果的应用。英国的课程评价着重关注评价结果的应用，以促进教育改革和提升教学质量。评价结果不仅用于改善学校管理和教学质量，还可以帮助政府部门决策和制定政策。第四，强调独立评估机构的重要性。在英国的课程评价中，独立评估机构处于重要地位。这些机构负责对学校和课程进行独立评估和认证，评价结果具有客观性和可比性，可以提高课程评价的准确性和公正性。英国的课程评价具有多元化、注重学生学习和教学质量、强调评价结果的应用和重视独立评估机构等特点。这些特点有助于提高教学质量，还为其他国家和地区的课程评价提供了有益的借鉴。

英国的课程评价对我国有四点启示。第一，多元化的评价方法。英国的课程评价采用了多元评价方法，这些方法可以全面、多角度地评估学校、课程和教师的质量和表现。我国可以借鉴英国的做法，综合采用多元评价方法，通过校行企三方共建质量标准，共评专业课程，以更全面地了解学校、课程、教师的质量和表现。第二，注重学生学习和教师教学质量。英国的课程评价逐渐从关注学校管理效率和效果转向关注学生学习和教师教学质量。我国的课程评价也应该以学生的学习和教师教学质量为核心，更好地促进教育改革和提升教学质量。第三，强调评价结果的应用。英国的课程评价着重关注评价结果的应用，以促进教育改革和提升教学质量。我国的课程评价也应注重评价结果的应用，将评价结果应用到促进教育改革、改进学校管理和教学质量，帮助政府部门决策和制定政策等方面，实现高质量发展。第四，重视独立评估机构的重要性。在英国的课程评价中，独立评估机构处于重要的地位。这些机构负责对学校和课程进行独立评估和认证，评价结果具有客观性和可比性。我国也可以借鉴发展独立评估机构，加强对学校和课程的评估和认证，提高课程评价的准确性和公正性。英国的课程评价给我国提供了有益的启示，我国可以借鉴英国的经验，采用多元化评价方法，注重学生学习和教师教学质量，强调评价结果的应用，发展独立评估机构，提高课程评价的准确性和公正性。

四、日本的课程评价

（一）发展概况

日本的课程评价历程是一个不断地尝试和探索的过程，建立了一套完善的评价体系，为日本教育的发展提供了保障。日本的课程评价可以分为以下四个阶段。

第一，教育制度改革时期（1868—1945 年）：在这个时期，日本开始实行西式教育制度，并对教育进行了一些改革。然而，这个时期的教育评价主要是通过考试和学业成绩来衡量学生的学习成果，没有建立完善的评价体系。

第二，战后重建时期（1946—1960 年）："二战"后，日本进行了教育改革，推行了新教育制度。在这个时期，日本开始建立起以测试和考试为核心的评价体系，以此来评估学生的学习成果和教育质量。

第三，提高学校教育质量时期（1961—1990 年）：这个时期日本开始重视学校教育的质量评价。教育评价成为政府和学校管理部门的重要工作，建立了学校自我评价和校外评价的机制。同时，日本还建立了"学校教育质量评价委员会"，对学校进行综合评价。

第四，国际化时期（1991 年至今）：在这个时期，随着全球化的发展和国际竞争的加剧，日本的教育评价也开始向国际化方向发展。日本开始关注学生的综合素质和创新能力的评价，构建了以多元评价为核心的评价体系，包括学生成长记录、学校自主评价、社区教育评价等方式。渐渐地，日本的课程评价从最初的考试和学业成绩为核心的评价方式，发展到以多元评价为核心的评价体系。

日本的课程评价包括四种方式。第一，学生成长记录。学生成长记录是日本评价学生综合素质的一种方式，记录学生在学校内外的各种经历和成长情况，包括学习成绩、社会实践、体育与健康、艺术与文化等方面，旨在全面评价学生的综合素质。第二，学校自主评价。学校自主评价是日本评价学校管理和教学质量的一种方式，通过学校内部的评价和改进措施，提高学校的教育质量。学校自主评价主要包括对教师教学、学生学习、学校管理、学校规划等方面的评价。第三，社区教育评价。社区教育评价是日本评价教育服务的一种方式，以社区为单位，评价教育服务的质量和效果。社区教育评价主要包括社区居民对教育服务的认知情况、教育服务的满意度、社区教育的需求情况等方面的评价。第四，校外评价。校外评价是日本评价学校教育质量的一种方式，由独立评价机构或者政府部门对学校进行评价。校外评价主要包括对学校管理、教学质量、师生关系等方面的评价和认证。日本的课程评价主要采用了多元化的评价方式，从学生的综合素质到学校教育质量、教育服务的质量和效果等方面进行评价，旨在全面提升日本教育的质量和效果。

（二）特点与启示

日本的课程评价有四个特点。第一，日本的课程评价一直以来都是以教育目标为导向的。评价的重点是学生是否达到了教育目标，而不是单纯地评价学习成绩。日本的教育目标包括知识技能、思考力、判断力、表达力等多个方面，评价方法也针对不同的目标设置不同的评价标准。第二，日本的课程评价采用多种方法进行评价，包括考试、作业、课堂讨论、小组讨论等。评价方法旨在帮助学生更好地理解和运用所学知识，提高思考和表达能力。第三，日本的课程评价制度化程度较高，政府和学校都设有相应的评价机构和部门。同时，评价机构也会定期公布评价结果，方便学生、家长和教师了解学生的学习状况以及课程的质量。第四，日本的课程评价注重个性化评价，评价机构会根据学生的特点和能力，为他们提供不同的评价方法和支持。同时，日本也推崇"学校教育课程"的理念，鼓励学校和教师根据学生的需求和教育目标，制定个性化的教育课程和评价方法。日本的课程评价特点可以更好地反映学生的学习状况和课程质量，促进学生的全面发展和提高教育质量。

日本的课程评价体系对我国的启示主要有四个方面。第一，日本的课程评价体系采用了多种评价方式，包括学生成长记录、学校自主评价、社区教育评价和校外评价等。我国可以借鉴这种多元化评价方式，从不同角度全面评价学生的综合素质和提高教育质量。第二，日本的课程评价体系注重评价学生的综合素质，而非仅仅以考试成绩为准。我国可以从中借鉴，注重学生的全面素质评价，鼓励学生在课程外发展兴趣爱好，加强学生的综合素质。第三，日本的课程评价体系强调学校的自主评价，通过学校内部的评价和改进措施，提高学校的教育质量。我国也应该进一步推进学校的自主评价，提升学校的教育水平。第四，日本政府非常重视教育评价工作，制定相关法律和政策，建立了"学校教育质量评价委员会"，负责对学校进行综合评价和监督，以确保教育质量的提高和保障。我国也应该进一步加强政府对教育评价工作的重视，加强教育质量的监管和保障。日本的课程评价体系为我国教育评价提供了借鉴和参考，我们应该积极学习借鉴，进一步完善课程评价体系，提高教育质量，培养具有全面素质的高级技术技能创新人才。

第三节　产教融合下的课程评价策略

一、产教融合下课程评价状况及存在问题

产教融合下，课程评价有了进一步发展，企业更加注重学生的实际能力和应用能力，以能力为核心的评价体系得到重视。多元化的评价方式得到了广泛的应用。产业界对于课程评价的参与度有所提高，企业和行业协会参与到课程评价中，提升教育教学的实效性和实用性。

（一）产教融合下的课程评价状况

第一，评价体系从知识导向转向能力导向。在产业界日益注重学生实际应用能力的背景下，课程评价将重点从知识领域转向评价学生的能力水平。评价体系的重点从知识积累转向能力表现，评价标准也更加注重学生的实际应用能力和职业素养。

第二，多元化评价方式应用广泛。随着产业界和学校的不断协同，多元化的评价方式得到广泛应用，如学生成长记录、学校自主评价、社区教育评价、校外评价等。针对不同的目标制定不同的评价标准，给出多方面的评价结果，从而全

面评价学生的表现。

第三，企业参与度逐渐增强。产教融合下，企业对于教育教学的关注度不断提高，企业界对于课程评价的参与度也逐渐增强。企业界参与到课程评价中，促进实践教学与企业需求的对接，提高教育教学的实用性和实效性。

第四，政策支持力度加大。针对产教融合下的课程评价，相关政策不断出台，支持课程评价的开展，如《国家职业教育改革实施方案》《中共中央办公厅　国务院办公厅关于推动现代职业教育高质量发展的意见》等文件提出加强职业教育评价工作等。

第五，人工智能技术应用范围扩大。随着人工智能技术的不断发展，人工智能评测技术也逐渐应用到课程评价中，可以有效提高评价效率，减少人工评价的主观性和不确定性，提高评价的客观性和准确性。

产教融合下的课程评价已经发生了明显的变化，评价体系更加注重学生的能力表现和职业素养，多元化评价方式得到广泛应用，企业参与度逐渐增强，政策支持力度加大，人工智能技术应用扩大等。这些变化有助于提高教育教学的实用性和实效性，促进产业界与学校的协同发展。

（二）产教融合下课程评价存在的问题

第一，由于产教融合是一个相对新的概念，相关评价体系还没有得到充分的完善，评价标准和方法需要进一步探索和改进。

第二，在评价过程中，应用能力评价的结果与实际应用能力之间存在脱节，评价结果与实际能力不符，需要进一步改进评价方式。

第三，产教融合下，评价对象的差异性很大，少数企业和行业协会参与到课程评价中，而大多数学生并没有得到相应的评价和指导，需要进一步加强对于所有学生的评价和指导。

第四，在产教融合的背景下，评价结果的利用率有待提高，评价结果往往只停留在评价阶段，没有得到充分的利用，需要加强评价结果的应用。

产教融合下课程评价存在的问题需要我们高度重视，加强评价体系的完善，提高评价结果的利用率，从而促进产教融合的深入发展。

二、产教融合下的课程评价策略

在产教融合下，课程评价策略需要结合产业需求，注重评价学生的实际应用能力和职业素养。以下是几种常见的课程评价策略：

第一，以能力为核心的评价体系。产教融合下，企业更加注重学生的实际能力和应用能力，因此以能力为核心的评价体系得到重视。评价体系的重点从知识积累转向能力表现，评价标准也更加注重学生的实际应用能力和职业素养。

第二，多元化评价方式。多元化的评价方式可以全面评价学生的表现，包括学生评价、学校自主评价、校外评价、行业企业评价等。针对不同的目标制定不同的评价标准，给出多方面的评价结果。

第三，实践教学与企业需求对接。产教融合下，实践教学和企业需求的对接非常重要。课程评价策略需要结合企业需求，注重评价学生的实际应用能力和职业素养，从而提高教育教学的实用性和实效性。

第四，人工智能技术的应用。随着人工智能技术的不断发展，人工智能评测技术也逐渐应用到课程评价中。人工智能评测可以有效提高评价效率，减少人工评价的主观性和不确定性，提高评价的客观性和准确性。

第五，注重教师与学生的评价。产教融合下，教师自主评价和学生自主评价非常重要，教师自主评价可以反映教学质量，学生自主评价可以反映教学效果和学习体验。通过教师自主评价和学生自主评价，可以更好地了解课程的实际效果和学生的实际表现。产教融合下的这些评价策略有助于提高教育教学的实用性和实效性，促进产业界与学校的协同发展。

第四节　产教融合下的课程评价实践

国家出台的《国务院关于深化教育评价改革的意见》《关于建立职业院校教学工作诊断与改进制度的通知》《高等职业院校内部质量保证体系诊断与改进指导方案（试行）》等文件，明确要求高职院校发挥办学主体作用，主动履行质量保证职责，建立常态化的内部质量保证体系和可持续的诊断改进工作制度。课程建设是高职院校内涵建设的基础，高职教育的内涵建设需要以课程建设为基础，建设科学、合理、先进的课程体系，不断优化和升级课程内容和教学方法，更好地适应社会和经济的快速发展，满足人才培养的需求，服务于社会和经济的发展。

一、课程评价的意义

产教融合是当前教育教学发展的一个重要趋势，其核心是将教育教学与实际产业需求有机结合起来，培养适应行业发展的应用型人才。在这个背景下，课程评价显得非常必要及重要。

第一，提高教育教学的实用性。产教融合的核心是将教育教学与实际生产需求结合起来，培养适应行业发展的应用型人才。课程评价需要重点关注学生的实际能力和职业素养，以提高教育教学的实用性。

第二，反馈教学成果和学习体验。课程评价可以反馈教学效果和学习体验，进一步了解课程的实际效果和学生的实际表现，从而及时调整教学方法和课程设置。

第三，促进产业界与学校的协同发展。课程评价需要结合产业界的需求，注重评价学生的实际应用能力和职业素养，从而促进产业界与学校的协同发展。

第四，建立学生终身学习的意识。课程评价不仅关注学生的知识积累，更注重学生的实际能力和职业素养，从而建立学生终身学习的意识和习惯。

第五，提高学生就业竞争力。课程评价需要注重评价学生的实际应用能力和职业素养，这有助于提高学生的就业竞争力，使学生更好地适应市场需求。

总之，课程评价有助于提高教育教学的实用性，反馈教学效果和学习体验，促进产业界与学校的协同发展，建立学生终身学习的意识，提高学生就业竞争力。通过课程评价，可以更好地培养符合产业发展需要的应用型人才。

二、课程评价的内容

（一）产教融合下的课程评价指标建立原则

应用导向原则：产教融合下，课程评价应该注重学生的实际应用能力和职业素养，评价指标应该以学生的实际能力和职业素养为导向。

多元化原则：课程评价指标应该多样化，包括学生成绩、学生作品、学生自评、教师评价、企业评价等多种评价方式，从不同角度全面评价学生的表现。

市场导向原则：课程评价指标应该与市场需求相结合，对于特定行业和专业，应该结合市场需求，设置相应的课程评价指标。

经验积累原则：课程评价指标应该结合教学经验和学生反馈，不断优化和完善评价体系。

简洁明了原则：课程评价指标应该简洁明了，易于理解和操作，避免过于复杂和烦琐，让学生和教师能够方便地了解和掌握评价标准。

公平公正原则：课程评价应该公平公正，避免主观性和个人偏见对评价结果产生影响，确保评价结果的客观性和准确性。只有建立符合这些原则的评价指标体系，才能更好地反映学生的实际表现和满足市场需求。

（二）产教融合下的课程评价指标体系的构成

产教融合下的课程评价指标体系的构成可以从以下五个方面考虑：

第一，教学团队能力评价指标：包括教师团队专业知识水平、教学水平、团队建设水平、校企合作水平、沟通表达能力、职业技术技能、创新水平等评价指标。

第二，教学方法评价指标：包括教师的授课方式、教学资源使用、教学效果、教学互动等多方面评价指标。

第三，学习体验评价指标：包括学生对于课程的满意度、对于教学质量的评价、对于学习收获的评价等多方面评价指标。

第四，产业契合评价指标：包括是否根据区域产业优化课程体系、设计教学目标和课程内容，是否符合国家职业教育教学标准、职业标准（规范）、职业技能等级标准，教学内容的深度和广度是否体现产业发展新趋势、新业态、新模式，体现专业升级和数字化改造等。

第五，实践环节评价指标：实践教学是否体现岗位特征和职业性，实践教学场景是否与生产车间相融合；实训项目是否具有前瞻性，与学生未来岗位需求一致，培养学生的职业能力效果明显；实践教学基地是否能够对课程教学模式改革提供相应的支持和保障，为课程实践教学提供真实的职业环境，满足学生了解行业企业实际、体验行业企业文化的需要。

实际上，在构建课程评价指标体系时，还应考虑其他方面的指标，比如教育教学质量评价指标、课程管理评价指标等。需要注意的是，课程评价指标体系的构建需要根据不同专业领域、不同行业的实际需求，因此具体的评价指标应该根据不同的课程和领域进行调整和补充。同时，所有的指标都应该符合评价原则，即应用导向、多元化、市场导向、经验积累、简洁明了和公平公正原则。这样才能更好地为学生和教师提供有效的评价标准和依据。

（三）产教融合下的课程评价标准

表 8-1 校企合作示范课程评价标准

序号	指标	观测点
1	教学理念	①坚持立德树人，树立正确的理想信念，塑造学生正确的世界观、人生观、价值观； ②应用先进的教学理念，实现以学生发展为中心的教学追求
2	课程教学团队	①课程团队结构及任务分工合理，教学改革意愿强烈、教学能力强，老中青传帮带效果显著； ②加强教学研究和教学改革，研讨充分，有明显的改进提升效果； ③与行业企业合作紧密，开发团队组成合理，积极引入技能大师、来自行业企业的高水平技能型兼职教师
3	课程定位	①进行充分的行业企业调研，在确认专业能力体系的基础上，本课程所承担的培养任务清晰，岗位分析明确； ②课程设置与岗位工作深度融合，构建融岗位工作要求、行业要求及学生人生职业发展于一体的课程内容体系； ③明确前导与后续课程，本课程对学生岗位工作能力培养和职业素养养成起主要支撑或明显促进作用，且与前导、后续课程衔接得当
4	课程目标	①符合企业岗位任务要求且达成度高，有效支撑专业人才培养目标； ②突出能力本位，注重培育学生的学习能力、信息素养、创新能力及精益求精的工匠精神和爱岗敬业的劳动态度
5	实践环境设计	①实践教学体现岗位特征和职业性，实践教学场景与生产车间具有融合性； ②单项实训项目应具有前瞻性，适合学生未来岗位需求，培养学生的职业能力效果明显，有效利用实践教学条件，创造性地开展社会职业技能培训项目； ③实践教学条件能满足教学要求，能进行开放式教学，效果明显； ④实践教学基地能够对课程教学模式改革提供相应的支持和保障。为课程实践教学提供真实的职业环境，能满足学生了解行业企业实际、体验行业企业文化的需要

（续上表）

序号	指标	观测点
6	课程教学设计	①依据学校实际使用的专业人才培养方案和课程标准（专业课教学应体现行动导向的模块化课程设计、项目式教学实施），围绕教学目标、教学内容、组织实施和多元评价需求进行课程整体规划； ②围绕岗位工作任务与教学目标，进行学情分析，确定教学目标，优化教学过程。针对不同生源分类施教、因材施教； ③合理运用平台、技术、方法和资源等组织教育教学，进行考核与评价，持续开展教学诊断与改进； ④专业（技能）课程鼓励按照生产实际和岗位需求设计模块化课程，强化工学结合、理实一体，实施项目教学、案例教学、情景教学等行动导向教学
7	课程内容	①根据职业教育国家教学标准要求，对接职业标准（规范）、职业技能等级标准等，优化课程体系和教学目标； ②拓展教学内容深度和广度，体现产业发展新趋势、新业态、新模式，体现专业升级和数字化改造； ③结合专业特点，做好课程思政的系统设计，有机融入劳动精神、工匠精神、劳模精神等育人新要求，实现润物无声的育人效果； ④优化实践教学体系，实训教学内容应体现真实工作任务、项目及工作流程、过程等； ⑤根据教学内容建设的教学资源丰富多样，体现科学性与适用性
8	课程资源开发	①与企业合作编写课岗融合特色教材，大量引用企业实际工作案例与问题，突出实用性与先进性； ②教学资源建设内容丰富，符合高质量课程设计要求，满足网络教学需要。有案例集、图片库等资料为学生的课外学习提供帮助，有高水平的教学文件、教学录像、演示录像、技术支持库等资料，为学生的自主学习提供有效的支撑； ③通过自建或引用校外优质音视频、图文等资源建设课程，针对教学重难点，行业新技术、新工艺、新方法、新规范、新标准，定期更新线上资源。能有效进行资源共享、互动交流和自主式与协作式学习； ④预期成果指标包括线上资源建设数据：视频 200 分钟，非视频资源 80 个，习题数 200 道，发布测验与作业 300 次，互动交流发帖数 500 帖，试题数 80 道

（续上表）

序号	指标	观测点
9	教学组织与实施	①根据学生认知规律和课程特点，创新教学模式，教学方法得当，突出以学生为中心，强调知行合一，实行因材施教； ②教学注重实效性，突出教学重点难点的解决方法和策略，关注师生、生生的深度有效互动，收集教师教、学生学的行为信息，并根据反映出的问题及时调整教学策略； ③合理选用国家规划教材和优质精品教材，专业（技能）课程应积极引入典型生产案例，使用新型活页式、工作手册式教材及配套的信息化学习资源； ④合理运用虚拟仿真、虚拟现实、增强现实和混合现实等信息技术手段，通过教师规范操作、有效示教，提高学生基于任务（项目）分析问题、解决问题的能力，培育学生职业精神和创新思维
10	课程管理与评价反思	①合理运用信息技术和信息化教学设施设备提高教学与管理成效。课程标准、教案、教学进度表完整、规范、简明、真实、可借鉴、可监督； ②深入贯彻落实《深化新时代教育评价改革总体方案》，改进结果评价，强化过程评价，探索增值评价，健全综合评价；鼓励依托线上平台和软件工具，运用大数据、人工智能等现代信息技术，开展教与学行为分析； ③针对教学目标、教学内容、教学组织等采用多元化考核评价，诊断与改进积极有效； ④教学实施后应充分反思在教学理念、教学设计、教学实施、教学评价过程中形成的经验与存在的不足，总结在课程思政、素养教育、重点突出、难点突破等方面的改革与创新经验，做到设计理念、教学实施与育人成效的有机统一
11	信息安全与知识产权保障	①课程团队需严格遵守国家安全、保密和法律规定，防范和及时制止网络有害信息的传播； ②重视版权和知识产权，不得侵犯知识产权、肖像权等他人合法权益； ③除特别约定外，自建课程的著作权归学校所有，使用权归属课程团队
12	否定指标	①申报示范课教师的质量评价结果未达到所在二级学院前30%； ②申报示范课教师当年出现教学事故、违反师德师风行为规范； ③获得示范课的教师在有效期内出现教学事故或教学质量明显下降，经教学指导委员会审核，可取消其示范课称号

表 8 - 2　课程建设评价标准

评价项目	评价要素	评价内容	影响参考因素
课程建设	课程定位与设计	课程性质与定位准确	课程性质与定位是否科学合理；是否以职业能力培养为重点，与行业企业合作进行基于工作过程的课程开发与设计，充分体现职业性、实践性和开放性的要求；专业课程体系是否符合国家职业（技能）标准、职业岗位任务需求、高技能人才培养目标和专业相关技术领域职业岗位（群）的任职要求；本课程对学生职业能力培养和职业素养养成是否起主要支撑或明显促进作用，且与前导、后续课程衔接得当；课程标准是否具备科学性、先进性、规范性与完备性；是否为院级、省市级以上精品（资源共享）课程
		课程设计理念与思路清晰	
		课程标准的合理性	
		课程建设水平情况	
		体现课纲融合情况	
	诊改制度实施与效果	建立课程诊改制度方案	校内是否开展对课程建设水平和教学质量的诊改，形成常态化的课程质量保证机制；是否对提高课程建设水平和教学质量产生明显的推进作用
		方案实施情况良好，不断优化	
教学队伍	课程负责人	课程负责人具有高级职称和专业水平	课程负责人是否为副教授（高级工程师）以上；主讲教师的高级职称百分比；专业水平、科研成果情况；是否有市级以上科研和教改项目，授课是否有特色；课程负责人近三年主讲此门课程是否不少于两次
		教学经验丰富，授课有特色	
		教科研成果显著	
	队伍建设	师资培养情况	是否有符合课程建设规划、目标明确的师资建设规划和培养计划；院系、专业等层面师资队伍建设规划是否具有科学性、一致性和可行性；是否制定专业带头人、骨干教师、专兼职教师聘用资格标准；是否开展对师资队伍建设成效的诊改，形成常态化的师资质量保证机制
		师资队伍建设合理性	
		是否制定教师聘用资格标准	

（续上表）

评价项目	评价要素	评价内容	影响参考因素
教学队伍	队伍结构及整体素质	教师队伍的职称、学历、年龄结构、"双师"素质、专兼职比例是否合理	教师队伍结构是否合理，发展趋势是否良好，教授、副教授是否≥20%，35岁（含）以下青年教师具有硕士以上学位是否≥50%；教师参加各级教研和科研立项的人数是否占该课程教师人数≥50%；专任教师中"双师"素质教师比例是否≥80%（公共课与思政课除外）、专业教师中来自行业企业的兼职教师比例是否符合课程性质和教学实施的要求；行业企业兼职教师是否承担有适当比例的课程教学任务，特别是主要的实践教学任务；主讲教师是否符合要求且教学效果好，是否参与和承担教育研究或教学改革项目且成果显著；是否与企业联系密切，参与校企合作或相关专业技术服务项目，成效明显，并在行业企业有一定影响；实验教师配备是否合理，是否有一定硕士研究生参与教学活动
		师德和能力水平高，教学效果显著	
		教师数量充足，符合岗位资格	
	实施效果	教师整体素质提高，学生满意度持续提升，社会服务能力得到改善	教师质量意识是否提升；教学改革主动性是否提高；师资队伍数量、结构、水平、稳定性、社会服务能力等是否持续改善；学生满意度是否持续提升
		教师队伍结构更加完善合理	

（续上表）

评价项目	评价要素	评价内容	影响参考因素
教学内容	课程目标与教学标准	课程目标定位准确	课程目标定位是否恰当，能否体现培养目标；教学大纲是否符合培养目标和教学计划的教学要求；课程设置是否符合学院人才培养方案的要求；教改成果能否有所体现，教学环节是否安排得当
		教学标准目的明确，课程设置适应学生发展要求	
	课程内容	课程体现课岗融合，内容新颖，信息量大，更新及时	课程内容是否具有系统性、先进性、科学性，增减处理是否得当；课程内容是否突出基础性与应用性；本课程与相关课程内容关系处理是否得当；课程内容是否体现"课岗融合"，以工作任务及其工作过程为依据整合序化课程教学内容，围绕目标达成进行课程内容、组织实施和多元评价的整体规划，做到因材施教；是否能根据行业企业发展需要和完成职业岗位实际工作任务所需要的知识、能力、素质要求，选取教学内容，并为学生可持续发展奠定良好的基础；教学内容的组织和安排是否符合对创新性人才培养的要求；能否工学结合，融知识传授、能力培养、素质教育于一体；教书育人效果明显
		应用性强，把应用性知识和技术引入教学，理论联系实际	
		重素质教育思想，体现知识、能力、素质的协调发展	
	课程改革	改革的思路、目标、规划与具体措施	课程改革思路是否清楚、是否体现了现代教育思想；目标是否明确，是否有规划、有落实措施，成果是否显著；是否有校级以上立项的教改课题及三年以上的教改实践；是否有系列改革成果（方案、论文、报告、实践成果）或者获得校级以上教学奖励；是否受过省部级以上教学成果奖励和教学表彰；是否发表高质量的教改教研论文；近五年承担省部级以上教研项目情况；是否教改成果显著，教师认同，学生评价高，且有≥50%教师推广应用，社会影响效果是否提升
		课程改革的研究课题及获奖情况	
		改革实效显著，教师、学生及社会评价持续提高	

（续上表）

评价项目	评价要素	评价内容	影响参考因素
教学内容	实践教学环节	实验室建设管理制度完善，利用率高	实验建设投入是否合理，管理制度是否完善，实验设备是否先进，教学实验设备是否完好，能否满足实验要求，能否有效利用实验室；主讲教师是否主持和设计实践教学；能否做到理论联系实际，教、学、做结合，实训、实习等教学环节设计合理；是否培养学生创新能力，各个实践教学环节的安排是否完善合理；实践教学在培养学生发现问题、分析问题和解决问题的能力方面是否有显著成效；综合型、设计型实验项目是否占课程实验项目≥30%且效果好
		实践教学环境和设备能够满足教学要求	
		有一定的综合设计型实验	
教学条件	教材建设与选用	课程大纲、实验大纲、教学总结，学生平时学习情况及成绩记录等文件是否齐备、规范	教材选用是否达到相关标准，是否选用优秀教材或高水平的自编教材，是否具有丰富的课件、案例、文献资料等；是否及时选用国家级、省级优秀教材或教育部推荐、同行专家评鉴质量较高的教材；实验教材配套是否完备；是否与行业企业合作编写工学结合特色教材，课件、案例、习题、实训实习项目、学习指南等教学相关资料是否齐全，是否符合课程设计要求，满足网络课程教学需要
		采用教材的级别、水平	
		教学参考资料种类、数量、配套程度	
	实践教学条件	校内实验设备的利用率和完好率	实训基地是否由行业企业与学校共同参与建设，能否满足课程生产性实训或仿真实训的需要，设备、设施利用率高；实践教学环节和设备是否满足教学要求；是否具有开设高水平选作实验的现代实验设备与实验技术；是否有综合设计型实验；校外实习环境是否与校内实训基地统筹规划，布点合理，功能明确，为课程的实践教学提供真实的工程环境，是否能够满足学生了解企业实际、体验企业文化的需要；实践教学项目开发情况，能否进行开放式教学，教学效果是否明显
		校外实习环境建设与利用	
		实践教学环节的先进性与开放性，实践项目的开发情况	

（续上表）

评价项目	评价要素	评价内容	影响参考因素
教学条件	网络教学环境	网络资源建设是否完善	是否建设网络教学资源，网络教学资源是否丰富，架构合理；是否具备运行机制良好的硬件环境；硬件环境是否能够支撑网络课程的正常运行，并能有效共享；是否选编、制作系列软件资源；能否满足本课程的教学需要且发挥作用
		网络教学硬件和软件满足教学需要	
教学方法与手段	教学方法	有创新的教学理念和教学模式	是否重视学生在校学习与实际工作的一致性，有针对性地采取工学交替、任务驱动、项目导向、课堂与实习地点一体化等行动导向的教学模式；是否灵活运用多种先进的教学方法；能否有效地调动学生的学习积极性，促进学生的积极思考，激发学生的潜能；是否注重对学生知识运用能力的考查；能否有重点地落实讲授、讨论、作业、实践考核、教材等课程教学的六个要素
		采用具有启发性，能激发学生积极思维、风格独特、行之有效的教学方式	
		不断改进教学方法，能创造性地运用多种教学方法启发学生独立思考	
	教学手段	充分、恰当使用现代教育技术手段，并在精简授课学时，激发学生学习兴趣和学习动机、提高教学效果方面取得实效	是否有相应的教学媒体、网络学习与讨论环境、多媒体实验室；是否使用多功能、多媒体等教育技术的教学资料（课件、录音、录像等）；能否配合教学需要，充分运用计算机辅助教学（CAI）等现代化教学手段进行教学；是否运用现代教育技术和虚拟现实技术，建立虚拟社会、虚拟企业、虚拟车间、虚拟项目等仿真教学环境，优化教学过程，提高教学质量和效率，取得实效
		运用多媒体授课，有自行研制开发的多媒体课件，教学效果好	
	考核环节	体现过程性考核	是否体现过程性考核，试题是否具有思考性与启发性，试题难度、区分度安排是否合理；命题是否符合课程标准要求；是否科学、合理、严格注重学生学习能力的考查；是否采取多种形式检查学生的学习能力与学习效果，引导学生改进学习方法；是否积极进行考试方法改革和探索，采用试题（卷）库或实行教考分离，并实行试题（卷）库考试管理；是否有一套较完整，能检查教学目标实现程度的考查办法
		考核成绩的评定是否严格，分类分布是否合理	
		试题、试卷和成绩质量分析中肯、翔实，考试工作总结认真	

（续上表）

评价项目	评价要素	评价内容	影响参考因素
教学效果	学生评价	运用网上评教、调查问卷等多种方式进行评价 学生评价材料真实可靠，评价结果满意度高	是否对正在和已经学过本课程的学生进行满意度调查，对课程效果进行评价
	督导及专家评价	每学期有院级督导和二级督导进行评价，邀请专家评价，有良好声誉	是否对教案、大纲、作业、试卷及课堂听课进行评价；对该课程是否有较高评价；是否有校外专家、行业企业专家参与评价
	同行评价	每学期有教师互听课记录、教师评教、教师评学等活动材料	证明材料真实可靠，评价优秀；有良好声誉，优秀率90%以上
	社会评价	社会认可度高，课程对应或相关的职业资格证书或专业技能水平证书获取率高，相应技能竞赛获奖率高	学生是否实际动手能力强，实训、实习产品是否能够体现培养规格要求和一定的应用价值

表8-3　领导同行督导课堂教学评价标准

评价指标		评价内容
教学理念与态度（20分）	教学理念	坚持立德树人，以学生为中心，助其树立正确理想信念与价值观；结合专业特点，将课程思政元素有机融入课堂教学，有机融入劳动精神、工匠精神、劳模精神、爱岗敬业等育人新要求
	教学态度	教学文件齐备，教学资源丰富；教师备课充分，课程资源与课程特点、学情现状、学习目标相匹配；授课前提前将授课案例、重难点内容等资料发放给学生，让学生提前熟悉课堂内容

（续上表）

评价指标			评价内容
教学内容 （30分）	内容 选取	思政课	符合国家统编教材要求，观点正确，目标明确；充分反映马克思主义中国化最新成果，践行"八个统一"，改革创新、因材施教
		公共课	有效支撑教学目标的实现，注重落实课程思政要求，联系时代发展和社会生活，结合课程特点有机融入劳动教育内容，融通专业（技能）课程和职业能力，培育创新意识
		专业课	符合国家职业（技能）标准、职业岗位任务需求和人才培养目标要求，深入挖掘课程思政元素，及时反映相关领域产业升级的新技术、新工艺、新规范，结合课程特点有机融入劳动教育，开展劳动精神、劳模精神、工匠精神专题教育
	内容 组织		体现先进教育思想和教学理念，遵循学生认知规律。按照教学设计实施教学，关注重难点的解决，针对学习反馈及时调整教学，突出学生中心；体现"课岗融合"，以工作任务及工作过程为依据整合序化教学内容，围绕目标达成进行教学内容、组织实施和多元评价的整体规划，做到因材施教
	教材 选用		合理选用国家规划教材或国家统编教材，或优质精品教材，或新型活页式、工作手册式教材及配套的信息学习资源，积极引入典型案例
教学技能 （20分）	基础 技能		着装得体，为人师表，普通话准确，语言精练，语速、音量适中，学生乐于倾听与配合
			合理运用虚拟仿真、虚拟现实、增强现实和混合现实等信息技术手段，提高课中学生参与度
	专业 技能		通过教师规范操作、有效示教，提高学生基于任务（项目）分析问题、解决问题的能力，培育学生职业精神和创新思维
			灵活运用案例分析、分组讨论、角色扮演等教学方法，提高学生参与度和上课效果。合理运用平台、技术、方法和资源等组织教育教学，进行考核与评价
教学效果 （20分）	教学 反应		学生出勤率高（≥90%），认真参与教学活动，发言踊跃，教学秩序良好
	教学 目标		学生完成课堂作业、回答问题准确，实训项目如期完成，教学效果达到预期目标

（续上表）

评价指标		评价内容
教学持续 （10 分）	教学持续	设置与学生课后互动环节，如问题讨论、留言、在线辅导答疑等
	课后 总结	对教学及学生学习情况进行总结分析，主动了解督导（同行）评价意见，及时改进

表 8-4　学生课程教学评价标准

一级 指标	二级 指标	内容
教学理念 与态度	教学 理念	根据课程特点有机引入思政元素，有机融入劳动精神、工匠精神、劳模精神等育人新要求，注重培养我们的职业素质和良好心态
	教学 态度	备课充分，教学资源与课程特点、学情现状、学习目标相匹配，授课前在学习群就把课堂重难点、案例等资料发送给我们，让我们提前预习
教学 内容	内容选取	教学内容与当下国家职业（技能等级）标准、职业岗位实际工作任务需求吻合，感觉非常受用
	内容组织	根据工作任务及工作过程整合课堂内容，授课内容循序渐进、过程清晰
	教材选用	选用国家规划教材或优质精品教材，引入典型案例，使用新型活页式、工作手册式教材及配套的信息化学习资源，使我们获益匪浅
教学技能	基础 技能	老师着装得体，普通话准确，语言精练，语速、音量适中，大家乐于倾听
		合理运用虚拟仿真、虚拟现实、增强现实和混合现实等信息技术手段，让我们集中精力有序学习，不敢懈怠
	专业 技能	准备了优质线上教学资源，如视频、动画、图片等素材，增加了课堂趣味性，提高我们的注意力
		通过良好的教学情境设计，灵活运用案例分析、分组讨论、角色扮演等教学方法，让我们乐于积极参与课堂教学活动
教学 效果	课堂 反应	同学们认真参与教学活动，发言踊跃，教学秩序良好
	课堂 目标	同学们能准确完成课堂作业、回答问题，课堂任务能如期完成，上课效果很棒

（续上表）

一级指标	二级指标	内容
教学持续	重视评价	重视同学的评价和学习反馈意见，课中或课后会组织学习效果的问卷调查
	课后互动	设置课后互动环节，如问题讨论、留言、在线辅导答疑等；及时对作业进行批阅和反馈，根据反馈调整教学活动

（四）开展课程诊改工作程序

第一阶段，课程自我诊断。课程负责人根据诊断与改进工作要求，准备课程标准、课程教案、课程教学资源、课程教学 PPT、课程评价等相关资料，根据多方信息反馈（通过"教学测评"系统查看学生评价、督导评价等）进行常态化诊断与改进工作，编写课程诊改自评报告。

第二阶段，学院收集汇总课程相关资料并审核。学校在各课程上报资料基础上，收集相关数据和信息，审核课程自评报告，确保数据无误。

第三阶段，组织校内外专家通过线上线下相结合的方式进行诊断，形成评价结果，并反馈诊断、改进意见和建议。

第四阶段，二级学院根据评价结果和诊改意见，会同任课教师共同制订改进方案，实施改进措施，及时调整课程定位、课程标准、课程设计等，并建立持续改进机制，确保提高课程建设质量和效率，诊断改进工作中优秀的课程，可进行示范展示，以便推广交流。

（五）开展课程诊改重点关注环节

（1）确定目标范围：在开展课程诊改工作前，需要明确诊改的目标与范围。同时，需要将目标和范围与教学目标和大纲对应，确保课程诊改工作的目标和范围符合教学实际。

（2）选择方法：根据课程的特点和诊改的目标，选择合适的诊改方法。常用的方法包括教学观察、问卷调查、学生反馈、课堂听讲等。

（3）收集信息：在诊断课程时，需要收集充分的信息，包括学生的学习情况、教师的教学方法和课程内容等。同时，需要确保信息的真实性和客观性。

（4）分析总结：在收集到足够的信息后，需要对信息进行分析和总结，找出问题的症结所在，确定改进方案和措施。

（5）持续改进：课程诊改是一个不断循环的过程，需要持续进行。课程诊改工作的结果需要及时反馈到教学实践中，不断完善和优化教学内容和教学方法。

（6）反馈沟通：教师是课程诊改工作的关键参与者，需要与教师充分沟通，让教师对诊改工作充满信心和热情，提高教师的诊改能力。

第九章

产教融合下教师评价体系构建

随着我国经济发展方式的转变与产业转型升级进程的加快，职业教育产教融合已经进入了全面深化、提质培优的新阶段，提高产教融合质量成为未来一段时期我国产教融合建设的主要任务，其中，着力构建科学的教师评价体系显得尤为重要。产教融合下教师评价体系的构建，需要充分考虑学校、行业企业、教师和学生等各参与主体的现实需求，构建的评价体系涉及组织保障、课程和教学、学生成果、行业企业协调指导、教师发展等因素。

教师评价可以成为一个关键杠杆，使人们更加关注教学质量和教师的持续专业发展，有效的教师评价体系具有很好的激励作用，为教师教学能力提供良好表现的机会，有助于提升教师作为职业选择的吸引力以及教师的形象和地位，包括对他们工作成果的认可度；还可以帮助学校加强对教师个人能力、表现和动机的洞察，促使教师在职业生涯中不断进步，并根据评价结果对他们赋予新的角色和责任。随着用人单位和学生家长对学生学习质量期望值的提升，唯有不断提供高质量的教育方能满足要求，这些都有赖于构建科学的教师评价体系。

第一节　产教融合下的高职教师评价概况

教师评价的方法千差万别，为了确保在整个教育系统中对教师进行有效的评估，所有学校高层都要理解什么是"高质量教学"。教师所需要的能力应该是帮助学生达到明确的学习目标的能力。教师的工作和他们具备的知识技能必须要达到学校的要求，以及行业企业标准。

Danielson 的教师评价体系框架（1996 年，2007 年）提供了一个"路线图"来指导评价工作开展，以及收集改进工作的建议。该框架将教师的责任分为四个主要方面：计划和准备、课堂环境、课程指导、专业责任。第一，计划和准备。展示内容和知识，选择教学目标，设计连贯的教学，评估学生的学习。第二，课堂环境。创造尊重和融洽的环境，建立学习文化，管理课堂程序，管理学生行为。第三，课程指导。清晰准确地交流，使用提问和讨论技巧，让学生参与学习，向学生提供反馈，展示灵活性和响应能力。第四，专业责任。反思教学，保持准确的记录，加强与行业企业合作联系，为地域经济发展做出贡献。这一框架影响了世界各地大量的教师评价系统。

教师评价通常采用外部评价和内部评价来进行。外部评价指评价者主要是被评价教师任教的学校以外的人，内部评价指评价者大多来自学校内部。内部评价的优点是评价标准可以更好地适应特定的学校环境，且评价者熟悉教师工作的环境，更能赢得学校教师和学校领导的支持。当目标是诊改时，内部评价更合适，但当目标为更大的责任时，外部评价则更合适，有外部人员参与的评价标准框架和程序有助于确保各学校的标准一致。现实生活中，大多数学校更关注评价标准的合规性。

第二节　德美英日教师评价发展情况

一、德国的教师评价

德国的教育体系注重教师的专业发展和自我评价。教师需要不断审视自己的教学实践，参加培训和进修课程，以提高教学水平和专业素养。教育机构也会为教师提供支持和资源，帮助他们进行自我评价和提高教学质量。

（一）发展概况

德国的教师评价经历了四个主要发展阶段。

第一，初期阶段（20世纪初至20世纪60年代）：这个阶段的德国教师评价主要基于教学经验和教育背景进行评估，缺乏系统性和客观性。评估结果没有公开，也没有反馈给教师。

第二，民主化阶段（20世纪60—80年代）：在这一阶段，德国开始推行民主化教育改革，教师评价也进入了一个新的阶段。评估方法更加规范和系统化，评估结果公开和反馈给教师。评估内容包括教师的教学经验、教育背景、教学效果等方面。

第三，教育质量保障阶段（20世纪80年代至今）：在这个阶段，德国教师评价主要是以教育质量保障为目标，评估内容更加全面和科学化。评估方法包括学生评价、同行评价、自我评价等，评估结果可以参与职业晋升和绩效薪酬的决定。同时，评估结果也会用于改进教育教学质量和提高学生学习效果。

第四，数字化评价阶段：近年来，随着技术的发展和信息的普及，德国的教师评价逐渐趋向数字化。学生和家长可以通过在线问卷或移动应用程序对教师进行评价，从而提高评价的效率和准确性。

总的来说，德国的教师评价在不断地发展和完善，旨在提高教师的专业水平和教学质量，促进教育改革和学生的发展。德国的教师评价以学生评价、家长评价和同事评价为主，辅以自我评价和外部评价，旨在提高教师的专业水平和教学质量，促进教育改革和学生的发展。第一，学生评价：学生通过填写问卷或参与小组讨论来评价教师的教学质量、课堂管理、沟通能力等方面。学生评价的结果会被汇总成绩，并作为教师晋升和评估的重要依据。第二，家长评价：家长可以通过向学校管理层提供反馈来评价教师的表现和学校的服务质量。这些反馈可以是书面的，也可以是面对面的讨论。第三，同事评价：教师之间可以相互评价和支持。他们可以观察同事的课堂，提供反馈和建议，促进彼此的专业发展。第四，自我评价：教师通过反思自己的教学实践、参加培训和进修课程来提高自己的教学水平和专业素养。自我评价也是德国教师评价体系中的重要组成部分。第五，外部评价：在某些情况下，专业的评估师或教育机构可以对教师进行评价。这种评价通常是在教师晋升或聘用时进行。

（二）特点与启示

德国的教师评价具有五个特点。第一，多元化。德国的教师评价不仅包括学生、家长和同事的评价，还包括自我评价和外部评价。这种多元化的评价方式可以更全面、客观地评估教师的教学质量和专业水平。第二，反馈及时。通常在课程结束不久，教师就会得到学生、家长和同事的反馈。这种及时的反馈可以帮助教师及早发现问题，改进教学。第三，促进发展。德国的教师评价不仅是对教师工作的评估，也是教师职业发展的机会。通过评价，教师可以发现自己的不足之处，进而制订改进计划和参加专业的培训和进修课程，提高自己的教学水平和专业素养。第四，倡导合作。教师之间可以相互观摩和评价，共同探讨和解决教学中遇到的问题，促进彼此的专业发展。第五，重视学生参与。学生可以通过填写问卷或参与小组讨论来评价教师的教学质量和表现。这种学生参与评价的方式可以更好地反映出教师的教学效果和学生的反馈。

德国的教师评价给我国带来五个启示。第一，引入多元化的评价方式。德国的教师评价不仅包括学生、家长和同事的评价，还包括自我评价和外部评价，我国可以借鉴这种多元化的评价方式，更全面、客观地评估教师的教学质量和专业水平。第二，评价反馈及时充分。德国的教师评价反馈及时，这可以帮助教师及早发现问题，改进教学。我国应加强对教师的反馈机制，及时了解教师的教学情况，帮助教师发现问题，及时改进。第三，评价促进教师职业发展。德国的教师评价不仅是对教师工作的评估，也是教师职业发展的机会。我国应该重视教师的职业发展，提供更多的培训和进修机会，帮助教师提高自己的教学水平和专业素养。第四，注重合作推广。德国的教师评价倡导合作，我国也应该加强教师之间的合作，推广同行评课、教学观摩等方式，促进教师专业发展。第五，重视学生参与。德国的教师评价重视学生的参与。我国应该鼓励学生积极参与教师评价，及时反映出教师的教学效果和学生学习情况，从而帮助教师改进教学。同时，学生也应该在评价中提出合理、具体的建议和意见，促进教育教学改革和进步。

二、美国的教师评价

（一）发展概况

美国的教师评价经历了多个发展阶段，从初期的主观观察到现代化的数据测量，再到全面评估和教师评价改革，不断探索有效的评价方式，以提高教师的专业水平和教学质量。

初期阶段（20 世纪初）：美国的教师评价主要由校长进行，评价标准较为主观，而且缺乏系统性和科学性。这个时期，教师评价主要是传统的观察和口头反馈。

现代化阶段（20 世纪 40—60 年代）：美国开始采取更多的数据和测量工具，例如问卷调查和考试等，来评价教师的绩效和学生的学习成果。这个时期，标准化测试在教师评价中扮演了重要角色，但也引起了一些争议。

全面评估阶段（20 世纪 70—80 年代）：美国开始重视多种评估方式的综合使用，例如学生评价、同行评估和课堂观察等，来评价教师的绩效和学生的学习成果。这个时期，教师的评价标准和评价流程开始变得更加科学和系统化。

教师评价改革阶段（20 世纪 90 年代至 21 世纪初）：美国开始进行教师评价改革，旨在更好地评估教师的绩效、提高教学质量和学生学习成果。这个时期，教师评价主要是基于学生表现的数据，例如学生成绩和成长数据等，来评价教师的表现。同时，也强调使用多种评估方式的综合性，以更好地反映教师的绩效和表现。

（二）特点与启示

美国的教师评价有五个特点。第一，美国的教师评价采用多种评价方式，包括学生评价、同行评估、学校管理员评价、校外标准化测试评价等，此外，也会考虑学生学习成绩、教师教育背景和教学经验等因素，以便全面、客观地评估教师的绩效和专业水平。第二，数据化的评价已成为美国教师评价的重要评估手段之一。教师的表现通常通过学生的学习成绩、成长数据以及其他数据进行评估，评价标准逐渐向科学化发展，通常基于教育学和教学理论，而非基于主观观察和口头反馈，以确保评价的公正性和准确性。第三，美国的教师评价注重评价教师的教学效果，即学生的学习成果，评价的重点是教师是否能够帮助学生提高学习成绩，而不是单纯地评价教师的教学方法或教学经验。第四，美国的教师评价注重反馈和改进，评价结果主要用于教师的职业发展和教学改进，这一结果会参与职业晋升和绩效薪酬的决定，同时也会为教师提供改进教学的反馈和支持，教师收到评估结果和建议后，可以有针对性地改进教学，提高教学质量。第五，美国的教师评价要求评价体系公平和透明，评价结果需要公示或向学生、家长和教师公开，教师也有权利对评价结果进行申诉和上诉。

美国的教师评价对我国有四个启示。第一，美国的教师评价采用多种评价方式，多元化的评价方式可以在一定程度上弥补单一评价方式的不足，为教师提供全面、客观的评估。第二，美国的教师评价注重数据化评价，教师的表现通常通过学生的学习成绩、成长数据以及其他数据进行评估。这种评价方式可以更加客观地反映教师的教学效果和学生的学习成果。第三，美国的教师评价注重反馈和改进，教师会收到他们的评估结果和建议，以帮助他们改进教学和提高教学质量。我国可以借鉴这种评估结果反馈和改进机制，加强教师教学反思和自我提升。第四，美国的教师评价注重学生学习效果评价，重点关注教师是否能够帮助学生提高学习成绩，而不是单纯地评价教师的教学方法或教学经验，学生学习效果评价通常采用学生学习成果、学生参与度、学习能力等指标。这些指标可以从不同的角度反映教师的教学效果和教育质量，帮助教师全面了解自己的教学情况，并为改进教学提供多方面的支持和建议。总的来说，美国的教师评价经验对我国有一定的借鉴意义，我们需要根据自身国情，建立适合我国教育现状的教师评价体系，以提高教师的专业水平和教学质量，促进教育事业的持续发展。

三、英国的教师评价

英国的教师评价旨在评估教师的教学能力，以提高教学质量，促进学生学习成绩的提高。教师评价的结果也会被用于决定教师的晋升、奖励和续约。评价采用多种方式，包括学生评价、同事评估、教学观察、学校管理者评价等。

（一）发展概况

20 世纪 60—70 年代：英国的教师评价主要是通过同行评估和教学观察来进行的。评价的主要目的是提高教师的专业能力和教学质量。同行评估指的是教师之间的评估，评估的内容包括教学质量、教学效果、教学策略等方面，目的是为教师提供反馈和支持及改进教学的建议。教学观察则是学校管理者对教师的教学进行观察和评估，观察的内容包括教学策略、课堂管理、学生参与度等方面。教学观察的目的是帮助教师了解自己的教学表现，并提供改进教学的建议。这一时期，英国的教师评价主要是由学校内部的管理者和教师进行的，评价的内容和标准也较为简单，但奠定了英国教育体系中教师评价的基础。

1988 年，英国通过了《教育改革法案》（*Education Reform Act*），这个法案对英国的教育体系进行了重大改革，也对教师评价提出了新的要求和标准。该法案要求每所学校都要设立一名专门负责教师评价的人员，称为"教育质量保证主任"（Director of Education Quality Assurance）。这个职位的主要任务是监督并协调学校内部的教师评价工作，确保教师评价的公正、客观和科学。此外，该法案还规定了教师评价的标准和程序，为英国教育体系中教师评价的发展奠定了基础，要求学校必须根据这些标准进行自我评估和定期外部评估。

1997 年，英国教师评价虽然仍然强调考试结果，但它也开始考虑学生的反馈和教师的个人发展。这为今后的教师评价提出了更高的标准和要求，诸如教师的多元评价和个性化培训等，进一步推动了教育改革，重视教师评价的作用和意义。

2004 年，英国出台了《教师评价和薪酬改革计划》（*Teachers' Appraisal and Pay Reform Plan*），将评价和薪酬挂钩，强调多元化评价和持续发展，以提高教师的专业能力和教学质量。该计划推动了英国教育体系中教师评价的发展，为今后的教师评价提供了更高的标准和要求。这个计划对教师评价进行了重大改革。

2012 年，英国教师评价再次进行了改革，出台了《教师评价和发展计划》（*Teacher Appraisal and Development Plan*），强调多元评价，包括学生和家长的反馈、同事和学校管理者的评价、课堂观察和教学设计等。个性化评价，应根据不同教师的能力和特点进行评价，评价结果应作为教师发展计划的基础，帮助教师有针对性地改进教学。自评和反思，能发现自己的优势和不足，并为改进而努力，持续参加专业发展课程和培训，以提高自己的教学能力和专业素养。这些改革措施为英国教育体系中的教师评价提供了更加全面和科学的评价标准和方法，使教师评价更加客观、公正和有效。

总的来说，英国的教师评价经历了多个阶段的发展，从最初的同行评估和教学观察，到推出国家教育标准和建立新的评价标准，再到基于学生表现的教师评价体系。这些发展历程展示了英国政府重视教师评价，并不断探索和完善评价体系的决心和努力。

（二）特点与启示

英国的教师评价具有五个特点。第一，多元评价。英国的教师评价不再仅仅依据学生的考试成绩，而是采用多种方法进行评价，包括学生和家长的反馈、同事和学校管理者的评价、教学设计和课堂观察等。第二，个性评价。英国的教师评价重视教师个人的能力和特点，评价结果也应该根据教师的不同情况进行个性化评价，以便针对性地改进教学。第三，持续发展。英国的教师评价强调教师持续发展的重要性，教师应该参加各种专业发展课程和培训，以提高自己的教学水平和专业素养。第四，自评反思。英国的教师评价鼓励教师自我评价和反思，以便发现自己的优势和不足，并为改进而努力。第五，薪酬激励。英国教师评价将教师的薪酬与评价结果相关联，以激励教师更加努力地工作和改进教学。这些特点为英国的教育体系提供了更科学和有效的教师评价标准和方法，使教师评价更加公正、客观和有效。

英国的教师评价对我国的启示：第一，多元化评价。我国可借鉴采用多元化的评价方法，包括学生和家长的反馈、同事和学校管理者的评价、教学设计和课堂观察等，以全面地评价教师的教学能力。第二，个性化评价。可考虑根据教师不同的能力和特点进行个性化评价，帮助教师为自己的发展制订相应的计划。第三，持续发展。评价促使教师持续参加专业发展课程和培训，以提高自己的教学能力和专业素养。第四，自我反思。教师要参与到自我评价和反思的过程中，以发现自己的优势和不足，并为改进而努力。第五，激励措施。应将评价结果与教师的绩效工资相关联，激励教师更加努力地工作和改进教学。总的来说，我国可根据本国的实际情况和特点，采用合适的评价标准和方法，全面提高教师的教学能力和专业素养，为学生提供更好的教育服务。

四、日本的教师评价

（一）发展概况

20 世纪 60—70 年代，日本政府开始实施教育改革，推广教育评价制度，采用统一的教师评价标准，评价内容主要是教学效果和学生考试成绩。80—90 年代，随着教育改革的不断深入，日本教育机构开始尝试采用多元化的评价方法，评价内容也不再局限于学生考试成绩，而是注重学生和家长的反馈意见、教学设计和课堂观察等方面。21 世纪开始，日本政府逐渐放弃了统一的评价标准，开始鼓励学校和教育机构制定自己的评价标准和方法，注重个性化评价和持续发展。同时，政府和第三方机构也开始参与到教师评价中来，对教师进行审核监督，以确保评价的公正和客观。总的来说，日本的教师评价经历了从单一到多元、从统一到个性化、从内部到外部的发展过程。评价方法也从简单的考试成绩到多维度的评价方法，包括学生和家长的意见反馈、同事和上级的评价、教学设计和课堂观察等。这些变化和发展，都提高了教师评价的公正性和准确性，也更好地促进了教师的持续发展和教育质量的提高。

日本的教师评价主要分为两类，一类是学校内部的评价，另一类是政府或第三方机构的评价。学校内部的评价内容包括教学效果、教育观念、工作态度等方面，评价方式多种多样，包括学生和家长的意见反馈、同事和上级的评价、课堂观察等。学校内部的评价可以帮助教师了解自己的工作情况并改进。政府或第三方机构的评价指日本政府通过教师评价，了解教师的教学质量和工作水平，评价结果会用于教师晋升和薪酬等方面，第三方机构也会对教师进行评价，其评价标准和方式多样，例如，对教师的教学设计、课堂教学、教学效果等方面进行评价。

（二）特点与启示

日本的教师评价有以下五个特点。第一，重视学生的评价：在日本的教师评价体系中，学生的评价是非常重要的。学生可以通过调查问卷等方式向教师提供反馈，评价教师的教学效果和教育质量。这种评价方式可以让教师更加了解学生的需求和意见，从而提高教学效果。第二，强调同行评价：日本的教师评价体系非常注重同行评价。教师可以参与同行评估，对其他教师的教学进行评价和反馈，以提升教学质量和教育水平。第三，制订个人职业发展计划：日本的教师评价体系中，制订个人职业发展计划也是一种重要的评价方式。教师可以规划自己的职业发展和提高教学水平的措施。第四，注重教育督导评价：在日本的教师评价体系中，教育督导评价也扮演着重要的角色。教育督导员会定期对教师的教学和教育质量进行评估，提供改进建议和指导。第五，注重教师专业素养：日本的教师评价体系和日本教育的理念相似，强调教师的专业素养和职业道德，注重教师的专业能力和教学效果，以提高学生的学习和发展水平。

日本的教师评价体系给我国的启示：第一，我国的教师评价体系构建中，可以充分借鉴实施多元化评价、个性化评价、学生评价、自我评价、第三方评价等多种方式，通过学生、家长、同事、企业、领导、上级等多方评价，采用课堂观察、资料检查等多个环节，全面了解教师的教学能力和工作表现，这对于提高评价的准确性和公正性具有重要意义。第二，教师可以通过反思自己的教学方法和成果，发现自己的优点和不足，制订相应的改进计划，以提高自己的教学水平、工作表现、专业素养和职业道德。第三，政府和第三方机构也可参与到教师评价中，对评价结果的公正性和客观性进行监督和审核，从而提高评价的科学性和有效性，促进教育的不断发展和提高。

第三节　产教融合下的教师评价构建策略

一、产教融合下的教师评价特点

（一）评价机构"四参与"

产教融合下的教师评价体系应该涵盖行业协会、企业、学校和学生四主体，行企了解并指导人才培养的全过程，学生享有对所接受教育的知情权，学校的作用是在行企与学生之间构建紧密联系。对此，可以建立产教融合联合体，由行业企业、学校和学生代表参加，对教师队伍情况严格把关，由行、企、校、生四方共同参与到教师评价之中。

（二）评价体系"三共建"

产教融合教师教学质量评价应该由产教双方共建教学质量标准体系、教学质量评价标准体系和教学质量保障体系。教学质量标准体系要求产教双方对教学条件、专业设置、课程体系开发等进行科学规划，共同制定人才培养标准，确保人才培养目标与行企的需求相符合。教学质量评价标准体系要求产教双方依据行企对人才培养的需求，共同制定各教学环节的实施方案、质量评价标准和反馈方式等，将教学过程评价与结果评价、单一评价指标与综合评价指标有机结合，采用产教双向评价的方式，重视评价指标与教学过程的紧密结合。教学质量保障体系要求产教双方制定岗位互聘机制，建立产教融合共同体，对教学组织、生产过程和能力考核等进行指导与管理，提高教师教学质量。

（三）评价标准"两结合"

产教融合下教师评价要求职业院校将评价由校内延伸到校外，结合行企对职业能力的考核标准，构建"过程与结果相结合，校内与校外相结合"的双结合运行机制。校内重点让学生参与教师评价，这可以帮助教师更好地了解自己的优势和不足，进而改进自己的教学方法，校外邀请企业、行业协会等外部机构对教师进行评价，以提高教师的专业水平和实际应用能力。重点评价教师教学质量、科研能力、社会服务、师德师风等，全面评价教师综合能力。

（四）运行机制"一平台"

产教融合下教师评价运行机制应当充分运用现代信息技术构建人才培养指标

大数据平台，将各项指标数据化，借助大数据平台进行产教融合自我评估评价，进行数据分析，撰写课程改革、专业建设、实践教学、师资团队建设等分析报告，为开展教育活动提供有力抓手。借助该数据平台，还可完成教学信息发布、师生互动、学生实习管理、教学质量评价等工作，实时监控教学质量。在大数据平台基础上进行教学活动和评价，促进专业建设和发展，使教学质量管理朝着信息化、现代化的方向发展。

（五）评价模式综合化

综合评价模式是一种综合多个方面的教师评价方法。在产教融合下，可以通过综合评价模式来全面、客观、科学地评价教师的综合能力和专业水平。综合评价应该包括教学质量、科研能力、社会服务、师德师风等多个方面的指标，以全面评价教师的综合能力。根据不同的工作职责和岗位要求，合理分配各项指标的权重，确保评价结果的公正性和客观性。评价周期应该较长，以确保评价结果的可靠性和有效性，并且要与产业发展的周期相适应。评价方式可包括自评、同行评价和第三方评价等多种方式，以确保评价的客观性和准确性。建立激励机制，对表现出色的教师给予奖励，提高教师的工作积极性和工作动力，鼓励教师积极参与产教融合活动，提高教学水平和专业能力。将评价结果及时反馈给教师，让教师了解自己在各项指标上的表现和不足，帮助教师改进自己的教学方法和提高工作质量。

二、产教融合下的教师评价程序

（一）构建教师评价框架

建立一个系统的、连贯的教师评价框架，从师德师风、教育教学、学生工作、教科研成果、社会服务等方面对教师进行综合评价。评价方法要适应教师职业生涯的不同阶段，建立与专业学习和职业发展挂钩的连续评价方法。

（二）建立形成性评价

在教学过程中对教师的教学行为和学生的学习效果进行持续的观察、记录和反馈，以促进教师和学生的共同进步，这是一种以发展为目的的教育评价方法，定期形成评价可产生有意义的报告，对职业发展提出建议。这种评价更有可能赢得被评价教师的信任，教师更容易开展自我反思，并在访谈中表达他们的感受和关切，而不必担心潜在的威胁。

（三）制定发展性评价

以教师专业发展为目标，通过对教师的自我评价、同行评价、学生评价、校外专家评价等多元化的信息收集和分析，为教师提供个性化的指导和支持，激发教师的内在动机和创新能力。在教师职业生涯的关键阶段对教师进行发展性评价，将优秀教师的晋升原则与职业机会联系起来，提高评价的应用能力，可成为认可和奖励优秀教师的依据，这种制度可以将教师评价结果和职业发展之间建立直接联系，产生良好效果。

（四）形成性评价和发展性评价有机结合

形成性评价和发展性评价的结合是一种新的教师评价方法，它既关注教师的教学过程，又关注教师的专业发展。在教学过程中，教师通过对教学行为和学生的学习效果进行持续的观察、记录和反馈，以促进教师和学生的共同进步。在教学结束后，教师通过对自己的教学实践进行自我评价，同时接受同行、学生、校外专家等多元化的评价信息，以了解自己的优势和不足，制订个性化的专业发展计划。

三、产教融合下教师评价的管理

（一）提高学校、企业和教师各方的参与度

评价的有效性不仅取决于评价者是否具备根据既定标准对教师进行可靠评价的知识和技能，还取决于教师是否准备好利用评价结果来提高他们的绩效。为此，所有参与教师评价的人都需得到充分的信息和培训，以保证这一过程的充分实施。

教师评价包括教师、学生、家长、同行、专家、企业等多方面，建立清晰的评价机制和流程，确保评价的公正性和有效性。同时要提高教师参与度，让教师更加积极配合评价工作的开展。教师自评可以帮助教师更好地了解自己的优势和不足，进而改进自己的教学方法；学生评价可以帮助教师更好地了解自己在学生心目中的形象和优劣，进而调整自己的教学方法；行业企业专家评价可以了解教师在专业水平和实际应用方面的表现，提供专业的建议和指导。

（二）提高教师从评价中获取收益的能力

教师评价不仅仅是对教师的评判，也是教师发展和提高的机会。提高教师从评价中获取收益的能力，可以帮助教师更好地提高教学质量和专业水平。建立开放的评价机制，让教师可以自由地表达自己的想法和意见，同时也可以更好地理解评价标准和评价过程，从而获得更多的启示和收益。及时将评价结果和建议反馈给教师，让教师了解自己的优势和不足，以便改进自己的教学方法和提高工作质量。针对评价结果和建议，提供相应的培训和指导，帮助教师提高专业能力和

实践水平。鼓励教师不断学习和提高，建立教师学习档案，记录教师的学习历程和成长经历，以便更好地指导教师的发展和提高。通过奖励和表彰优秀教师，鼓励教师积极参与评价和提高工作质量，同时也可以提高教师的工作积极性和工作动力。建立教师交流平台，让教师可以互相沟通和交流，分享经验和心得，提高专业水平和实践能力。

（三）强化学校领导定期进行教师评价的作用

让学校管理层进行教师评价有很多好处，因为他们熟悉教师工作的环境，了解学校的需求，并有能力迅速提供反馈。学校领导可以通过教师评价，了解教师的工作表现和发展需求，从而提供相应的培训和指导，帮助教师提高专业能力和实践水平。可以通过教师评价，促进教师之间的沟通和交流，让教师学习和借鉴彼此的优点和经验，提高工作质量和效率。可以通过教师评价，了解教师的教学水平和效果，从而提供相应的帮助和支持，促进教学质量的提高。可以通过教师评价，建立相应的激励机制，奖励表现优秀的教师，促进教师的积极性和工作动力，同时也可以提高教师对学校的归属感和忠诚度。可以通过教师评价，了解教师对学校管理的反馈和建议，从而改进学校管理，提高学校的绩效和竞争力。

（四）建立同行评价机制

教师经常从其他教师那里学到最好的东西，同行评价主要用于改进的目的也就不足为奇。建立同行教师评价机制可以帮助教师更好地互相学习和提高教学质量和专业水平。建立适合学校实际的评价标准和流程，以保证评价的公正性和有效性。组建由教师自愿组成的评价小组，让评价小组成员能够互相学习和交流。评价小组成员可以互相进行教学观摩，了解彼此的教学方法和经验，从而提高自己的教学水平和效果。评价小组成员可以互相进行教学反思，对彼此的教学进行评价和反馈，从而发现自己的优势和不足，及时改进和提高自己的教学方法。不断改进和完善同行教师评价机制，定期进行评估和调整，以保证机制的有效性和可持续性。

（五）教师评价制度的建立

为了制定教师评价制度，学校与企业必须相互合作，这样才能确保制度建立的科学性、规范性和客观性，提高教师的教学质量和专业能力。校企多方共建教师评价制度可以充分发挥企业资源和专业知识的优势，学校可邀请企业专家和管理人员参与教师评价，企业可提供教师培训和专业知识支持，为教师评价提供更加科学、规范的条件；校企共同制定教师评价标准，明确评价的内容和标准，确保评价的公正性和客观性；校企共同开发评价工具，如问卷调查、教学观摩、教学反思等方式，确保教师自我评价和同行评价的全面性；校企共同开展评价培训，让教师了解评价流程和标准，提高评价意识和能力；校企共同组织教师交流活动，让教师互相学习和分享经验，提高教学水平和效果；校企共建激励机制，根据教师评价结果给予相应的奖励和表彰，激励教师积极参与评价和提高工作质量。

第四节　产教融合下的教师评价实践

由于人才培养的特殊性，产教融合下的教师评价涉及学校、行业企业、教师、学生、第三方等多个参与主体。基于此，评价体系基本内容的构建，需要从整体性、系统性的视角考虑评估体系的各个部分、各个层次和指标性质之间的差异性和相关性。而且教师的工作远不止与学生学习相关的教学活动，因此教师评价维度和指标也应该考虑那些与教学本身不太直接相关的职业责任，包括团队工作、职业发展、社会服务等。

一、教师评价的内容

（一）师德师风

教师评价中的师德师风是评价教师工作表现的一个重要方面，它主要评价教师是否遵守职业道德，是否积极向上、乐于奉献等方面。师德是教师职业道德的核心内容，包括诚实守信、勤奋敬业、爱岗敬业、竭诚服务、为人师表等，通过对教师师德的评价，可以了解教师是否遵守职业道德，是否具备做优秀教师的基本素质。师风则是教师的教育风范，包括语言文明、仪表整洁、工作认真、责任心强、关心学生等方面。通过对教师师风的评价，可以了解教师的工作态度和工作效果，判断教师是不是学生心目中的好老师。教师评价中，师德师风是重要的评价内容，通过多种方法和途径，对教师的师德师风进行评价和监督，及时纠正违反职业道德的行为，同时激励优秀教师更加积极向上，不断提升自己的教育教学水平和工作表现。

（二）教育教学

教学实践和学生学习的数据是专业表现的最密切信息来源，当老师在教室里与他们的学生互动时，教学的大多数关键方面被展示出来。因此，教师评价通常牢牢植根于课堂。教师评价中的教学评价是评价教师工作表现的一个重要方面。教学评价主要从工作量、教学质量、育人效果、教学能力、教研教改等方面进行评价。工作量主要评价工作量的饱满程度；教学质量主要评价教育教学情况（含课堂教学、教学设计、教学资源、教学效果等情况）；育人效果主要评价指导学生参加技能大赛、创新创业大赛等获奖情况；教学能力主要评价参加教学能力比赛情况；教研教改主要评价参加教育教学改革类项目的情况。在教师评价中，教育教学评价是非常重要的，对于教师的教育教学水平和工作表现都有重要的影响。评价教学应该从多个方面进行，多维度评价教师的教学水平和工作表现。

（三）专业与课程建设

教师评价中专业与课程建设评价维度是评价教师工作表现的一个重要方面。它主要评价教师是否具有专业素养，是否能够合理制定和实施教学计划，是否能够根据学生的实际情况进行课程设计和调整。专业与课程建设评价包括专业规划与人才培养方案，即考察教师是否掌握社会产业发展需求，能否开展专业规划与人才培养方案的制订；课程标准，即能否根据产业行业发展，及时将新技术、新工艺、新规范纳入教学标准和教学内容，强化学生实习实训，或结合时代发展对所担任的课程教学标准进行制定或修订完善；教学资源，即能否在学校指定的信息平台上建在线开放课程，且 PPT 教案、教学进度表、作业发布及批改情况、各类在线资源（微课、微视频）等较为丰富，有较大的学生浏览量和师生交流记录；教材建设，即能否合理选用或编写规范的教材；项目建设，即能否主持、主笔或主研参与校级及以上立项的教育教学建设行项目（如基地、一流专业、创新行动、现代学徒制、1＋X 证书等）。

（四）"双师"素质

"双师"素质已成为评价教师综合能力的重要维度。双师素质评价主要从以下三个方面进行：一是评价教师是否具备学科知识和教育教学能力，是否能运用教育教学理论和方法开展教育教学活动，并能够根据学生的实际情况进行教学设计和实践。二是评价教师是否具备较高的综合素质和职业道德，包括个人修养、职业操守、情感态度、责任意识，是否能够为学生树立榜样，成为学生学习、生活中的良师益友。三是评价教师是否具备学科带头人和教育领军人才的素质和能力，是否能够在学科领域中具有较强的影响力，是否能够引领学科发展和改革。在教师评价中，"双师"素质评价维度对教师的教育教学水平和工作表现都有重要的影响。教师应该注重"双师"素质的提升，不断提高自身的学科知识和教育教学能力，同时注重个人修养和职业道德的培养，成为学生心目中的好老师、好朋友、好榜样。

（五）科学研究

科学研究评价维度是评价教师工作表现的一个重要方面。它主要评价教师是否能够积极参与科学研究，是否能够在学科领域中有所建树，是否能够将科学研究成果应用于教育教学实践中；是否能够在学科领域中有所建树，是否能够发表高水平的学术论文、出版著作、申请知识产权，获得重要的科研项目和成果；是否能够参与科研平台建设，能够与国内外知名专家进行学术交流；是否能够将科学研究成果应用于教育教学实践中，是否能够提高学生的学习效果和素质，科学研究对教师的教育教学水平和工作表现都有重要的影响。教师应该注重科学研究能力的提升，积极参与学科研究活动，不断提升自己的学术水平和教育教学能力。

（六）社会服务

教师评价中的社会服务是指教师在教学实践中，积极履行教育职责，为学生和社会做贡献的过程，同时也是评价教师综合素质的一个重要方面。教师的社会服务包括以下五个方面。一是技术服务：评价教师是否通过横向项目、技术服务、技术转让等为企事业单位提供技术服务，科技服务资金到位，且获得学校相应科研奖励。二是决策咨询：评价教师是否能为市级以上提供具有重大影响的调研报告、决策咨询建议等，被有关主要领导批示，且获得学校相应科研奖励。三是社会培训技术咨询：评价教师是否受学院安排，担任企事业单位人员培训教学等，或受学校推荐，外出开展宣讲或专业讲座服务等。四是社区服务：本年内根据学校安排，到有关社区开展志愿服务、培训、指导、活动等相关服务情况。五是精准扶贫：评价教师参与学校精准扶贫、乡村振兴等活动情况。在教师评价中，社会服务评价维度是非常重要的，它直接反映了教师在教育教学实践中的社会责任和贡献。教师应该注重社会服务的提升，积极履行教育职责，为学生和社会做出贡献，成为教育领域的杰出代表。

二、产教融合下的教师评价标准

表 9-1   教师评价标准

序号	一级指标	二级指标	观测点及其考核量化标准
1		师德师风	①遵守《师德师风行为准则》，无师德失范行为，得满分； ②出现教学事故：三级减 3 分/次，二级减 5 分/次，一级减 15 分/次； ③被学校通报批评减 1 分/次，警告处分减 2 分/次，严重警告处分减 4 分/次，记过及以上处分减 15 分/次

（续上表）

序号	一级指标	二级指标	观测点及其考核量化标准
2	教育教学	工作量	担任教学、班导师或兼职行政管理等工作，按平均周课时计算工作量得分：0.5分/节
		教学质量	教学质量综合评价（含领导、同行、校企督导、学生评价，其中：学生评价50%，督导评价30%，领导同行评价20%）排名按以下标准计分。排名前30%：5分；30%～50%：3.5分；50%～70%：2.5分；70%～90%：1.5分；90%以后：1分
		育人效果	指导学生参加技能大赛、创新创业大赛等获奖： ①在校内学生相关比赛中担任组织任务或评委工作1分； ②指导学生参加省级大赛获奖：三等奖1.5分，二等奖2分，一等奖2.5分； ③指导学生参加全国大赛获奖：三等奖3分，二等奖3.5分，一等奖4分； ④指导学生参加国际赛事获奖：铜奖5分，银奖6分，金奖8分
		教学能力	不断提高教学能力，参加有关教学能力比赛： 校级三等奖2.5分，二等奖3分，一等奖3.5分；省级三等奖3.5分，二等奖4.5分，一等奖5分；国家级三等奖6分，二等奖7分，一等奖8分
		教研教改	主持或参研校级以上教研教改项目立项在研或结题： ①校级重点2分，一般1分； ②省级重点4分，一般3分； ③国家级重点6分，一般5分

（续上表）

序号	一级 指标	二级 指标	观测点及其考核量化标准
3	专业与课 程建设	专业规划 与人才培 养方案	①主持或主笔专业建设规划或专业人才培养方案或公共课课程 建设规划的起草（新专业）或修订完善，被评为合格 3.5 分， 良好 4.5 分，优秀 5 分； ②参与专业建设规划或人才培养方案或公共课课程建设规划的 起草、修订完善工作，并做出实际贡献，被评为合格 2 分，良 好 2.5 分，优秀 3 分
		课程标准	根据产业行业发展，及时将新技术、新工艺、新规范纳入教学 标准和教学内容，强化学生实习实训，或结合时代发展对所担 任的课程教学标准进行制定或修订完善，被评为优秀 5 分，合 格 3 分
		教学资源	①在学校指定的信息平台上建有在线开放课程，且 PPT 教案、 教学进度表、作业发布及批改情况、各类在线资源（微课、微 视频）等较为丰富，有较大的学生浏览量和师生交流记录： 2 分； ②获精品课程：校级 2 分，省级 4 分，国家级 5 分
		教材建设	①所任课程无教材，无教学方案 0 分； ②合理选用省级规划教材 1 分，国家级规划教材 2 分； ③经学校立项后独著、主编且出版教材，经学校立项的结合产 业行业，开发活页式、工作手册式教材 3 分，获国家规划教材 4 分
		项目建设	主持、主笔或主研参与校级及以上立项的教育教学建设性项目 （如基地、一流专业、创新行动、现代学徒制、1 + X 证书等）： 校级 2 分/项，市级 3 分/项，省级 4 分/项，国家级 6 分/项

（续上表）

序号	一级指标	二级指标	观测点及其考核量化标准
4	"双师"素质	实践锻炼	参与企事业单位、社区服务，或乡村扶贫等实践锻炼：①实践锻炼时间在 1~2 个月以内 1 分；②实践锻炼时间超过 2 个月 2 分
		进修培训	本年内有参加校级及以上进修培训，且培训考核合格：①校级培训 0.5 分/次；　②省级培训 1 分/次；③全国培训 1.5 分/次；　④出国培训 2 分/次
		"双师"素质	同时具有高职院校教师资格证和其他职业（执业）资格证 2 分
		荣誉表彰	本年内获得校级及以上荣誉表彰：校级表彰 0.5 分/项，市级表彰 1 分/项，省级表彰 2 分/项，国家级表彰 5 分/项
5	科学研究	科研项目	本年内具有科研项目立项或结题，校级 2 分/项，市级 3 分/项，省级 4 分/项，国家级 6 分/项
		学术专著	承担某一学术著作的独著、主编 4 分/项
		论文发表	独著、第一作者发表学术论文且获得相应科研奖励：①一般公开刊物 1 分/项；②北大中文核心期刊 2 分/项
		知识产权	以学校为第一专利权人，获得以下知识产权，在发明人中有相应排序，且获得学校相应科研奖励：①国际发明专利、国家发明专利 3 分/项；②实用新型专利、外观设计专利、软件著作权、集成电路布图设计、商标权 1 分/项
		科研平台	申报、立项建设或通过验收市厅级及以上科研基地、科研团队、重点实验室等：①市厅级 2 分/项；②省部级 4 分/项；③国家级 6 分/项
		成果获奖	教学成果、科研成果获得市级以上等级奖（含专利奖）：①市级：特等奖 4 分，一等奖 3 分，二等奖 2 分；②省级：特等奖 6 分，一等奖 5 分，二等奖 4 分；③国家级：特等奖 8 分，一等奖 7 分，二等奖 6 分

（续上表）

序号	一级指标	二级指标	观测点及其考核量化标准
6	社会服务	技术服务	本年内通过横向项目、技术服务、技术转让等为企事业单位提供技术服务，到位科技服务资金每 10 万元 1 分
		决策咨询	为市级以上政府部门提供具有重大影响的调研报告、决策咨询建议等，被有关主要领导批示：市级 2 分/项，省级 3 分/项，国家级 4 分/项
		社会培训 技术咨询	①担任企事业单位人员培训教学等；外出开展继续教育宣讲或专业讲座服务：1 分/次； ②受聘市级及以上有关部门、行业协会评审专家、业务咨询服务专家（以文件或聘书为准）：1 分
		社区服务	参加相关志愿服务等 2 次以上，且未被通报批评的：2 分
		精准扶贫	完成学校安排的精准扶贫任务、乡村振兴等：2 分

三、教师评价结果的应用

任何对教师的评价只有在评价结果得到有效利用的情况下才会有效。这意味着将评价信息反馈给那些提供教育服务的人（如教师、学校领导）尤为重要。教师评价结果可以帮助学校更好地了解教师的教学质量和专业能力，并及时发现和解决问题，提高教师的工作效率和学生的学习效果。

（一）提供评价反馈

评价反馈是教师评价的重要组成部分，通过给教师及时准确的反馈，帮助教师了解自己的不足和优点，从而改进教学方法，提高教学质量和效果。评价反馈应该是及时的，一般在教师评价完成后的一个月内完成。反馈内容包括教师的优点和不足之处，以及在教学中需要改进的方面。同时，反馈应该具有针对性，通过对教师个性化的反馈，帮助教师更好地了解自己，提高自我认知和自我管理能力。评价反馈的形式可以是面谈、书面反馈或者其他适当的形式。面谈可以让教师和评价人员进行深入交流，更好地理解评价结果和反馈内容。书面反馈可以让教师更加系统地了解评价结果，同时也方便教师在之后的教学中参考。评价反馈需要注意反馈内容应该客观、准确、具体，反馈应该遵循保密原则，保护教师的隐私和合法权益，反馈应该具有可操作性，提供具体的改进建议，帮助教师改进教学方法和效果。通过教师评价提供评价反馈，可以帮助教师更好地认识自己，提高教学质量和效果，同时也为学校的教学质量提供有力保障。

（二）制订教师改进计划

教师评价的目的是发现教师在教学中存在的问题，及时提供针对性的改进建议和优化方案。制订改进计划包括：第一，通过评价结果，确定教师在教学目标和内容方面存在的问题和不足，制定针对性改进措施，包括重新审视教学目标、优化课程设置和设计等。第二，根据评价结果，制定针对性的教学方法和手段改进计划，包括改进教学技能、尝试使用新的教学手段和工具、增加教学资源等。第三，通过评价结果，确定教师在师生互动和沟通方面存在的问题和不足，制定相应的改进措施，包括尝试新的师生互动方式、改进课堂管理等。第四，制订教师教学反思和自我管理计划，帮助教师定期反思自己的教学方法和效果，及时调整教学策略和方案，提高自我管理能力，改进和提高教学质量和效果，促进教师个人的成长和发展。

（三）制定奖惩措施

教师评价可以作为制定奖惩措施的参考依据，但不能完全凭评价结果进行奖惩，更不能将教师评价作为惩罚工具。教师评价的目的是帮助教师了解自己在教学中的优势和不足，提供改进建议，促进教师专业成长和发展，评价结果可以作为教师职业发展的参考。如果教师评价结果表现出教师在教学中存在的问题，学校可以采取针对性的改进措施，例如为教师提供相关的培训、研讨或指导，帮助教师提高教学水平和能力。如果教师在教学中存在不严重的违纪行为或工作失误，学校可以采取适当的纠正措施。将奖惩措施与教师的评价结果联系起来，综合考虑教师的综合表现，对表现优秀的教师进行奖励和表彰，对表现不佳的教师进行纠正和辅导。

（四）优化教学资源配置

教师评价结果可以有效地帮助学校了解教师在教学中的优势和不足，并针对不足之处采取相应的改进措施。优化教学资源的配置即是其中的一个方面。优化教学资源的配置，可以将学校有限的资源更好地分配给需要的地方，提高教学效果和教学质量。例如根据评价结果给予优秀教师更多的教学时间、更优质的教学设备、更丰富的教学资源等，以帮助他们更好地发挥自己的教学能力和水平；针对存在不足的教师，学校可以加强相关的培训和指导，提高其教育教学能力和水平，让他们更好地适应和掌握教学内容和方法。根据教师评价结果，调整课程的难度和深度，安排教学时间和教学计划，以适应学生的学习需求和教师的教学能力；根据评价结果，了解教师对于教学设备和场地的需求，给予更多的支持和投入，提高教师的教学效果，让学校的教育教学工作更加高效和有成效。

（五）改进评价标准和流程

教师评价在一定程度上反映了学校和教育管理部门对教师工作的态度和认识。然而，如果评价标准和流程不合理或存在缺陷，可能会影响到评价结果的准确性和公正性，从而降低评价的有效性。因此，教师评价应该是一个不断完善和改进的过程。根据教师评价结果，可以探讨评价标准和流程的问题，进行改进和调整。如：评价标准应该明确、具体、可操作性强，能够真实反映教师的教学水平和综合素质。如果评价标准存在不清晰或无法实现的问题，学校可以通过教师的反馈和探讨等方式进行修订和改进。评价流程应该透明、公开和公正，能够让所有被评价的教师都有同等的机会和权利，如果评价流程存在测评标准不一致、评价流程不公开或评价结果不公正的问题，学校可以通过强化流程监督和规范评价流程等方式进行改进。形成评价文化，评价文化的形成对于评价工作的有效性和长期发展非常重要。学校可以通过组织各种形式的评价培训、评价讨论和评价交流活动等方式，培养全体教师的评价意识和参与评价的积极性，形成良好的评价文化。总之，教师评价不是一个静态的过程，需要不断地进行改进和完善。通过教师评价的改进和优化，可以提高评价的准确性和公正性，促进教师的专业发展和提高教育教学质量。

（六）确定职业发展

教师评价可以帮助教师了解自身在教学工作中的优势和不足，促进教师自我反思和自我提高，从而推动教师的职业发展。如：通过评价结果，教师可以了解自己在教育教学工作中的表现，发现自身存在的问题和不足，有针对性地进行自我反思和自我提高；评价结果可以让教师了解自己在教学中的优势和劣势，从而为教师确定未来的职业发展方向提供参考。如果评价结果表明教师的某些教学能力较弱，教师可以针对性地进行职业培训和提高，以提升自己的教学水平；教师评价结果可以反映教师的教学水平和综合素质，如果教师表现出色，将有可能被提拔为骨干教师、学科带头人等，甚至能够获得更高的职称和薪资待遇，为教师提供职业晋升和提高薪资的机会。总之，教师评价对于教师职业发展具有重要的作用，评价结果能帮助教师了解自身的优势和不足，为教师提供职业发展的方向和路径，提供晋升和薪资提高的机会，激发教师的积极性和创造性，推动教师的职业发展。

参考文献

专著

[1] 顾明远. 教育大词典：上［M］. 上海：上海教育出版社，1998.

[2] 顾西平. 教育评价辞典［M］. 北京：北京师范大学出版社，1998.

[3] 教育部师范教育司. 教师专业化的理论与实践：修订版［M］. 北京：人民教育出版社，2003.

[4] 金娣，王刚. 教育评价与测量［M］. 北京：教育科学出版社，2002.

[5] 李爱. 大学教学评价变革研究：基于教育政策和评价主体的角度［M］. 南昌：江西人民出版社，2015.

[6] 卢立涛. 发展性学校评价在我国实施的个案研究［M］. 重庆：重庆大学出版社，2012.

[7] 罗黎辉，高翔. 教育测量与评价［M］. 昆明：云南教育出版社，1996.

[8] 宁业勤. 教育评价实践研究［M］. 杭州：浙江工商大学出版社，2016.

[9] 钱一呈. 外国教育督导与评价制度研究［M］. 北京：中央广播电视大学出版社，2006.

[10] 邱均平. 教育评价学理论、方法、实践［M］. 北京：科学出版社，2016.

[11] 涂艳国. 教育评价［M］. 北京：高等教育出版社，2007.

[12] 王璐. 英国教育督导与评价：制度、理念与发展［M］. 北京：高等教育出版社，2010.

[13] 王斌华. 教师评价：绩效管理与专业发展［M］. 上海：上海教育出版社，2005.

［14］吴钢. 现代教育评价教程［M］. 北京：北京大学出版社，2008.

［15］吴玉琦. 中国职业教育史［M］. 长春：吉林出版社，1991.

［16］肖远军. 教育评价原理及运用［M］. 杭州：浙江大学出版社，2004.

［17］古贝，林肯. 第四代评估［M］. 秦霖，等译. 北京：中国人民大学出版社，2008.

［18］诺兰，等. 教师督导与评价：理论与实践的结合［M］. 兰英，等译. 北京：中国轻工业出版社，2007.

［19］瑟吉奥万尼，等. 教育督导：重新界定［M］. 7 版. 王明洲，译. 南京：凤凰出版传媒集团，江苏教育出版社，2005.

［20］丹尼尔森，麦格里. 教师评价：提高教师专业实践能力［M］. 陆如萍，等译. 北京：中国轻工业出版社，2005.

期刊

［1］李平，高职院校实施发展性教学督导评价体系的研究［J］. 中国培训，2017（7）.

［2］李平. 高职院校发展性教学评价研究综述［J］. 现代职业教育，2017（1）.

［3］李青，袁宜英，贺秋芳. 企业参与顶岗实习质量评价的探索与实践：以广东轻工职业技术学院为例［J］. 中国职业技术教育，2013（30）.

［4］李青，袁宜英，张成玉，等. 企业参与专业诊断的探索与实践［J］. 中国职业技术教育，2018（11）.

［5］李青，邓毛程，姚勇芳，等. 基于建构型"自我诊断 + 企业参与"的专业评价指标体系构建研究［J］. 中国职业技术教育，2018（35）.

［6］蔡敏. 美国高校教学评价改革及其启示［J］. 教育科学，2007（3）.

［7］蔡宝来，车伟艳. 英国教师课堂教学评价新体系：理念、标准及实施效果［J］. 全球教育展望，2008（1）.

［8］蔡永红，黄天元. 教师评价研究的缘起、问题及发展趋势［J］. 北京师范大学学报（社会科学版），2003（1）.

［9］曹红旗，潘永庆. 关于发展性教学评价的认识与实践［J］. 山东教育科研，2002（5）.

［10］陈慧，潘东明，朱新秤，等. 高校教师发展性教学评价的多维探析［J］. 高教探索，2005（3）.

[11] 董奇，赵德成. 发展性教育评价的理论与实践 [J]. 中国教育学刊，2003（8）.

[12] 高奇. 黄炎培职业教育思想研究 [J]. 中国职业技术教育，2006（5）.

[13] 桂德怀. 澳大利亚21世纪学校教育国家目标的行动解析 [J]. 宁波大学学报（教育科学版），2009（4）.

[14] 郭俊朝. 中国高等职业教育发展的回顾与展望 [J]. 中国高教研究，2008（2）.

[15] 郭桂英，英震. 高校实施发展性教学评价模式的研究 [J]. 扬州大学学报（高教研究版），2009（4）.

[16] 何小微. 发展性教学评价构建研究 [J]. 现代教育科学，2007（12）.

[17] 姜大源. 高等职业教育的定位 [J]. 武汉职业技术学院学报，2008（2）.

[18] 贾慧. 英国学校自我评估实践探索及其启示 [J]. 世界教育信息，2007（5）.

[19] 蓝江桥，冷余生，李小平，等. 中美两国大学课程教学质量评价的比较与思考 [J]. 高等教育研究，2003（2）.

[20] 刘兰英. 发展性教学评价的特征、内容与实施 [J]. 上海师范大学学报（基础教育版），2006（2）.

[21] 卢立涛. 回应、协商、共同建构："第四代评价理论"述评 [J]. 内蒙古师范大学学报（教育科学版），2008（8）.

[22] 卢双盈. 职业教育"双师型"教师解析及其师资队伍建设 [J]. 职业技术教育，2002，23（10）.

[23] 刘尧. 现代教育评价的发展历史与观念嬗变 [J]. 江苏大学学报（高教研究版），2005（1）.

[24] 潘忠诚. 促进学校的发展与问责：香港学校评估的实践与发展 [J]. 教育发展研究，2006（6）.

[25] 平瑛，黎江，陈慧，等. 建立以发展为目标的教师教学评价体系 [J]. 吉林省教育学院学报（下旬），2012（8）.

[26] 孙美荣. 英国顶尖大学教学评价的思考与借鉴 [J]. 天津市教科院学报，2016（2）.

[27] 邵宏润，迟景明. 基于学生体验的英国高等教育质量评价："全国大学生调查"的形成、体系与问题解析 [J]. 外国教育研究，2016，43（10）.

[28] 唐卫红. 高职院校"双师型"教师认定标准及其队伍建设 [J]. 教育

与职业，2014（11）.

[29] 田汉族. 第三代教学评价理论：交往—发展性教学评价研究［J］. 湖南师范大学教育科学学报，2002（3）.

[30] 王斌华. 奖惩性与发展性教师评价制度的比较［J］. 上海教育科研，2007（12）.

[31] 王继平. "双师型"与职业教育教师专业化［J］. 职业技术教育，2008（27）.

[32] 吴钢. 美国教育评价理论的产生和发展［J］. 比较教育研究，1993（3）.

[33] 吴双. 高职院校教学质量第三方评价机制初探［J］. 中国科教创新导刊，2012（20）.

[34] 武正营，汪霞. 英国大学生调查（NSS）及对我国的启示［J］. 现代教育科学，2012（9）.

[35] 肖远军. CIPP 教育评价模式探析［J］. 教育科学，2003（3）.

[36] 肖远军，邢晓玲. 我国教育评价发展的回眸与前瞻［J］. 江西教育科研，2007（12）.

[37] 辛涛，李雪燕. 教育评价理论与实践的新进展［J］. 清华大学教育研究，2005（6）.

[38] 谢敏，吴立平，徐涛. 发展性评价视阈下高职院校内部专业诊断研究与实践［J］. 中国职业技术教育，2016（24）.

[39] 裘雅楠. 美国大学教师教学评价方法研究［J］. 呼伦贝尔学院学报，2013（2）.

[40] 杨彩菊，周志刚. 第四代评价理论对高等职业教育评价的启迪与思考［J］. 中国职业技术教育，2012（30）.

[41] 杨学良，蔡莉. 关于发展性教学评价的理论研究［J］. 教育探索，2006（7）.

[42] 姚佳. 发展性评价视角下的高职教师评价体系建设［J］. 长沙通信职业技术学院学报，2013（1）.

[43] 周智慧. 发展性教学评价的内涵及其理论基础［J］. 内蒙古师范大学学报（教育科学版），2004（8）.

[44] 张芊. 以促进高校教师专业发展为导向的教学评价模式改革［J］. 清华大学教育研究，2006（6）.

[45] 张容，陈培玲，陈磊. 美国"教师教学发展"体系特点及启示［J］.

徐州师范大学学报（教育科学版），2011（3）.

［46］钟锦文，张晓盈．美国高校课程教学质量评价指标体系及其启示［J］．现代远距离教育，2007（2）.

［47］陈向平，袁洪志，高职院校学生发展诊断与改进指标体系研究［J］.中国职业技术教育，2016（24）.

［48］王玫瑰，李青，贺秋芳．课程课堂教学质量学生满意度指数的实证研究［J］．中国轻工教育，2012（3）.

［49］闫飞龙．高等教育评价制度中的权力及其分配［J］．教育研究，2012（4）.

［50］赵晓阳，刘金兰，学生参与度评价：一种学生主体的教育质量评价方法［J］．高教探索，2012（6）.

［51］李振祥，文静．高职院校学生满意度及吸引力提升的实证研究［J］.教育研究，2012（8）.

［52］刘小强，蒋喜锋，学生学习视野中的高校教学质量建设研究［J］，教育研究，2012（7）.

［53］童卫军，范怡瑜．行业企业参与职业教育运行模式研究［J］．教育发展研究，2012（11）.

［54］袁东敏．学生评价高等职业教育服务质量的国际经验：以美国的 SSI 和加拿大安大略省的 KPI 为例［J］．现代大学教育，2010（3）.

［55］姚泽清，张晨光，毛自森，等，基于多元评价的教师授课水平排序的建模与分析［J］．数学的实践与认识，2013，43（19）.

［56］魏联华，王业军．关于高职教师教学质量评价的方法与策略［J］．职教论坛，2009（26）.

［57］李飞．大学教师评鉴：台湾地区的实践与启示［J］．当代教育科学，2016（5）.

［58］史晓燕．教师教学质量评价机制探索［J］．教育评论，2014（3）.

［59］张克非．课堂教学质量评价数据客观性处理及反馈机制探究［J］．教学与管理，2014（9）.

［60］刘勇．试论我国高校教师教学评价体系重构［J］．黑龙江高教研究，2016（1）.

［61］吴金航，朱德全．应用型地方高校课堂教学元评价研究：以贵州省某应用型高校课堂教学评价为例［J］．国家教育行政学院学报，2016（5）.

［62］曲洪山．加强教学质量内部监控与管理的实践探索［J］．中国职业技

术教育，2007（25）．

［63］黄海涛．美国高校"学生学习成果评估"的特点与启示［J］．教育研究，2013（4）．

［64］张建功，杨怡斐．美国高校学生学习成果评估模型研究［J］．高等工程教育研究，2013（4）．

［65］周晓敏，苏跃飞．示范性高职院校学生满意度指标体系研究［J］．教育与职业，2008（14）．

［66］刘声涛，富尔彻．高校基于学生学习成果的专业评估：以美国詹姆斯麦迪逊大学为例［J］．复旦教育论坛，2016，14（3）．

［67］徐黎明．高职院校内部专业评估制度的内涵、特点和建设策略研究［J］．中国职业技术教育，2018（5）．

［68］周玉容，沈红．大学教学同行评价：优势、困境与出路［J］．复旦教育论坛，2015（3）．

［69］刘进，沈红．教学评议：从"以学生为中心"到"以同行为中心"［J］．高等教育研究，2016（6）．

学位论文

［1］刘丹凤．澳大利亚国立大学教师发展机制研究［D］．镇江：江苏大学，2016．

［2］刘亚琼．高校课堂教学质量发展性评价研究［D］．南宁：广西大学，2012．

［3］孙彩云．高校发展性教师教学评价体系研究［D］．南京：南京航空航天大学，2011．

［4］宋明江．高职院校"双师型"教师教学能力发展研究［D］．重庆：西南大学，2015．

［5］叶小明．高等职业院校教师专业发展研究［D］．武汉：华中科技大学，2008．

［6］郑秀英．职业教育教师专业化问题研究［D］．天津：天津大学，2010．

［7］郑延福．本科高校教师教学质量评价研究［D］．徐州：中国矿业大学，2012．